信息化时代的法治建设

Rule of Law Construction in the Information Age

清华大学法学院
盈科律师事务所 / 编

法律出版社
LAW PRESS · CHINA
北京

图书在版编目（CIP）数据

信息化时代的法治建设 / 清华大学法学院，盈科律师事务所编. -- 北京 ：法律出版社，2024. -- ISBN 978 -7 -5197 -9269 -5

Ⅰ. D920.0

中国国家版本馆 CIP 数据核字第 2024WV1097 号

信息化时代的法治建设
XINXIHUA SHIDAI DE FAZHI JIANSHE

清华大学法学院
盈科律师事务所 编

责任编辑 吴 昉 胡佳文
装帧设计 鲍龙卉

出版发行 法律出版社
编辑统筹 法律教育出版分社
责任校对 王 皓
责任印制 刘晓伟
经　　销 新华书店

开本 710 毫米×1000 毫米 1/16
印张 19 **字数** 297 千
版本 2024 年 9 月第 1 版
印次 2024 年 9 月第 1 次印刷
印刷 北京建宏印刷有限公司

地址：北京市丰台区莲花池西里 7 号（100073）
网址：www.lawpress.com.cn
投稿邮箱：info@lawpress.com.cn
举报盗版邮箱：jbwq@lawpress.com.cn
销售电话：010 - 83938349
客服电话：010 - 83938350
咨询电话：010 - 63939796

书号：ISBN 978 - 7 - 5197 - 9269 - 5
定价：68.00 元

凡购买本社图书，如有印装错误，我社负责退换。电话：010 - 83938349

编 委 会

序言

清华大学世界法治论坛由清华大学于2018年创办，旨在成为世界法治精英的高端对话平台，展示中国法治建设的坚定决心和伟大成就，推动中国与世界在法治领域的对话交流，为全球法治建设的焦点问题寻求建设性解决方案。论坛往期关注全球化时代的法治基础设施建设、科技进步的法律回应、后疫情时代的法治建设等重要法治问题。

清华大学世界法治论坛由清华大学法学院和盈科律师事务所承办。论坛每年举办一次，会期一天半。论坛围绕选定的焦点议题，邀请具有影响力的政府官员，来自立法界、司法界、法学研究界的专家，以及法学院院长等法律精英参与专题讨论。论坛的特邀听众为在法治领域具有重要影响力的学者、政府官员、法官、企业高管、律所合伙人、投资人等。

本次论坛为第五届世界法治论坛，以“信息化时代的法治建设”为主题，围绕“个人信息权益的保护”“数字经济的法治保障”“信息化时代的法学教育”等分议题展开。近年来，这些议题已经成为中国和国际社会关注的焦点，本次论坛呼吁决策者重视论坛提出的建设性意见，对全球经济转型与科技进步引发的法律问题作出合理回应。

目录

上篇　第五届清华大学世界法治论坛发言实录

上　篇

第五届清华大学世界法治论坛发言实录

开　幕　式

主办方致辞

彭　刚（清华大学副校长）

纵观全球，我们正处于一个从工业化向信息化加速转型的时代，同时人民的生产生活方式也因信息技术的不断革新而产生剧烈变化，进而导致国家治理机制、法律规制方式也随之发生变化。信息技术的飞速发展可以为法治建设赋能，给法治现代化提供新的工具，但同时信息技术也是把“双刃剑”，它在改善人们生活的同时，也带来了新的挑战。习近平总书记指出，纵观世界文明史，人类先后经历了农业革命、工业革命、信息革命，每一次产业技术革命，都给人类生产生活带来巨大而深刻的影响。[1] 如何应对信息技术所带来的一系列挑战，发挥其巨大的正面效应，而遏制其负面影响？这需要我们拥有更强大的治理能力、更高超的法律智慧。我们需要不断探索新的法治路线，塑造新的思维模式解决问题；运用新的法治工具以提升司法效率；创造新的法治空间以应对信息技术发展带来的挑战；不断提出新的法治议题为现代法治发展构建新的蓝图。因此，今年的世界法治论坛以“信息化时代的法治建设”为主题具有重要意义。

法治教育是法治建设的重要环节。近年来，随着信息技术的蓬勃发展，法治教育也在与时俱进。从教学内容的角度看，“信息技术＋法学”成为学术科研新方向，计算法学、信息法学、人工智能法学等新概念逐渐进入公众

---

〔1〕 习近平：《在第二届世界互联网大会开幕式上的讲话》，载《人民日报》2015年12月17日，第2版。

的视野。国内外不少高校针对这样的新方向开设了专门课程。近年来，清华大学也在计算法学等领域开展了一系列人才培养的尝试，与各个高校在这一领域有不少探索经验可以交流。从教学手段的角度看，受疫情影响，现在各大高校大都采用线上线下融合的教育模式，覆盖本科和研究生教育以及法律实践等环节。在这几年的探索中，恐怕大家既有收获也遇到了不少挑战。

数据开发共享是数字经济发展的前提，随之而来的数据安全问题也应当引起重视。数据开发共享引发的个人信息滥用、商业数据非法买卖、国家信息安全泄露等突出问题亟待解决，如果法律不能很好地规制数据开放所带来的冲突与矛盾，则会使数字经济的发展停滞不前。我国网络数据安全的相关法律法规日臻完善，《数据安全法》《个人信息保护法》《电子商务法》的颁布，再结合《民法典》的相关规定，使相关的法律框架初步构建完成。

数据安全是数字经济发展的基础。随着数据开放共享的快速提升，为更好保障数据安全，应该逐步建立更加完善细化的数据安全相关的法律法规。个人信息保护直接关切到每一个公民的切身利益。平台大数据杀熟、公民隐私信息泄露、人脸识别技术滥用等现象都是信息化时代特有的产物，也是信息时代的法律规范必须回答的问题。《个人信息保护法》的出台在一定程度上对上述问题进行了解答，为个人信息的收集、使用、隐私保护提供了明确的法律规定，对个人信息保护的法治建设具有里程碑意义。

信息化时代使国际学术实务的合作更加密切。当前，我们再一次站在时代变革的十字路口，信息技术的提升、互联网的快速发展加速推动构建人类命运共同体。面对如此变革，我们应当更加注重法治教育，全面提升公民的法治素养，完善个人信息及数据安全相关领域的法治保障，正确运用相关规定，维护世界营商环境的公平与安全。

清华大学愿意和大家一起为法治发展作出努力，携手应对挑战，共同为维护法治秩序作出更大的贡献。

主旨演讲

杨万明(最高人民法院副院长)

清华大学举办本次世界法治论坛,围绕信息化时代的法治建设开展交流研讨,对于完善数字经济法治保障、推动数字经济健康发展、更好实现数字正义,具有重要意义。

我们正处于信息化迅猛发展的时代,信息革命深刻而全面地改变着人们的生产生活方式、社会组织方式、国家治理方式、法律规制方式。信息技术在造福人民、助力治理的同时,也带来一系列现实和潜在的法律问题。随着数字经济的迅速发展,互联网新业态、新模式不断涌现,各种新型矛盾纠纷也相伴而生,对人民法院工作提出新的挑战和考验。多年来,人民法院积极拥抱信息化时代浪潮,始终以长远眼光看待信息技术和数字经济发展,妥善处理好自由与秩序、私益与公益、打击与保护的关系,充分发挥司法职能作用,依法保障信息技术和数字经济在法治轨道上健康运行,取得积极成效。

一是充分发挥司法职能作用,护航数字经济健康发展。习近平总书记强调,要不断做强做优做大我国数字经济,规范数字经济发展,完善数字经济治理体系。[1] 人民法院积极构建数字时代司法新模式,依法妥善审理线上教育、在线医疗、云上会展等涉及新业态新模式案件,为国家创新体系建设和新兴产业发展提供有力司法保障。依法公正高效审理"大数据权属案""网络游戏著作权案"等具有规则确立意义的数字经济案件,明确裁判标准,加强规则指引。发布全面加强知识产权司法保护的意见、知识产权保护系列司法解释,强化知识产权司法保护,依法处理涉及互联网核心技术、人工

[1] 习近平:《不断做强做优做大我国数字经济》,载《求是》2022 年第 2 期。

智能及平台经济等纠纷，优化数字时代科技创新法治环境。妥善审理电商平台“二选一”“互联网虚假刷量”等案件，明确规则、划清底线、规范秩序。依法审理涉及网约车、网上购物等“互联网+”消费纠纷，妥善处理消费者、电商平台、平台内经营者等各方利益关系。与多部门联合发布维护新就业形态劳动者权益指导意见，规范劳动用工，补齐保障短板，完善保障机制。依法支持数字经济、数字贸易相关管理制度创新，积极参与制定完善信息技术安全、数据隐私保护、跨境数据流动等重点领域规则，推动提升数字经济治理能力。

二是筑牢信息安全司法屏障，努力营造风清气正的网络空间。习近平总书记强调，要坚持网络安全为人民、网络安全靠人民，保障个人信息安全，维护公民在网络空间的合法权益。[1] 人民法院始终坚持以人民为中心，认真贯彻总体国家安全观，健全惩治网络犯罪刑事司法解释体系，依法打击电信网络诈骗、危害计算机信息系统安全、侵害个人信息、帮助信息网络犯罪活动等刑事犯罪，净化网络空间。认真贯彻民法典关于加强个人信息保护的规定，针对信息化时代个人信息侵权案件多发现状，在民事案由规定中新增个人信息保护纠纷案由。截至2022年10月31日，各级人民法院正式以个人信息保护纠纷案由立案的一审案件627件，审结527件。最高人民法院制定出台“人脸识别”司法解释，全面系统规定人脸信息保护裁判规则，成为世界上第一个人脸信息保护法律性质文件。依法妥善审理胁迫用户同意处理个人信息、“大数据杀熟”、非法买卖他人个人信息等社会公众广泛关注的案件，加强个人信息保护典型案例宣传，形成良好社会导向。

三是大力加强智慧法院建设，推进审判体系和审判能力现代化。习近平总书记深刻指出，没有信息化就没有现代化。人民法院主动适应信息革命浪潮，抢抓网络强国、数字中国建设机遇，大力推进思想观念、司法技术深刻变革，全面深化智慧法院建设，在司法数字化方面走在世界前列。建成并不断完善审判流程、庭审活动、裁判文书、执行信息四大公开平台，把司法全过程置于阳光之下，以公开促公正、以透明保廉洁。建成覆盖全国四级法院的智慧法院系统，相关成果在国家“十三五”科技创新成就展全方位展示，加

---

〔1〕《习近平对国家网络安全宣传周作出重要指示强调：坚持安全可控和开放创新并重 提升广大人民群众在网络空间的获得感、幸福感、安全感》，载《人民日报》2019年9月17日，第1版。

强智慧法院建设写入国家“十四五”规划。坚持智慧服务，建成“一站式”诉讼服务体系，充分发挥“在线”“多元”“融合”“集约”优势，重塑解纷格局和服务模式，为人民群众提供跨时空、跨地域在线服务。坚持智慧审判，建成法律知识服务、文书辅助制作、类案自动推送、庭审语音转录等智能辅助办案系统，为法官和群众提供全面、便捷、智能的法律知识检索智推服务。坚持智慧执行，建成网络执行查控、联合信用惩戒、网络司法拍卖等系统，推动执行模式发生根本性变革，成功实现“基本解决执行难”目标并向着“切实解决执行难”目标迈进。坚持智慧管理，运用信息系统实现审判执行工作和法院内部管理的现代化、智能化，全程留痕，全程监督，在全球率先形成人民法院在线诉讼、在线调解、在线运行互联网司法规则体系。今天，最高人民法院将发布《关于规范和加强人工智能司法应用的意见》，这个文件的主要目标是加强推进人工智能技术与司法业务深度融合，规范人工智能技术应用。最大亮点是提出了人工智能司法应用“五大原则”，即安全合法、公平公正、辅助审判不得代替法官裁判、透明可信、公序良俗。这是世界上首个规范人工智能司法应用的最高法院文件，必将有力促进数字中国建设。

四是加强院校交流合作，共同推动数字法治研究繁荣发展。要相互交流、取长补短，把法学理论和司法实践更好结合起来。最高人民法院深入贯彻落实习近平总书记考察中国政法大学时的重要讲话精神，不断健全完善挂职学者、法律研修学者和法律实习生制度，加强与国内外法学院校、研究机构的交流合作，共同推进法治人才培养，促进理论实践交融。一些高校成立互联网司法研究院、智慧法院研究院，与人民法院一起，发挥高校理论优势与法院实践优势，深入研究数字司法重大理论和实践问题，推动互联网司法、智慧法院建设和网络空间治理不断实现新发展。同时，最高人民法院广泛开展与世界各国的司法交流，各国最高法院院长普遍对中国智慧法院建设给予高度评价。“智慧法院”“互联网司法”已成为新时代法治中国建设的一张“亮丽名片”，为提升我国司法的国际影响力发挥了重要作用，为数字时代世界法治文明发展贡献了中国智慧。

党的二十大擘画了以中国式现代化全面推进中华民族伟大复兴的宏伟蓝图，对加快建设网络强国、数字中国作出重大部署，对严格公正司法、加快建设公正高效权威的社会主义司法制度提出明确要求。我们将和法学理论界携手，认真学习贯彻党的二十大精神，适应数字时代新形势、新任务、新要求，努力创造更高水平的社会主义司法文明。我们将继续坚持创新驱动，以司法数据中台、智慧法院大脑、在线法院建设为牵引，推动科技创新和司法工作深度融合；继续坚持把握司法规律和互联网规律，聚焦新情况、新问题，用好新思维、新工具，最大限度激活司法效能、促进数字经济发展；继续坚持抓好数据安全和个人信息保护，构建开放、健康、安全的司法数字生态，积极塑造数字时代智慧法院发展的新优势；继续坚持加强顶层设计，进一步完善互联网案件的裁判规则，不断提升促进网络空间治理法治化的能力和水平。

恳请法学理论界各位专家学者、各有关部门、有关方面继续关心支持人民法院工作，让我们携手开创法学理论研究和司法实践发展的新局面，为建设更高水平的数字中国、法治中国作出新的更大贡献。

主 旨 演 讲

陈国庆(最高人民检察院副检察长)

习近平总书记在党的二十大报告中明确指出要“加强个人信息保护”。中国特色社会主义进入新时代,人民群众在民主、法治、公平、正义、安全、环境等方面的要求日益增长,人人都希望过上更有尊严、更加体面的生活。在信息化时代,加强对个人信息的保护,日益成为人民群众新的法治需求。在这样的背景下,清华大学以“信息化时代的法治建设”为主题组织召开第五届世界法治论坛,共同研讨信息化时代的个人信息保护、数字经济发展和法学教育等问题,具有十分重要的意义。

信息化的发展,使个人信息成为数字经济的重要元素之一。与此同时,个人信息频遭泄露。《中国网民权益保护调查报告(2021)》显示,近一年来,因个人信息泄露、垃圾信息、诈骗信息等原因,导致网民总体损失约805亿元。82.3%的网民亲身感受到了由于个人信息泄露对日常生活造成的影响。非法获取、出售、提供公民个人信息,不但侵犯公民个人信息安全,而且滋生电信诈骗、敲诈勒索、非法讨债等犯罪活动,严重侵犯公民的人身、财产安全。个人信息受法律保护是公民的基本权利。我国高度重视对个人信息的保护。党的十八大以来,从《网络安全法》施行到《民法典》的颁布实施,从《数据安全法》到专门的《个人信息保护法》施行,以及《刑法修正案(九)》的出台,在推进数字经济发展和法治建设中,我国对个人信息保护的法律制度逐步完善。

检察机关作为国家的法律监督机关和重要的司法机关,在依法能动履职中深刻践行以人民为中心的思想,不断加强对公民个人信息的司法保护,维护公民个人信息安全。

一是立足检察办案,依法从严打击侵犯公民个人信息犯罪。2019 年至

2022 年 10 月，全国检察机关共批准逮捕涉嫌侵犯公民个人信息罪犯罪嫌疑人 1.3 万余人，起诉 2.8 万余人，有力惩处了侵犯公民个人信息犯罪活动，保护了被害人的合法权益，维护了社会和谐稳定。

二是持续开展公益诉讼，推进个人信息保护法公益诉讼的规定落地落实。注重保护妇女儿童、残疾人、老年人、军人等特定群体的个人信息，重点关注教育、医疗、就业、养老、消费等领域的个人信息，以及涉及 100 万人以上的大规模个人信息。2021 年，全国检察机关共办理个人信息保护领域公益诉讼案件 2000 余件，同比上升近 3 倍。

三是强化规范指引，制定一系列司法解释和规范性文件。2017 年，最高人民法院、最高人民检察院联合制定《关于办理侵犯公民个人信息刑事案件适用法律若干问题的解释》，对侵犯公民个人信息罪定罪量刑标准和法律适用作出了全面规定。2018 年，最高人民检察院制定《检察机关办理侵犯公民个人信息案件指引》，明确了办理侵犯公民个人信息案件应注意的若干问题。2021 年，最高人民检察院制定《人民检察院办理网络犯罪案件规定》，强化对利用信息网络实施的犯罪和上下游关联犯罪的惩处。2022 年，最高人民法院、最高人民检察院、公安部又联合发布《关于办理信息网络犯罪案件适用刑事诉讼程序若干问题的意见》，明确了有关证据的收集、审查规则，以适应形势需要，提升办案质效。

四是通过检察办案促进完善社会治理。检察机关在依法从严打击犯罪的同时，对检察办案中发现的制度管理漏洞，围绕网络黑灰产业链条整治、APP 违法违规收集个人信息、未成年人网络保护等问题，及时通过发出检察建议，促进源头治理。

五是不断加强案例指导工作，落实"谁执法谁普法"普法责任制。一个案例胜过一打文件。通过案例发布，加强警示教育和法治宣传，促进全社会法治观念的养成。2022 年，最高人民检察院以"网络时代人格权刑事保护"为主题发布第三十四批指导性案例。最高人民检察院发布的打击治理电信网络诈骗、养老诈骗典型案例中，也有多件涉及个人信息犯罪。近日，最高人民检察院在《个人信息保护法》贯彻实施一周年之际，专门发布了一批检察机关依法惩治侵犯公民个人信息犯罪典型案例，以指导办案，回应社会关切。

祸机生隐微，智者鉴未形。习近平总书记指出，"没有网络安全就没有国家安全,没有信息化就没有现代化”。[1] 为深入贯彻落实党中央决策部署,保障人民群众合法权益,维护社会安全稳定,检察机关将不断强化履职,加强公民个人信息保护。一是牢固树立正确的网络安全观,结合打击治理电信网络诈骗犯罪等深挖关联犯罪,依法追溯个人信息泄露的渠道,加强对上游信息采集、提供、倒卖等环节犯罪行为的全链条打击。重点聚焦金融、电信、房产、酒店、劳务中介等重点多发行业,依法从严打击行业“内鬼”侵犯公民个人信息犯罪,提升广大人民群众在网络空间的获得感、幸福感、安全感。二是积极适应信息技术的迅速发展,处理好公民个人信息保护和大数据产业发展的关系,加强对公民个人信息类型和刑事处罚标准的研究,推动进一步完善个人信息保护法律体系。三是完善检察机关刑事检察和公益诉讼检察部门之间的线索移送、同步介入、人员协作、会商研判机制,协同推进个人信息保护刑事检察和公益诉讼检察的一体化办案,推动形成个人信息保护多元共治新格局。四是充分发挥检察监督职能,促进网络平台、行业完善内部管控。加强与行业主管部门和行业协会沟通,推动建立健全个人信息保护常态化机制,完善行业规则,加强行业自律,强化个人信息的源头保护,在全社会、全行业营造保护公民个人信息的良好环境。

对公民个人信息的保护,涉及方方面面,是一项系统工程。检察机关将在以习近平同志为核心的党中央坚强领导下,认真贯彻落实党的二十大精神和《中共中央关于加强新时代检察机关法律监督工作的意见》,加强与各职能部门协作配合,加强与理论界交流,为推进信息化时代的法治建设贡献检察力量。

---

〔1〕 习近平:《总体布局统筹各方创新发展 努力把我国建设成为网络强国》,载《人民日报》2014 年 2 月 28 日,第 1 版。

主旨演讲

姜　伟（中国法学会副会长）

党的二十大擘画了以中国式现代化全面推进中华民族伟大复兴的宏伟蓝图，提出了必须在法治轨道上全面建设社会主义现代化国家的行动纲领，让广大法学法律工作者备受鼓舞，更觉责任重大、使命光荣。新时代是中国法治建设的最好时期，党的二十大强调的中国式现代化这一重大论断必然提出中国式法治化的时代课题，迫切需要构建一个与党的二十大关于全面依法治国、推进法治中国建设战略部署相适应的法学学科体系。清华大学本届国际论坛以"信息化时代的法治建设"为主题非常必要，很有意义。

当今世界，数字经济和数字社会方兴未艾，我们已经进入数字时代。数字化是颠覆性的通用技术，给人类社会的生产方式、生活方式、治理方式带来全方位深层次的变革，必然重塑社会的行为规则和法治体系。实践证明，数字经济的发展、数字社会的建设亟须数字法治护航。

习近平总书记强调，没有正确的法治理论引领，就不可能有正确的法治实践。[1] 构建中国自主的法学知识体系，是新时代推进马克思主义法治理论中国化、时代化的伟大工程，也是法学领域的一场深刻变革。数字时代法律主体的身份、行为，乃至社会关系都已经数字化，数字化转型诸如数字经济、数字政府、数字社会、数字中国、数字治理、数字正义等一系列"数字＋"的战略构想，给传统法治带来了诸多挑战，现有的法律制度和法学理论显然无法满足数字时代的法治需求，以安邦济世、治国安邦为己任的法学理论自然责无旁贷。基于数字化的技术变革和社会影响，数字治理、数字法治应运

〔1〕《习近平在中国政法大学考察：立德树人德法兼修抓好法治人才培养 励志勤学刻苦磨炼促进青年成长进步》，载《人民日报》2017年5月4日，第1版。

而生,法学教育必须求新应变、顺势而为,积极探索法治新模式、正义新样态、法学新体系。数字法治包括数字法治化和法治数字化两个维度。数字法治化,是以法治治理数字社会、数字经济,在法治轨道上推进数字经济发展、数字社会建设。法治数字化,是以数字化赋能法治效率、法治效果,用数字技术推动法治方式变革,重塑数字正义形态。数字法治的特殊属性迫切需要创新法治理论,中国法学教育如何使用数字技术创新教育方式、如何构建数字时代的法学学科体系、学术体系、话语体系,值得我们认真思考。

我认为,新时代法学理论和法学教育亟待研究与数字法治相关的一些重大课题:

一是关于数字法学的学科构建。数字法学在当下是一个热题,也是一个难题,作为学科建设问题,需要根据其研究领域、研究对象、研究方式,积极探索数字法学的基本原理和实践规则,加快构建新法学的理论体系、学科体系、学术体系、课程体系、话语体系。

二是关于数字法治的规律阐释。数字法治是在传统法治技术上生长的法治形态,应该遵循法治的一般规律,但是数字法治有哪些特殊规律,特别是数字法治公开、透明、可预期的表达方式需要法学理论总结提炼。

三是关于数字正义的场景描述。法治的核心价值是公平正义,在数字时代,实现正义的模式与传统法治相比已经发生根本变革,如司法裁判的面对面剧场式庭审,已经转变为屏对屏网络式庭审,正义开始以数字化的形态表达。因此,我们需要定位数字正义的底层逻辑。数字化技术在中国法治领域的应用比较广泛,实现效果也参差不齐,数字正义的实现场景需要哪些基本要素,如何通过数字法治实践建构中国数字正义理论,需要法学理论及时回应。

四是关于实证法学的范式评估。中国的法学理论在实证研究方面一直是短板,现在大数据计算思维为法律治理、实证法学提供了契机和路径,这是数字法治的一大优势。但是大数据的失真偏见、算法黑箱也是数字法治法学研究的隐忧。法学理论需要统一规范大数据实证法学的研究范式,为构建新法学理论提供客观的经验资料和实践依据。

新时代、新征程,以习近平法治思想为指导,坚定不移走中国特色社会主义法治道路,切实发挥中国特色社会主义制度优势,通过数字化转型,努力把我国的体制优势更好转化为全面依法治国的效能。我们应该有自信、有底气、有定力，在数字法治领域，我们已经可以与西方发达国家的法学界平等对话。数字中国建设，为我国数字法治的发展和法学研究的繁荣带来独特的历史机遇。我国在世界上最先成立了互联网法院，最先出台人民法院在线调解规则、在线诉讼规则、在线运行规则，中国在网络司法方面的成就得到国际社会的充分肯定，成为世界各国学习的样板，我们有能力创造更高水平的法治文明。

习近平总书记指出在法学学科体系建设上要有底气、有自信。[1] 数字时代的法律科学应该与时俱进，不断推进实践创新、制度创新、知识创新、理论创新、方法创新。中国有丰富的数字法治应用场景，在某些领域具有实践性创新和原创性贡献，积累了一些可复制、可推广的经验做法，为广大法学法律工作者提供了丰富的研究素材。数字时代的法学研究应当及时将法治实践的成就转化为学理性研究、学术性表达的理论成果，进而形成法律方案、司法规则和学科体系，以法治化规范数字化，以数字化赋能法治化，为加快建设数字中国、法治中国提供智慧支持和法理依据。

清华大学在数字法学研究领域具有学科优势，期待清华大学法学院发挥引领作用，在数字法治领域研究人才辈出、理论硕果累累。

---

〔1〕《习近平在中国政法大学考察：立德树人德法兼修抓好法治人才培养 励志勤学刻苦磨炼促进青年成长进步》，载《人民日报》2017年5月4日，第1版。

承办方致辞

梅向荣(盈科律师事务所全球董事会主任)

数字经济和虚拟社交的兴起已经表明,以互联网、物联网、云计算、大数据、人工智能、区块链为代表的现代信息科学技术的发展,拓宽了人类生活的数字空间,深刻而全面地改变着人们的生产生活方式、社会组织形式、国家治理机制和法律规制方式。

习近平总书记在党的十九大报告中提出了智慧社会的概念,并就智慧社会的建设作出了重大部署。围绕数字化、网络化、智能化及其法治建设提出了一系列的新思想、新观点、新论断,为智慧社会的法治化建设与发展描绘了宏伟的蓝图,规划了科学的建设与发展方案,并结合时代发展和我国的国情提出了具体的要求,成为智慧社会法治化建设与发展的理论纲领和行动指南。这些新兴的信息技术的集群,合力催生出智慧法治这个新的法治形态,其主要表现在两个方面:一方面是随着数字技术的高速发展,数字产业规模迅速扩大,传统法律体系向数字世界进行延伸;另一方面是法律与技术的融合成为显著的发展趋势,为法律的发展和提升提供了新的发展方向,信息技术为法治现代化建设赋能,极大地优化司法的业务流程,为现代法治创造了新的工具,注入了新的动能。

自 2020 年以来,人民法院推行电子诉讼,引导当事人通过人民法院的在线服务平台开展在线立案、在线缴费、在线开庭、在线交换证据。在法律领域,大家逐渐形成一个共识:法治工作要站在信息时代的前沿,抓住新一轮科技革命带来的宝贵机遇,不断地推动信息时代法治的发展进步。可以说智慧法治是现代信息技术与法治建设深度融合的产物,也是国家治理进入信息化时代的必然要求。智慧法治将科技发展的时代要求、法治建设的战略任务,以及人民群众对法治的需求有机地结合在一起,推动了科技与法治相互促进、融合发展，全面建设智慧法治，推进法治中国建设的数据化、网络化、智能化和数字化。

在信息化时代，信息安全也成为法律保护的重要内容之一。目前，我国信息安全方面的相关法律法规，包括《网络安全法》《数据安全法》《个人信息保护法》《关键信息基础设施安全保护条例》《网络安全审查办法》等。在国际上，《欧盟通用数据保护条例》是目前最严格、最全面的数据安全方面的立法。美国、加拿大、日本、巴西等国家也在逐步增强对数据安全与隐私保护的监管和立法。

从企业ESG（Environment, Social and Governance，环境、社会和公司治理）信息披露的角度来看，隐私和数据安全议题已经不仅是交易所ESG信息披露的要求，也是主流国际ESG评价机构关注的议题。作为企业合规工作的一项重要内容，信息安全的保障要求法律工作者要不断优化立法和监督，并对企业数据合规工作进行指导。因此，信息化建设离不开法治建设，也离不开高素质的法律队伍保驾护航。为了顺应ESG发展的浪潮，盈科律师事务所在ESG所覆盖的领域不断深耕，重点关注环境保护、能源资源、劳动关系、社会责任、公司治理、数据合规、知识产权与商业秘密保护、反商业贿赂、反制裁、刑事合规等领域，梳理全球的ESG最新法律法规并开展研究，致力于提升企业ESG合规意识、数据合规意识，预防法律风险，提高企业ESG的信息披露水平，助力企业实现可持续的发展。

盈科律师事务所成立于2001年，21年以来一直坚持党建引领，以建立全球领先律师事务所为发展目标，不断为法治中国的建设而努力。我们也见证了以互联网、大数据、云计算等技术为代表的法律科技的兴起。2021年，盈科开启了专业化、国际化、数字化和低碳化发展的新阶段，围绕数字化建设，盈科建立了自己的大数据管控平台——“书香盈科”数字图书馆。2022年8月31日，盈科孵化的AI律所智能空间站亮相服贸会，通过物联网、新媒体、“视频+AI”的方式提供“一站式”的自助法律服务，探索律所发展新趋势。通过深度融合科技与法律，新一代科学技术——盈科AI律所智能空间站用于“幸福家园村居工程”，通过物联网、新媒体、“视频+AI”的方式赋能法律服务，提供“一站式”的自助法律服务，为人民群众解答法律疑惑、破解律师资源匮乏与法律服务需求发展不平衡的问题，推动公共法律服务体系不断完善。在推进盈科数字化发展的过程中，我们加强了法律科技的建设，运用大数据、云计算帮助盈科律师更方便、更快捷、更高效地处理各项法律事务，为律师业务和服务能力提升赋能，为数字化建设提供保障。盈科也树立了在2035年建成全球领先律师事务所的发展目标，致力于打造全球一小时法律服务网络体系，这也是为了响应习近平总书记提出的加强涉外法治建设的要求。盈科在北京、欧洲和美国设立了三个呼叫中心，开放微信小程序——AI律所智能空间站，覆盖客户沟通的所有入口，构建数据驱动的智能法律服务体系。将来我们的客户在全球任何地方遇到法律需求，都可以通过电话、微信、APP等方式在24小时内找到律师。我们确保在一小时之内对接好客户的法律服务需求：一小时之内知道客户遇到什么样的问题，哪位律师能解决客户的问题和一小时对接到位。我们努力实现国内外律师事务所的联动，为客户提供跨语言、跨文化、跨法律的专业高效的服务。

承办方致辞

周光权（清华大学法学院院长）

彭刚副校长代表学校对论坛的举办表示祝贺，并对办好论坛提出了具体的要求；最高人民法院副院长杨万明大法官、最高人民检察院副检察长陈国庆大检察官、中国法学会姜伟副会长分别作了主旨发言，阐述了信息社会法治建设的重要性，以及最高司法机关结合司法实践在信息时代推进法治建设所做的各种努力，以及数字法学研究的未来着力点等。他们的主旨报告内容丰富，信息量很大，有很多新的精神。

杨万明副院长特别提到的最高人民法院出台的《关于规范和加强人工智能司法应用的意见》，这是世界范围内规范人工智能司法运用的第一个文件，一定会引起广泛关注。盈科律师事务所梅向荣主任代表会议的承办方之一致辞，表达了盈科律师事务所一直以来心系法治、支持法学教育的情怀。这次论坛除了三位嘉宾的主旨演讲以外，接下来各位法学界权威还会分别讨论中国式现代化、信息化时代的法学教育、信息权益的保护、数字经济的法治保障、信息化时代下法律服务行业的新机遇等，这些问题对于在法治轨道上全面建设社会主义现代化国家而言非常重要。在现代信息社会，信息、数据、计算机系统是重要的生产要素，它们的应用对社会生活产生了全方位的影响。对保护信息数据的经济价值、促进数字经济健康发展，法律人责无旁贷。

立法、司法机关历来非常重视信息社会法治建设推动的问题。为迎接信息时代的挑战，法学界应当共同携手，顺应社会变化，持之以恒地开展与信息有关的法学研究，对我国大数据应用以及法治发展状况进行长期跟踪和仔细梳理，为法学研究开辟新天地，通过实质性的学科交叉，推动法学学科高质量发展。

今天的论坛高朋满座、高手云集，大家的真知灼见不仅有助于数字经济的发展，提高我国信息治理建设的有效性，也有助于推动清华大学法学院的未来发展。大家所贡献的智慧也一定能够给立法机关、司法机关，以及有关的决策部门提供更多建设性的意见，同时向社会传递推动信息社会法治建设的最强音。自 2017 年起，清华大学法学院开始关注信息法治与法学教育的关系。借助清华大学多学科融合，以及强大的计算机、自动化等专业支撑的优势，清华大学法学院着手进行交叉学科建设，大力培育研究力量，推动法律与信息技术的交叉融合，学科优势和特色进一步增强。清华大学法学院培养了大量与信息法治建设有关的国际知识产权法学人才、计算法学人才和社会法治人才。

我们深知，清华大学法学院的发展离理想的法学院还有很大的距离，我们还需要很多积淀，还需要真心实意地向兄弟法律院校学习。自 2018 年创办第一届世界法治论坛以来，清华大学法学院始终旨在为世界法治精英的高端对话提供平台，积极开展国际交流合作，推动国内外法学院校间的合作。从实际效果看，近五年来世界法治论坛取得了预期效果。我们还有一项新计划：今天论坛的所有发言，包括领导的主旨演讲、各位院长、校长、老师的报告和评论，我们都会整理后交出版社出版。通过文字方式，全景展示论坛的全过程，记录论坛成果。恳请今后各位继续关心支持清华法学院！

平行论坛一：信息化时代的法学教育和法律实践

第一单元 中国式现代化、信息时代与法学教育

周光权：各位老师，平行论坛一的第一环节“中国式现代化信息社会和法治建设”现在开始，特别感谢各位校长、院长们的支持。先有请杨松老师作一个重要的主旨演讲，谢谢。

杨松：尊敬的周光权院长，首先非常荣幸受邀出席清华大学举办的世界法治论坛。世界法治论坛已经举办了五届，是法学界越来越有影响力的品牌论坛，我每次参加都特别有收获，感谢论坛提供了这么好的交流机会。

我今天发言的主题是“如何建构中国法学自主知识体系”。我认为，探讨中国法学自主知识体系的建构，首先我们需要在中国法学知识体系发展沿革中探索符合知识规律的自主性建设过程、自主性建构标准、构成中国法学知识体系自主性的特征表现、建构路径等关键问题上，达成基本的共识，才能够更好地推动构建科学而自洽的法学自主知识体系。

第一个方面，中国法学知识体系的历史内涵。现代知识体系，伴随着哲学社会科学在中国经历一百多年的发展，其中有两条主线：一条是方法论意义上的主线，另一条是哲学社会科学的理论发展主线，在学术体系进程中形成了思想体系，形成具有一定中国符号特征的现代知识体系。法学相对晚进，但也是沿着这样一个脉络来延展铺成。法学知识体系有自己的知识特征和类型，它来源于经验、来源于实践，法学知识体系是对一个国家法治和全球法治历史性经验的规律性总结，具有明显的实践性特征。从这个意义上说，中国现代法学知识体系来源于中国化、时代化的马克思主义理论，这是底色；跌宕起伏的法治实践是它的本色；中国法制历史文明演进的精华是

其亮色。这是中国现代法学知识体系的基本思考。

第二个方面,中国法学知识体系的地位。2017年习近平总书记在致中国社会科学院建院40周年的贺信中提到,要构建中国特色哲学社会科学学科体系、学术体系、话语体系。[1] 法学知识体系是学科体系、学术体系、话语体系的基础和基石,即法学知识体系是全面建设社会主义法治现代化国家的知识根基,是中国特色法治实践的知识根基。学术体系来源于理论体系,学科体系是中国特色法学知识体系的理论表达和载体,话语体系是外在的表现传播方式,尽管这三大体系是互相支撑、互相促进的,但我们看到法学知识体系是基础和根基,这是它们之间的地位逻辑。

第三个方面,中国法学自主知识体系的标准。习近平总书记在哲学社会科学工作座谈会上提及,要按照立足中国、借鉴国外,挖掘历史、把握当代,关怀人类面向未来的思路,着力构建中国特色哲学社会科学,在指导思想、学科体系、学术体系、话语体系等方面充分体现中国特色、中国风格、中国气派。[2] 我们要看到,中国法学自主知识体系应该立足于中国法治实践,致力于解决我们国家本土法治问题,形成法学知识的自觉,形成以人类命运共同体法治的共同价值为基准来构建共同体的法治体系。所以其是以解决本土法治问题作为出发点,发展到提供人类法学知识的共同场景,进而解决人类共同的法治问题。可见,法学自主的知识体系一定是在中国法治的实践当中产生的理论,既能解决中国法治现代化进程的问题,同时又对世界法治的进程具有指导意义。我们要有用中国的理论来指导中国法治实践和回答世界普遍问题的能力和自信,为人类的法治文明的新形态作出我们的贡献,这是我们判断自主知识体系的标准。

第四个方面,中国法学自主知识体系的特征。如何来体现这种自主性,从而把握中国特色的法学知识体系?它的自主性的特征又该怎么理解呢?首先是法治公共产品供给上的自主性。总结中国法治经验,我们走出了一条中国式现代化的法治道路,所以更要注重自主的法学知识谱系的形成过程。其次是法学知识供给上的自主性。现有的法治理论能不能为中国式法治现代化道路提供有力解释和指导,从这个意义上说,自主性是欠缺的。最

---

[1] 《习近平致信祝贺中国社会科学院建院四十周年》,载《人民日报》2017年5月18日,第1版。

[2] 《习近平在哲学社会科学工作座谈会上的讲话》,载《人民日报》2016年5月19日,第2版。

后是法学方法论意义上的自主性。我们将以一个什么样的知识供给去关注人类的共同价值和世界法治共同的特征。

第五个方面,中国法学自主知识体系构建几个方面的问题。我们要看到,如何从法学自有的经验系统和规律性的认识当中来形成自主的法学知识谱系,如何成熟地、客观地对待西方法学,如何客观看待我国法学知识的归宿,这些都是难以在短期内达成共识的问题。当我们在建构中国法学自主知识体系时,要从解决中国法治的本质问题作为出发点来解决人类法治的共同问题,进而为整个人类法学知识提供公共产品,包括自洽的概念体系、基本的范畴体系、自主的命题原理学说、自觉的研究方法以及对世界法学的借鉴。还要注意坚持实践问题意识,以跨文化和跨学科的视角指导自主知识体系的建设。既要扎根当代中国的法治实践,又要站在世界法治发展趋势前沿。总结党领导建设法学和法学理论的作用、中国的法治探索、改革开放的法治理想以及新时代的全面法治观,注重概念的自主性,注重常识性知识的总结,建构符合逻辑的自主性知识体系框架。

以上就是我和大家分享的关于中国法学自主知识体系建构几个问题的思考,谢谢!

周光权:感谢杨校长!杨校长的发言体系很完整,而且站位很高,就是时间稍短,如果我们给她更充分的时间,很多内容就能更加充分地展开。接下来有请付子堂校长。

付子堂:刚才听了杨松校长做得非常好的发言,收获非常大。衷心感谢周光权院长的邀请,给我提供了一个非常宝贵的学习机会。

第五届清华大学世界法治论坛的主题是“信息化时代的法治建设”,围绕平行论坛一第一单元的议题有三个关键词:“中国式现代化”“信息时代”“法学教育”。因此,我想着重向大家交流汇报两个问题:一是中国式法治现代化与人类法治文明新形态;二是信息化时代与人工智能法学教育。

首先,关于中国式法治现代化与人类法治文明新形态。

2021 年 7 月 1 日,习近平总书记向全世界庄严宣告,我们“创造了中国式现代化新道路,创造了人类文明新形态”[1]。2022 年 10 月 16 日,习近平

---

〔1〕 习近平:《在庆祝中国共产党成立 100 周年大会上的讲话》,载《人民日报》2021 年 7 月 2 日,第 2 版。

总书记在党的二十大报告中详细阐述了中国式现代化的本质要求，共有九项，其中最后一项是“创造人类文明新形态”。可以说，“创造人类文明新形态”充分体现了“中国式现代化”的世界意义。毫无疑问，“中国式现代化”题中之义包含中国式法治现代化，“人类文明新形态”题中之义包含法治文明新形态。所以，法学教育界应当高度重视并认真研究“中国式法治现代化与人类法治文明新形态”这一重大课题。

中国式法治现代化道路打破了西方关于法治现代化发展模式和人类法治文明形态的话语垄断，坚持自信自立，立足中国法治建设的具体国情，彰显了鲜明的中国特色和时代特色，是马克思主义法律思想中国化、时代化的生动实践。中国式法治现代化在机制、文本、话语三个基本维度上，创造了中华法治文明的新形态。其中，中国式法治机制创新是中华法治文明新形态的根本动力，中国式法治文本创新是中华法治文明新形态的显性成果，中国式法治话语创新是中华法治文明新形态的内在建构。限于时间关系，这三个观点不再展开论述。

法律是人类文明的一个要素，法律的产生是人类进入文明社会的一个重要标志，人类文明形态的多样性决定了法治发展道路的多元化。中国式法治现代化道路，是中国共产党领导人民在革命、建设和改革的伟大实践中探索出来的现代化法治新路，创造了人类法治文明的中国新形态，正在形成中华法治文明新形态。

面对人类法治文明，中华法治文明新形态不主张“文明的冲突”，而主张不同法治文明的交流互鉴；不主张强制性、霸权性的文明输出，而主张尊重国情、相互学习；不主张以中断本国本民族法治文明发展历程为代价的“断崖式”的文明输入，而主张守望、传承、光大本国本民族文明，并在不同文明交流互鉴中进行规律性的把握、本质性的理解。在全面建设社会主义现代化国家、全面推进中华民族伟大复兴的新时代新征程上，贯彻落实习近平法治思想，深入分析历史发展的阶段性特征在法治领域的新表现，深刻把握国家治理体系和治理能力现代化对法治提出的新任务、新要求，深入研究中国社会发展面临的法治新课题，精准把握人民群众对于法治的新期待，是持续推进中国式法治现代化、不断丰富中华法治文明新形态的时代任务。

其次，关于信息化时代与人工智能法学教育问题。

党的二十大报告强调，加快建设“网络强国、数字中国”“推动制造业智能化发展”“构建新一代信息技术、人工智能……一批新的增长引擎”“加快发展数字经济”。这些都是当今信息化时代的新要求,也对中国法学教育的改革发展提出了新任务。

前几年,西南政法大学在全国率先设置“人工智能法学”二级学科,专门成立人工智能法学院。设立原因主要基于四点:一是贯彻落实习近平总书记的重要指示精神。习近平总书记强调,要遵循司法规律,把深化司法体制改革和现代科技应用结合起来,不断完善和发展中国特色社会主义司法制度。[1] 二是贯彻落实国务院《新一代人工智能发展规划》。三是贯彻落实教育部《高等学校人工智能创新行动计划》。四是结合最高人民法院《关于加快建设智慧法院的意见》相关具体要求。刚刚发布的最高人民法院《关于规范和加强人工智能司法应用的意见》,是世界上规范人工智能司法应用的第一个重要的司法文件,值得法学界高度关注、认真研究。

西南政法大学主要围绕三个“有利于”,即“有利于人才培养、有利于科技创新、有利于社会服务”,力图将人工智能法学打造成内涵清晰、方向明确、理论自足、逻辑自洽、体系完备的新兴交叉学科。人工智能法学院以“回应国家战略、坚持错位竞争”为建设理念,以“智慧法治研究前沿、法律实务教育高地”为建设目标,以培养“通识和专才皆备、知识和技能并举”的高层次“人工智能 + 法律”横向复合型人才为具体建设任务。

作为法学一级学科下自主设置的二级学科,人工智能法学具体设置五个研究方向,即人工智能法总论、数据法治、网络法治、算法规制、人工智能司法应用;人才培养目标定位是培养既深谙规则又精通技术的“双料”人才,以满足信息化时代对“人工智能 + 法律”复合型人才的渴求。我们围绕学科发展目标,着力打造六个团队,即人工智能伦理与政策团队、数据法团队、网络法团队、算法规制团队、人工智能司法应用团队和智慧仲裁团队。其中,“人工智能司法应用”研究团队被评定为重庆市高校创新研究群体;由人工智能司法应用团队领衔建设的“智慧司法”,被认定为重庆市“人工智能 + ”学科群立项建设学科。

当然,在人工智能法学科建设过程中,我们也面临一些困难和问题。一

---

[1] 习近平:《坚定不移推进司法体制改革 坚定不移走中国特色社会主义法治道路》,载《人民日报》2017 年 7 月 11 日,第 1 版。

是产学研结合度不够。智慧司法学科针对智慧法院建设的需要，与相关企业合作进行了产品研发，但产品研发数量不多、成果转化力度不大，产学研互动体系建设尚需进一步发力。二是西南政法大学以文科见长，缺少学科发展所必需的人工智能等工学学科支撑，增加了学科间交叉融合的难度。清华大学法学院在申卫星院长、周光权院长的领导下，在数字法学方面已经取得了丰硕的成果，非常值得我们认真学习。

谢谢各位！谢谢周光权院长！

周光权：谢谢付校长！西南政法大学是中国法学教育的重镇，培养了特别多优秀的人才。刚才付校长重点讲了两个问题：一是中国式法治现代化和人类法治文明新形态，二是信息化对法学教育的冲击、影响和挑战，西南政法大学把人工智能法学作为二级学科，成立了单独的学院，所以在回应信息化时代的挑战，进一步改革法学教育这方面走在了全国的前列，非常值得我们学习。

第三位发言人是中国政法大学的副校长时建中教授。时校长对清华大学法学院的工作特别支持，前几天刚参加完申卫星教授主持的第五届计算法学国际论坛，今天又来支持本次论坛，特别感谢时校长！有请时校长作演讲。

时建中：谢谢周光权院长，不是支持，而是要感谢清华大学法学院不断地给我学习的机会，非常荣幸、非常高兴在此有这样一个非常好的学习机会。

这个单元的主题是三个关键词："中国式现代化""信息时代""法学教育"。关于第一个关键词"中国式现代化"，我们知道习近平总书记在党的二十大报告当中深刻地阐述了中国式现代化的中国特色和本质要求。当然，我们也深刻认识到，中国式现代化就是如党的二十大报告中所提出的，是中国共产党领导的社会主义现代化，既有各国现代化的共同特征，更有基于自己国情的中国特色。

对于法学和法治人才培养来讲，同样面临着一个中国式现代化的问题，也就是在中国式现代化、建设社会主义强国的过程中，我们需要进行中国式现代化的法治建设、中国式现代化的法学研究和中国式现代化的法学教育。

无论是中国式现代化的法治建设、法学研究，还是法学教育，同样都应该是既有各国现代化的共同特征，也应该有自己国情的中国特色。如果没有共同特征，只有特色，恐怕不利于我们发展；当然如果只强调共同特征，而忘记中国特色，就难以解答我们是谁，我们要从哪里来、到哪里去的问题了。

所以中国式现代化、中国式法治、中国式现代化的法学研究、中国式现代化的法学教育，在建设的过程中同样需要把握这两个特点：一是共同特征；二是中国特色。

第二个关键词是“信息时代”，在信息时代，实际上我们从电子化、信息化、网络化已经步入数字化，这样一个时代有三大特征：数据要素、网络环境和不断进步的ICT（Information and Communications Technology，信息与通信技术）技术。

关于这三个要素，或者三个特征的揭示，可以追溯到2016年在中国杭州召开的G20（二十国集团）会议。此次会议标志着全球范围内的国际组织首次提出了数字经济概念，并对其进行了定义式的描述，凝聚了这个领域的国际共识。这个定义讲的是数字经济，就是指以数字化的知识和信息为关键生产要素，以现代网络为重要载体，以不断进步的ICT技术作为重要推动力，从而使经济结构不断优化、经济效率不断提升的经济活动。因此，我们可以归纳出数字经济的三个要素：数据要素、网络条件和ICT技术。

数字时代，对法治也产生了新的要求。我们现在的法治主要根植于工业文明这样一个时代。在已经进入信息文明时代的时候，传统的法治确实有一些力不从心，或者说新的时代对法治提出了新的要求，这种要求毫无疑问折射进法学研究中，也同样传导进对法治人才的培养，对法学教育提出新的要求。

对于法治建设、法治人才培养来讲，法学研究正好是连接二者的重要环节，通过法学研究，我们能够形成新的知识体系；通过法学研究，进而形成新的学科体系，来支撑法治建设的新需求、法治教育的新需求。所以，高校法学学科建设的一个非常重要的任务，就是要打造新的学术体系，这是打造学科体系、知识体系、话语体系，乃至教材体系的一个关键切入点。因为学术体系实际上也是一个知识生产体系，通过打造新的学术体系，可以在实现中国式现代化法治建设的过程中扮演更重要的角色。

毫无疑问，对于大学的法学教育来讲，不仅仅存在知识传承的问题，同样还存在知识创新的问题。无论是知识的传承，还是知识的创新，知识都是支撑学科、人才培养非常重要的前提和基础。无论是法治建设、科学研究，还是人才培养，都需要尊重基本的规律，比如尊重数字经济的规律，尊重数字社会的发展规律，尊重数字政府的建设规律。

同时我们要注意信息化时代是科技驱动的时代，所以还需要尊重科技进步的规律。因为进行的是法治建设、法治人才培养和法学研究，所以我们更要尊重法治规律。只有尊重了经济规律、社会规律、政府建设的规律、科技进步的规律和法治的规律，知识生产才能够正面地促进法治建设。

因为涉及经济、社会、政府管理、科技和法治自身等众多领域，所以信息化时代中的中国式现代化法治建设需要的人才，一定是知识复合型人才，而知识复合型人才的培养一定需要跨学科的交流来支撑。我们培养的法治人才对复合型知识有所需求，这就意味着我们的学科建设不能进行二元式的非此即彼的研究。因此，跨学科的研究、学科交叉和交叉学科的研究就成为未来非常重要的发展方向，或者说是紧迫的任务。

其中，学科的交叉首先就意味着法学必须要和科学技术，特别是数字技术进行交叉。如果是服务数字经济的法律建设，还需要和经济管理进行交叉。如果是服务数字社会、服务数字政府的法律建设，可能还需要和其他相应的学科进行交叉。

如果学科建设必须是跨学科的，而不再是单一的法学学科建设的话，就意味着科学的研究必须要创新科研的组织形式。创新科研的组织形式，要求我们必须要进行有组织的科研。传统社会背景下所进行的"单兵独斗"的那种科研，一支笔、几张纸，或一台电脑进行的科研，都不能适应新时代的发展需求，因此我们必须要创新科研组织形式。

同时我们还需要创新法学科研的具体实现形式。因为进入数字化时代，科研范式已经发生重大的变化，这个范式的变化就是数据驱动的知识生产的过程。

尽管我们要打造具有中国特色的、自主的或者是中国式现代化的法学教育体系，但是应当谨记，我们的法学体系还应当有世界各国现代法学的共同特征。因此，我们必须要更加主动地扩大国际交流。如果没有更大范围、更大规模、更深层次的国际交流，中国法学的话语权也仅能局限于国内，而不会产生全球影响力。因此，必须要进一步扩大国际交流。

在这方面，中国政法大学有一些做法——可能不甚成熟，供各位兄弟单位、兄弟高校来批评指正。

为了应对数字化时代法学教育面临的挑战，中国政法大学在2016年就把与数据相关的研究纳入科研的重点，通过校级课题、校级项目对相关研究支撑、孵化以及培育，形成了一系列能够支撑学科的知识。

在此基础上，2019年中国政法大学增设了数据法学学科，为了进行数据法学学科的建设，又专门成立了一个研究机构，即中国政法大学数据法治研究院。为了扩大相关领域的国际交流，我们成功地申办了由教育部和科技部所支撑的"111计划"，即"数据法学学科创新引智基地"。

为了实现法学研究范式的转变，中国政法大学又建立了中国政法大学数据法治实验室。非常荣幸，在一定意义上也是非常"侥幸"，中国政法大学数据法治实验室成功地入选了首批教育部哲学社会科学实验室，成为9家试行的实验室之一。

为了建好这个实验室，中国政法大学先后聘请了12位院士作为实验室的执行委员，践行了范式的转型、知识的复合和学科的交叉这一基本理念。

我们之所以要打造一个数据法学学科，不仅仅是希望能够生产出相对独立的数据法学知识体系，更是期待通过数据法学学科建设引领整个法学的升级，假如说现在的法学是2.0版，我们希望通过数据法学的引领、牵引作用，实现整个法学的3.0版升级。

这就是中国政法大学的一些做法和我个人的一点思考，谢谢周光权院长！

周光权：谢谢时校长！时校长刚才讲述的很多内容都值得清华大学法学院认真学习。信息化对法学人才培养提出了新的要求，复合型人才、跨学科的研究和人才的培养，确实是未来的发展方向。中国政法大学在扩大全球影响力这些方面，我觉得确实做得好，尤其在有组织的科研这方面——这可能是中国政法大学的强项，是清华大学法学院的弱项，请在今后多支持清华大学法学院。接下来有请王崇敏书记作演讲。

王崇敏：周院长好，各位校长、院长，大家上午好！我很高兴参加这次会议，每一次会议我都有很大的收获。我发言的题目是"信息化与法学教育的改革"。

2013年出台的《人民法院信息化建设五年发展规划（2013—2017）》就明确提出，最高人民法院和高级人民法院主要业务信息化覆盖率超过100%，中级人民法院和基层人民法院分别达到95%和70%以上。建成国家司法审判信息资源库,案件信息覆盖超过95%。2021年发布的《人民法院信息化建设五年发展规划(2021—2025)》又明确提出“打造全方位智能化、全系统一体化、全业务协同化、全时空泛在化、全体系自主化”的人民法院信息化4.0版建设目标。高等法学教育教学改革要时刻紧跟法治实践与法律职业发展的新需求,顺应法治建设信息化的大趋势,将信息化与法学教育有机融合。

实际上,信息化与法学教育改革的具体内涵可以分为两个层面:第一,是将信息化作为一种知识,将法学教育与信息技术教育进行跨学科的有机融合,培养既具备深厚法学专业理论功底,又具备信息技术知识的复合型人才,以顺应现代社会法治实践对复合型人才的大量需求。第二,是将信息技术作为教学手段,将以信息化为主的现代教育技术运用于法学教育实践中,以支持和辅助法学人才的培养和法学教学的改革。下面我着重探讨第二个层面,即信息技术手段在法学教育实践中的运用。

第一个问题,深度融合。目前的现代教育技术已经跨越了多媒体课件、网上资料收集获取等浅层工具化的运用阶段,越来越多体现为法学学科教育的知识体系、内在规律、主要方法、实习实训与教育信息技术规范、手段的深度融合。信息技术已经不仅仅作为辅助教学的工具,更是强调利用信息技术营造一种信息化的教学环境,以实现能支持学生的自主探究,教师与学生、学生与学生之间的多重交互,具体的司法运用情境创设与案例分析讨论、学生之间的深度合作学习,各知识要点的随机测试,各类学习资源共享等多方面的新型教学方式运用。有很多学校对教学场所均进行了信息化运用的大幅改造,就是为了适应信息化与专业教学的深度融合。

第二个问题,多维转变。在信息化与法学教学的深度融合的基础设施建设并不能带来信息技术在法学教学中运用的落地,只有实现由“建设”转化为“应用”,才能真正实现课堂教学效果的提升。而从“建设”到“应用”的转化,关键在于要解决教师、学生和考核方式的彻底转变问题。

在教师端,一方面对于贯穿教学活动全程的信息化教学环境,教师要在能力上要能够灵活运用各种信息技术、信息设备并对信息资源进行整合。这个问题是推进信息化教学中的一大困难,不少教师对此相当抵触,我们需要进一步提升教师学习新技术和新知识的动力。另一方面,信息化的运用也直接推动教师角色的转变、传统教学方式的转变和教师教学理念的重塑。

在信息化与法学教育深度融合过程中，教师需要紧密结合法学专业理论教学的专业特点与教学需求，改变单纯的讲授式的教学方法，变“教师教”为“学生学”，实现“以教师（传统教学）为中心”的演讲式教学转变为“以学生（多维学习）为中心”的全程参与式学习。教师要成为学生学习的引导者和指导者，运用线上线下、课前课中课后、教学与辅学相结合的多维度的信息化学习环境，开展研讨式、讨论式、案例式教学，模拟现实司法场景将专业知识与司法实践进行系统对接，指导学生分组研讨，组间对抗等。把学生学习的主动性、积极性充分调动起来，调动学生的课堂参与性，指导学生全程参与教学过程，培养学生对专业知识的自主学习能力、灵活运用能力、独立思考能力、创新精神和实践能力。

在学生端，也要转变传统的记笔记、背笔记的学习模式，彻底改变学生在课堂中被动听讲的行为，使学生能够更多投入到与同伴、教师的合作、协同创造等活动中，引导学生养成独立学习、团队协作、独立思考、灵活运用的能力，促进学生对法学知识的深层次加工，充分发挥课堂教学环节在促进法律方法训练与法律思维养成方面的重要作用。

而在教学评价方面，也要顺应信息化的运用和教师、学生的转变而做出调整，建立过程性评价体系，即改变以最终考试定分数的局面，实现对教学全过程的测评和对学生系统学习效果的系统评价。在信息化条件下的法学教学，研讨式、讨论式、案例式教学，学生分组研讨，组间对抗等均要记录学生的参与程度和效果，各知识要点微信小程序和信息化平台上的随机测试和课后训练也要客观记录。上述内容均要成为教学测评的组成部分，降低课程结课考试分数的占比，从而实现对教学全过程的评价。目前已经有学校采取了平时成绩与期末考试成绩60%/40%，甚至80%/20%的比例设置。

第三个问题，系统对接与开发。法学教学中信息化的引入需要大量的司法实践的数字资源，需要数字资源与教学环节进行系统对接。一方面，如何实现司法公开平台与信息化教学平台的系统对接。信息化教学平台应当具有对于司法公开平台上的数字资源进行编辑、存储、管理、检索、共享与灵活地调用的功能，从而支持教师与学生基于课程模块的数字资源推送、分享机制。这方面尚需要进行系统的开发，从而实现有效对接。另一方面，法学专业虚拟仿真教学应用场景的虚拟仿真系统也亟须深入开发。在侦查学、物证技术学等课程的部分教学环节中虚拟仿真系统有非常广泛的运用空间,一些技术公司和政法院校已经开发了一些系统,但还不能完全满足支持沉浸显示、位置追踪、多元外设等虚拟现实课程开设的要求,尚需进一步开发。

信息化与法学教育的深度融合必然是一个艰苦的、困难的过程,技术的创新是基础,观念的转变是关键。尤其是如何能够让广大教师转变传统的教学理念与思维,接受和拥抱信息技术,积极运用信息技术推动法学教学方法与教学内容的改革,还需要我们下大力气,需要我们拿出踔厉前行的勇气去推进,任重而道远!

以上是一些个人浅见,不当的地方请多多批评,再次谢谢周光权院长,谢谢大家!

周光权:多谢王崇敏老师!王崇敏老师的发言跟本次会议的主题特别接近,刚刚他讲到的信息化建设带来的法学教育必须要重视过程性的考察,重视多元教学方法的综合运用,降低结课成绩的比重,另外要开发一些虚拟仿真系统等信息化系统,给我们特别多的启发。在这方面清华大学法学院在申卫星院长的主持下,计算法学已经取得一些进展,但是计算法学的实验室,还有虚拟仿真系统的开发等,我们还有一段路要走。接下来有请北京大学法学院党委书记郭雳老师。

郭雳:尊敬的各位领导、同仁,上午好!热烈祝贺清华大学世界法治论坛成功举办!

结合本届论坛主题,我向大家汇报的话题是"个人金融数据治理的'精巧'进路",基本想法是聚焦数字经济时代金融数据的良法善治问题。检视现有金融数据治理体系在应对个人与国家数据安全风险方面的局限,我认为有必要推动个人金融数据治理朝向"精巧"转型。通过融入"精巧规制"理论中关于多元化治理主体、回应型政策工具组合以及平衡治理成本与收益等核心内容,来明确金融数据治理的红线与底线,有针对性地强化事前、事中、事后的全链条治理,推动实现多元治理主体的协同共治。

习近平总书记指出,数字经济正在成为重组全球要素资源、重塑全球经济结构、改变全球竞争格局的关键力量。[1] 个人金融数据总量规模庞大,拥有丰富的价值创造潜力,成为数字化时代经济社会发展的关键要素。针

---

〔1〕 习近平:《不断做强做优做大我国数字经济》,载《求是》2022 年第 2 期。

对个人金融数据的良法善治已成为数字经济发展的时代命题。这一问题不仅关系到无数个人的人身与财产权益保护，还具有应对新时代金融风险、推动我国数字经济健康发展的战略意义。

我先来谈一谈数字化时代个人金融数据的治理与挑战。现有法规中，个人金融数据的含义由“一个中心”与“三类内容”构成。“一个中心”指在机构监管理念的长期影响下，金融数据的范围整体上围绕“金融机构”或“金融业机构”而展开。类别一是先于且独立于金融活动而存在的个人身份数据；类别二是自然人参与金融机构业务过程中直接产生的金融活动数据，具有场景性较强的交易面向特征；类别三是金融衍生数据，源自对前两类数据的加工、处理与分析，呈现出主体现有支付习惯、未来可能消费意愿等核心价值。

近年来，“数据治理”一词成为理论界与实务界普遍使用的热词，可以对其作两阶层的理解。“数据治理”的底部阶层可被理解为公司治理中的“数据管理”，表现为企业内部加强自上而下的数据资产管理能力。与之相对，当今乃至未来语境中更为重要的上部阶层金融数据治理应当包含各类权利、义务和原则的规范，是体现公私主体协调过程中持续互动的一种广义概念。

实践中，一方面传统金融机构特别是其中的中小金融机构，自身在短期内不具备与数据价值创造相匹配的利用、保护数据的意识与能力。其在与外部科技公司开展的合作中，也难以监督数据挖掘与处理过程中的规范性，导致各类滥用、非法收集与处理信息的情况频发。另一方面，数据治理失范存在着引发直接经济损失与危及国家安全的风险。境外势力可能利用金融数据分析成果，打击外资占比较高、杠杆率较高的金融市场薄弱环节，对我国网络主权、数据主权与国家安全造成威胁。

而个人金融数据现有的治理体系的局限性在哪几个方面？

首先，治理框架欠缺体系性与协调性。一是各类文件出台部门、立法目的与治理方式并不统一，目前过于分散的规范文件，难以形成较为完整的治理规则体系。二是缺乏能开展统一性、协调性治理工作的统领或牵头监管部门。三是与金融数据治理直接相关联的法规较为零散，位阶与效力均较低。

其次，治理标准中分级分类并不周延。一方面，多个分级分类体系与数据跨境之间的联系不够完善，规则适用者不能据此得出不同数据出境行为在合法性、限制条件、安全防护要求等方面的差别。另一方面，有待探索出既不会导致金融机构承担严苛“知情”义务，又能实现敏感数据高级别保护的恰当标准。

再次，治理路径存在理论与现实滞碍。在理论层面，数据概念之间的关联并非权益之上的完全归属。在实践层面，“知情同意”规则本身可谓建构在“不知情”基础上的“强制披露失败”。并且，个人通过私法上的侵权之诉获得救济的难度大、预期赔偿少，个体易陷入“集体不行动”的困境。

最后，治理对象与控制结构之间的紧张显著。在金融业务的实际开展中，数据控制方呈现出极为分散的三方结构，而金融机构的持牌标准甚高与数据控制主体实际分散之间的紧张关系，导致现实中暴露出较多问题的证券、期货、保险行业数据治理力度偏弱，从事金融业务的非持牌机构持续处于数据治理真空中。

对此，我认为，我们应将“精巧规制”理论引入个人金融数据治理之中，使二者在相当程度上适配。

精巧规制理论主张发挥政府、企业、第三方等多元规制主体的功能，同时运用多种政策工具组合，实现成本更低、效益更高的治理效果，被视作超越“命令—控制”型规制与放松型规制的“第三条道路”，已在世界各国的环境保护、航运治理、金融科技等领域有丰富的应用实践。

精巧规制理论适合引入个人金融数据治理之中。第一，精巧规制理论与个人金融数据治理的逻辑起点一致，各主体的功能发挥方向较为明确。第二，精巧规制理论与个人金融数据治理路径相契合。数据公法治理和监管协调，既可为金融机构内部数据治理提供规范引导和标准依据，也能够提供法律、制度和政策保障。第三，精巧规制理论能够平衡治理成本与收益，适配数字化时代数据治理对效率和公平的价值追求。“精巧”进路要求在强制和非强制治理工具间取得微妙平衡，而当治理措施难达目的时，仍具备严厉惩罚性制裁手段的威慑与兜底，保障数据治理过程中的实质公平。

那么，如何具体实现“精巧”治理？

首先，完善个人金融数据治理的框架与底线。精巧规制理论下，政府法令仍处于相对优越的地位，政府的治理角色应从直接治理者向规则、底线和标准制定者转移。一是形成协调统一的个人金融数据法律法规体系。二是确立清晰包容的个人金融数据范围，缓解有限治理对象与分散控制结构之间的张力。三是为数据跨境可能引发的国家总体安全风险划定底线与红线。

其次，强化事中阶段个人金融数据治理。一方面是对个人金融数据事中阶段治理的强化和落实，重点加强金融数据控制者事中阶段的信息披露义务。另一方面，应当对现有偏重私法的治理路径进行调整，具体包括对敏感信息在个人金融数据领域的映射范围加以修正，细化事前阶段“单独同意”的执行标准，并完善事后补救与通知规则。

最后，推动实现多元治理主体协同共治。党的二十大报告明确提出，要完善社会治理体系，“建设人人有责、人人尽责、人人享有的社会治理共同体”。一是要确立统一的个人金融数据治理牵头部门。二是充分发挥行业协会、第三方认证组织、云服务提供商等机构在个人金融数据治理中的结构性功能。三是积极推动和鼓励社会公众参与到个人金融数据治理之中，以更高的社会认可度和更低的国家成本来实现公共政策目标。四是应为自我规制主体创造可行可信可用的引导措施与约束规范，推动其“自下而上”地维护金融行业秩序。

周光权：谢谢郭雳老师！郭雳老师讨论的问题是中国式现代化进程当中金融数据治理的问题，尤其是强调推进协同治理和精巧的规制，而且对精巧的规制有一系列的论述，有独立的思考，给了我们特别多的启发。

下一位发言人是黄文艺院长，黄院长对清华大学法学院的工作特别支持，在法学院专门办讲座，有请黄文艺教授。

黄文艺：谢谢周光权院长。首先，对清华大学法学院举办第五届世界法治论坛表示热烈祝贺！刚才，各位领导和专家所做的演讲都非常精彩，我听后很受教育。我想结合党的二十大精神，就新时代新征程法学学科体系建设作一个发言。

党的二十大报告高度重视学科建设问题，在第五部分、第八部分作出了战略部署。“加强基础学科、新兴学科、交叉学科建设，加快建设中国特色、世界一流的大学和优势学科。”“深入实施马克思主义理论研究和建设工程，加快构建中国特色哲学社会科学学科体系、学术体系、话语体系，培育壮大哲学社会科学人才队伍。”在新时代新征程，我们要深入贯彻落实党的二十大精神，坚持以习近平法治思想为指导，加快法学学科推陈出新、迭代更新、交叉创新的步伐,构建起中国特色、世界一流的法学学科体系。

第一,以习近平法治思想统领法学学科体系建设。

习近平法治思想深刻指明了加强法学学科体系建设的新理念、新思路,科学提出了一系列具有原创性意义的新范畴、新命题、新理论,对新时代法学学科体系建设具有重要的理论和方法论指引意义。

从方法论意义看,习近平法治思想深刻指明了中国法学学科体系建设的正确方向和主要路径。概括起来就是五性,其一,自主性。中国法学学科体系必须是自主的,不能跟在别人后面亦步亦趋。其二,原创性。中国法学学科体系必须是本土的、原创的。其三,继承性。必须充分挖掘和汲取中国优秀传统法律文化。其四,标识性。必须有能为国际社会所理解和接受的标识性概念、标识性理论、标识性范式。其五,世界性。必须充分吸收世界优秀法治文明成果、科学回答人类面临的共同法治问题、引领世界法治文明进步潮流。

从理论意义上看,习近平法治思想是扎根中国大地的具有时代性、科学性、原创性的法治理论体系,为新时代法学学科体系建设提供了宝贵思想理论资源。在基本范畴上,习近平法治思想通过总结中外法治理论成果和实践经验,创造性地提出了包括法治道路、法治体系、依宪治国、依宪执政、依规治党、法治经济、法治社会、涉外法治等在内的范畴体系,为构建法学学科体系奠定了坚实的概念框架。在重要命题上,习近平法治思想坚持以追求真理的精神把握法的普遍规律、洞察法的时代精神、总结法的科学认识,提出了一大批具有说服力、感染力的新判断、新命题,为构建法学学科体系提供了丰硕的思想观点。在基础理论上,习近平法治思想从辩证唯物主义和历史唯物主义出发,科学回答了一系列法治理论和实践问题,形成了由法治地位、法治结构、法治运行、法治关系、法治方法等众多理论板块构成的理论体系,为构建法学学科体系提供了强大的理论支撑。

第二,与时俱进推进法学传统学科转型升级。

在构建现代法学过程中,我国法理学、宪法学、民法学、刑法学、诉讼法学等基础学科,在学科建置、范畴体系、理论体系等方面曾一度深受域外法学的影响,迫切需要在增强自主性、原创性、时代性上取得突破性进展。党的十八大以来,以习近平同志为核心的党中央把全面依法治国贯穿于治国理政各方面,描绘了全方位、全过程、全链条的新时代法治中国全景图,引领社会主义法治建设取得历史性成就,为破除对西方法学的知识依赖、推动中国法学发展提供了丰富的智识资源。

其一,及时拓展学科疆域。进入新时代,党中央把党内法规体系建设、社会规范体系建设等纳入国家法治建设的范畴,拓展了法治中国建设的版图。对法学学科建设而言,不仅要创建一系列新兴学科,还要求传统学科必须重构学科版图。比如,法理学所研究的"法",不能只限于国家法,而应包括从国家法律到党内法规、从正式法到非正式法、从硬法到软法等各类法律现象,提供具有包容性和自洽性的新的法本体论。

其二,加快扩充知识容量。习近平法治思想和当代中国法治实践,以全新的视野、思维、方法对法学发展史上种种问题作出了新探索、新思考、新解答,极大丰富和充实了人类法学知识宝库。我们应充分运用好这笔难得的法学知识资源,推动法学传统学科的知识扩容、内涵升华,增强这些学科对法治实践的解释力、辐射力、穿透力。

其三,全面推进理论更新。对法理学、宪法学、刑法学等传统学科来说,运用习近平法治思想最新成果进行理论更新,不仅有利于破除对西方法学的理论依赖,还有助于克服因搬运西方不同国家和不同流派理论而导致的"学术分裂"现象,实现学科内部各种理论的贯通融合,构建起一个体现中国理念、中国价值、中国精神的法学理论体系。

第三,立足本国实践推进法学新兴学科建设。

在党领导人民探索法治新路、创造法治伟业的百年历程中,中国法治实践积累了大量有别于西方法学知识的经验、智慧,构成了法学学科体系建设取之不尽、用之不竭的智识资源。这些本土的自主性、原创性知识,迫切需要法学界对之进行学理提取、原理提纯、哲理提炼,构建起中国气派的法学学科体系。

比如,中国共产党依规治党、依法执政的伟大实践,为构建党内法规学科体系提供了坚实基础和丰厚资源。百年来,中国共产党依规治党、依法执政的丰富理论成果和实践经验,构成了中国自主法学知识体系的重要组成部分,可以创建出一批中国气派的法学学科。目前,中国法学界已建立了党内法规学、纪检监察法学等新兴学科,编写出版了相关教材、著作。未来,应进一步深化、细化党内法规学的学科划分,在党内法规制定、党内法规执行、党的组织法规、党的领导法规、党的自身建设法规、党的监督保障法规等领域创建新的分支学科,构建起中国气派的党内法规学科体系。

又如,中国特色社会主义法治运行过程和操作实践,从法的制定、实施、监督到保障,产生了一整套难以用西方法学理论予以解释的原理、知识、技术,为构建法治运行学科奠定了深厚的实践基础。我们可以在总结法治运行各领域、各环节的实践经验、实践智慧的基础上,创建出中国特色的法治学、立法学、执法学、监察学、审判学、检察学、法治监督学、法治保障学、法治方法学等学科。这些实践性学科的构建和发展,有利于加强法学实践教学和在职教育培训,有利于向世界讲好中国法治故事、传播好中国法治经验。

第四,顺应新一轮科技革命推进法学交叉学科建设。

自近代以来,科技革命和产业变革成为推动法治现代化和法学变革的强大引擎。在新一轮科技革命和产业变革有力驱动下,当代科学发展呈现出学科大交叉、大重组、大融合的新趋势新潮流。近年来,互联网、大数据、人工智能、区块链等各类科技在法治实践中的广泛应用,催生出法学与其他科学交叉交融的强大动能。当前,我国的司法大数据、司法区块链、智慧警务、数字检察、智慧法务等方面已处于全球领先地位。中国法治实践对法学交叉学科建设既创造了强大需求,又提供了坚实客观条件。

在新时代背景下,我们应紧密跟踪当代法治实践前沿,加快设置数字法学、网络法学、人工智能法学、区块链与法律、算法规制与法律、数字经济与法律治理等交叉学科,确立起我国在新一轮法学交叉学科建设上的主导权和话语权。过去,全球法治实践中的前沿性问题往往先在欧美国家出现,西方法学界自然是"近水楼台先得月",取得了这些领域的知识主导权、话语先占权。现在,中国法学界也要依凭中国法治实践先行优势,加强对法治科技应用中前沿性问题研究,创造出一系列自主、原创的法学交叉学科,确立起这些学科领域的定义权、话语权。

第五,坚持胸怀天下推进涉外法学学科建设。

党的二十大报告深刻分析了国际形势的深刻变化,强调世界百年未有之大变局加速演进,世界进入新的动荡变革期,又一次站在历史的十字路口。世界百年未有之大变局向法治领域拓展,给中国和世界带来了许多新兴法律问题。

这就要求,中国法学应站在世界历史和全球思维的高度,加快推进国别法、比较法、国际法等涉外法学学科建设,及时回应世界之变带来的全球法治问题，为依法维护我国主权、安全和发展利益提供法学智力支持，也为世界提供更多公共性法治理论产品，为发展中国家法治现代化提供中国经验，为世界法治文明格局发展提出中国主张，为人类政治文明进步奉献中国智慧，为全球治理体系变革贡献中国力量。

最后，我想强调的是，随着各类新兴学科、交叉学科、涉外学科的不断涌现，法学学科疆域已实现大规模的扩展和改写，亟须对学科体系结构进行重构重塑。按照从理论到应用、从静态到动态、从国内到国际、从国法到党规、从单一到交叉的分类标准和排列逻辑，新时代法学学科体系可以划分为以下8个学科群：(1)法学理论学科群；(2)法律史学科群；(3)部门法学学科群；(4)法治运行学科群；(5)国别法与比较法学科群；(6)涉外法与国际法学学科群；(7)党内法规学学科群；(8)法学交叉学科群。

周光权：感谢黄文艺教授！黄文艺教授讲到要推进基础学科、新兴学科、交叉学科建设，这方面中国人民大学确实做得好。在王毅教授、黄文艺教授的共同推动下，中国人民大学各方面的发展都很好，给我们树立了榜样。另外，黄文艺教授讲到推陈出新，提出了法学教育在信息化时代进一步改进的五点想法，非常深入。黄文艺教授关于学科结构重构的一些设想，我觉得非常有道理，在进一步论证以后，我们可以参与共同推动。谢谢黄文艺教授。接下来有请武汉大学法学院冯果院长。

冯果：谢谢周光权院长。世界法治论坛已经举办了五届，每一届我都参加了，受益非常大，清华大学确实给我们提供了一个很好的交流平台。前面几位专家、领导的讲话给我很大的启发，我就这个会议的专题谈一个“信息化时代法学教育的转型”，也结合武汉大学的实践跟大家一起交流一下。

中国式现代化必然是高质量发展的现代化，高质量发展必然是要拥抱科技，拥抱全球化。中国的法学教育也必然要走向高质量发展的道路，信息化给法学教育带来哪些挑战？我们需要哪些转变？我想挑战主要表现在四个方面。

第一，信息技术给我们的法学教育的环境和手段方面都提出了新的要求，也需要我们进行相应的转型，其中最核心的就是要借助大数据技术去提高我们教育的功能。正如前面王崇敏校长所提到的，从我们单纯依赖黑板到信息技术作为一种辅助式手段，再到现在信息化时代，现代技术对于法学教育而言，必然不仅仅是一种辅助手段。我们应当追求情景的创设、数字资源的开发和信息化与专业教学的深度融合。武汉大学这些年也在着手去适应这种变化，我们成立了虚拟仿真实验室，并且也借助校友资金投入了几百万元构建智慧教室。在建设过程中，我们和律典通公司进行了有关软件的开发——在这个方面所做的探索，学生非常受益。另外，在培养人才方面要充分发掘网络课程资源。由于疫情，国际交往受到了一些阻碍，但是科技手段给我们提供了便利，我们开设了“走向联合国”等系列讲座，也开设各种各样公开的网上系列课程，这些课程对拓展学生视野、激发学生兴趣起到了非常大的作用。总之，教学的环境是要适应信息化时代的变化，我们要更多地利用科技提升教学的效果，特别是激发学生自主探索的精神。

第二，在信息化时代，信息技术给人才培养路径带来了新的挑战，也需要我们去转型。这个可能也就是大家都提到的，我们由单纯的法学培养人，走向一种联合培养的模式。2020 年，武汉大学法学院和网络安全学院、计算机学院、信息管理学院联合，共同申报和建设交叉学科网络法学硕士点和博士点，通过这样一种法学和别的学科的交融，使学生的来源和我们培养的人才方面都有一些新的气象。

第三，信息技术也带来了人才培养模式的变化。正如刚才时建中校长所提到的，信息化时代中复杂的问题需要我们改变以前单兵作战的科研模式，在人才培养方面，我们也不仅仅是停留在课堂，更多的是要把课外充分利用起来。武汉大学法学院于 2017 年成立了武汉大学网络治理研究院，该治理研究院非常有幸在 2018 年入选全国十个网络空间国际治理研究基地。我们通过这个平台凝聚了一批老师，特别是一些年轻老师，包括懂计算机的一些法学院之外的老师，组成了科研的团队，开展了一系列的科研活动，出版了包括《网络强国战略的法治保障》等在内的系列丛书，提供了众多咨政报告。该平台不仅仅是一个学术研究的平台，它还是人才孵化的一个平台，我们利用这个平台培养出的学生，在各种竞赛中间取得良好成绩。特别值得一提的就是在刚刚结束的大学生“挑战杯”比赛中，武汉大学法学院组建的参赛团队荣获特等奖。在武汉大学文科中拿到“挑战”特等奖是史无前例的，也算破了一个纪录，探索了用科研来带动学生，从而提升人才培养质量的新路径。

第四，在信息化时代对法律人的思维也带来了新的挑战，需要我们进行思维转换。众所周知，法律人作为一个职业共同体，长期以来主要是基于我们自身所创设的对象——法和法治运行进行思考。在信息化时代，我们不可能单单局限在自我设定的限度内，来进行纯粹地像以往大家所普遍运用的注释法学或者法学教育学的这种方式进行训练和思考。相反，我们必须面对信息化时代的社会运行规律，包括数字经济和数字社会运行规律。这对于法律人、将要培养的法律人和正在培养的法律人提出了更高的要求，也带来更多的挑战。

总之，在信息化时代，法学教育面临着新的挑战，也承担着新的任务，需要我们共同努力，实现教学手段、教学模式、培养路径和思维方式的转型。

再次感谢与会的各位专家对武汉大学法学院的长期支持，特别感谢清华大学法学院对武汉大学法学院一直以来的关心和支持，谢谢周光权院长，再次感谢会议主办方。

周光权：谢谢冯院长！冯院长演讲的主题是“信息化时代法学教育的转型”，这方面武汉大学法学院确实做了很多的探索和创新，我们也特别关注，比如说建立虚拟的仿真实验室、发掘网络课程资源等，用科技手段推进法学教育，今后有很多地方还得认真地向武汉大学法学院学习。

在网络法学学位点的建设这方面，我觉得这两三年的探索效果确实不错，清华大学法学院目前有计算法学的硕士，这些方面我们就可以有一些合作。推进学科实质性的交叉，武汉大学也做了很多探索，比如冯院长刚才提到的网络法治高端论坛，也是连续举办了很多届。不同的法学院不约而同地选择网络法治、信息法治这样一些问题共同推进，让我觉得信息化时代的法治建设和法治教育可以有实质性的进展。再次感谢冯院长。接下来有请林维副校长。

林维：非常感谢清华大学法学院和周光权院长的邀请。前面几位法学院校的领导的发言都非常精彩，我想多听一听，多学习一下在新时代如何适应技术的革命来进行学科的建设。

清华大学法学院前几次的世界法治论坛我都参加了，各位领导、院校的专家教授们对这个主题也进行了很好的阐释。由于时间关系，我想主要结合我所从事的刑事法学的研究，结合对中国社会科学院大学法学学科建设的一些粗浅的体会，和大家一起探讨一下大数据如何影响法学研究和法学教育。

每一代技术变革都必定会影响整个法律的构建，因此也必定会影响到我们同时代的法学教育体系和法学研究。网络技术、人工智能和大数据无疑是当今时代最具创新精神几个技术发展的领域。早在40多年前，托夫勒就把大数据热情地称为“第三次浪潮的华彩乐章”。在2008年的时候“大数据”的这个概念被提出，大数据不仅仅是科技进步的里程碑，也推动着新学科的产生。

随着大数据的发展，它对法学研究和法学教育产生了越来越大的冲击和影响，我个人体会其具体表现在以下几个方面：

第一个方面，大数据时代的法学知识增量和学科的增量，数据的收集、储存、加工、使用、处理、垄断和竞争，都和法律的运行息息相关。

在以上各环节中，数据本身的新特征对法学现有的知识体系、学科体系和教材体系都提出了很多的挑战，新概念层出不穷，诸多的新学科被增设，刚才几个法学院校的领导都已经讲到了在本大学本学院里面所进行的学科建设的成就和经验。也出现包括一些数据的权属、数据的安全、算法，乃至刑法对于数据的保护模式等问题，这些问题都对传统法律的概念和原理提出了挑战，我们应该作出一个及时的回应。

数据关系本身也成为法律调整的对象，从而使作为领域法学的数据法学具有建构的可能性。实际上在不同的院校里面，数据法学学科已经在逐步地完善。

数据法学研究的领域大体包括：从技术层面上来研究大数据、算法对法学运行机制的影响，以及对法治评估的影响；从实体方面来研究法律对数据及其流转整个过程的保护、规制，以及如何通过数据实现社会治理；在方法上研究如何通过大数据推进法学研究本身。

这是首先我想表达的大数据时代对法学教育、法学研究的影响。

第二个方面，大数据时代对法学研究和法学教育的影响，主要体现在法学研究方法的创新和研究视野的开拓。

过去我们经常讲用事实和数据说话，未来法学的研究者应该更加习惯于用数据说话。以刑事法学研究为例，它最终的目标就是通过确立科学的犯罪反应机制来制定合理的刑事政策，形成刑事法治。但是这个前提在于我们要对犯罪现象必须有准确的认识和精准的把握，如果缺乏对犯罪的真实了解很难构建合理的刑法的反应。

这种了解至少应当包括如何将当前具体犯罪的状况表现为可视化的状

态，它的结构模型如何呈现，以及具体犯罪当中各个结构性要素分布的状况；过去一段特定的时间内，它的犯罪趋势如何客观演变，刑法的结构如何呈现——这包括具体量刑的情节、量刑的各个要素、量刑的具体制度在量刑的过程当中如何影响最后刑罚裁量的结果。

犯罪治理体系和犯罪治理能力的现代化也越来越多地依赖于日常治理行为的数据化。法律的大数据研究能够促进犯罪治理的透明化，使刑事政策的调整、刑事立法司法的重大决策和评估更加科学化、民主化，从而增加公民和政府之间、公民和司法机关之间的互信和合作，形成系统的治理、依法的治理、综合的治理和源头的治理。

大数据给法律思维带来的重大变革还在于由经验的决策向数据决策的一种转变。大数据可以使我们的判断减少一些直觉的色彩，而能够具有更多的理性逻辑，从而使规范和结论具有可分析性、可追溯性、可解说性。因此，也具有更多的科学性和刑事程序上的正当性。

在最近几十年里，中国的人文社科领域涌现出一股持续至今的实证化的浪潮。当代法律的实证研究也得到了迅猛的发展，但这样一种研究方法高度地依赖大数据的收集分析使用，因此这也使得包括清华大学一直提倡的计算法学，以及我在中国社会科学院大学提倡的计算社会科学这样一些概念的实现成为可能。通过新的研究范式的运用，能够达到创新和发展传统人文社会科学的目标。

第三个方面，大数据对于学科重组、学科交叉所带来的巨大的影响。通过运用更为先进而实用的统计工具进行大样本分析的司法大数据分析，已经成为开拓法学研究视野的一个崭新的工具，它使我们对法律的研究变得前所未有的精细。

但是法律大数据具有规模效应，其增长的速度非常快，数据的样本又呈现出多样性。这样的特点就要求我们必须基于一整套科学的分析方法，通过数据的开发、设计、整理、分析把所有的法律数据纳入数据库，构建出一个智能的模型，从而实现对海量数据科学的分析。只有这样才能真正地实现法律数据价值的最大化，而不是仅仅简单的一个数据的“大”。

这是传统法学学科所无法独立承担的任务，因此必须和其他学科，尤其是计算学科相结合，相互沟通，了解对方的需求，进行跨学科的研究。未来的法学将越来越保持对其他学科的开放性。我们通常讲法学需要更多的想象力,未来法学研究想象的空间更多地会依赖学科的交叉和重组。

在当前的司法实务中,可视化的诉讼、自动生成合同文本、人工智能处理法律咨询,以及智能案例的对比,已经得到了广泛的应用,甚至也产生了类似法官等一些法律职业是否能够为人工智能和大数据所替代这样的讨论。

在法学研究领域,专家们也开始通过大数据分析人类真实的行为方式、决策的方式来刻画法律运行的状态,这些实践都充分证明了在交叉学科背景下,大数据方法的运用对于法学研究有着重要的理论和现实意义。

第四个方面,大数据时代人才培养模式的更新。我想正是基于这样一种学科交叉的需求,以及在实践当中对于这样一种目标的期待,在人才培养上才必须高度关注培养模式的更新,注重知识体系的融合。前面几位专家都讲到了各自的法学院里所进行的人才培养模式的更新。

但是我们目前有关法律和计算机、人工智能复合型人才方面还存在着巨大的短板,我个人认为像清华大学计算法学培养的模式走出了一条很好的、值得我们充分观察和借鉴的道路。

现实中,在法律的大数据技术研发人员和法学研究人员之间,还存在着一定的技术隔离,甚至相互的不理解。技术人员往往无法充分地理解司法内在的逻辑和真实的需求,对司法的一些痛点问题理解不够深入。反过来,法学研究人员又缺乏技术的背景和必要的技术知识,导致不能提出一些明确的技术要求。

因此,在这样一种背景下,加快复合型、交叉型人才培养模式的改革势在必行,未来法学人才的培养应该更加注重科技的融合,致力于不同学科知识之间的融会贯通,强调知识结构内外的融合,要打通专业的壁垒。

中国社会科学院大学也高度重视这一领域的研究,成立了互联网法治中心、数字中国研究院、计算社会科学与国家治理实验室,主持完成了相应的国家重点研发的计划,出版了有关刑事司法大数据蓝皮书等一系列著作。

我们也相信在这样一个大数据的时代,具有大数据支撑的法学研究一定能够贡献出更多智慧的成果。谁能够更加迅速地实现法学研究和教育数字化的转型,谁就能够为我们的立法和司法提供更多的科学的、理论的支持。

再次感谢清华大学法学院，感谢周光权院长的邀请，谢谢大家。

周光权：谢谢林维校长。林校长结合刑法学科对大数据运用给法学教育和研究带来的影响，做了一个很有深度的分析，他认为通过大数据的运用能够发现犯罪规律，在对付犯罪的一些政策和措施上有些新的改变。大数据时代法学教育和法学研究必须保持开放，尤其要注意更新法学教育人才的培养模式。林校长讲的这些问题尤其是研究这部分虽然是从刑法学科出发的，但是仍有跨学科的意义。

我也知道中国社会科学院大学互联网法治研究中心，还有相应的团队开展了很多工作。像刑事法治蓝皮书这样的一些出版物，在未成年人的网络保护，还有组织犯罪法这些研究领域当中很有影响力，因为它也涉及网络的黑社会性质组织这样一些问题的规制。中国社会科学院互联网法治研究中心做了很多精细化的研究，确实值得我们学习。

我们今天上午的论坛到此就全部结束了，特别感谢大家的参与，大家的发言有高度、有深度，有独到的见解，让我们特别受启发。

再次感谢大家对于清华大学法学院的支持，今天上午的会议到此结束，感谢大家，再见！

第二单元　信息化时代的法学教育和法律实践

高丝敏:各位听众,大家下午好。我是本节论坛的主持人、清华大学法学院的教学副院长高丝敏。欢迎大家参加由清华大学法学院主办的第五届世界法治论坛,本次论坛的主题是“信息化时代的法治建设”。

信息革命深刻而全面地改变着我们的生产生活方式、思维方式、社会组织方式、国家治理机制、法律规制方式,同时也为法学教育提供了机遇与挑战。

作为世界法治论坛的保留节目,法学教育论坛今年的议题将聚焦于“信息时代的法学教育”。本单元我们非常荣幸邀请到9位来自国内外兄弟院校的院长和教授,为我们带来相关主题的致辞发言,我们以热烈的掌声欢迎他们的到来。

第一位发言嘉宾是中南财经政法大学法学院院长陈柏峰教授,陈院长同时担任中国法学会法理学研究会常务理事、湖北省法学会常务理事、中国社会学会法律社会学研究会副会长等学术兼职,有请陈院长。

陈柏峰:谢谢高院长,非常荣幸参加今天的世界法治论坛。我今天给大家汇报主题是“大法治格局下的政法教育”。

党的十八大以来,我国在法治领域有十分深入的推进,形成了比过去更大的“大法治工作格局”,在这种格局下面催生了一种新政法教育,这是我今天汇报的中心意思。

政法的称谓从新中国成立前夕开始使用,它的工作范围大体上包括“公检法司安”,就是审判、检察、公安、国家安全和司法行政。当然在不同的时期,它的范畴有所不同,但包括“公检法司安”是大家对政法工作的共识。

在政法传统中,政法机关被认为是国家的专政机关,它们是为了维护人民民主专政，使用专政的方式来对待敌对势力和犯罪分子而设立的。它的任务就是运用法律的武器，对敌对势力和破坏社会主义事业的犯罪分子进行专政，从而保护人民的权益，维护社会秩序。这是从20世纪50年代一直到20世纪80年代都非常流行的话语。

在这种话语下面，政法机关被形象地称为“刀把子”，“刀把子”的比喻揭示的是政法机关的政治属性，就是打击敌对势力，惩治违法犯罪行为，维护人民权益。掌握“刀把子”的人就是这些司法人员，他们掌控、使用司法权。在这种传统中，从20世纪50年代开始我国强调党对政法部门的领导监督。因为没有党的领导，政法工作部门就会缺乏战斗力，党的方针政策就难以贯彻执行。

在这种背景下，从20世纪60～80年代，我们认为政法教育就是培养党和人民的“刀把子”，确保专政的工具掌握在可靠的人手上。政法干部的培养最早也是服务于政权建设的需要，在20世纪50年代最开始是短期的政治培训，逐渐地发展成政治业务、法律和政策业务并重。20世纪50年代全国几所政法大学政法院系的教学方案，都强调思想政治教育和专业教育并重，强调政法机关、政法人员要掌握“刀把子”。强调政法工作具有政治性，强调政法教育必须加强政治性的教育。

在这种政法教育中，强调马列主义和党的路线方针，强调维护社会主义法治，强调贯彻党和政府的各种政策方针。而且它强调政治思想教育和组织教育，要使学生具有为人民服务的政治品质，具有坚定的工人阶级立场等。

所以政法在最早起源的时候，兼容了政治学和法学专业，它的行业特征是法律强调政治性。这是20世纪50～80年代的状况。

随着20世纪80年代改革开放的推行，法学教育越来越强调专业性，此种变化反映在法学课程的设置上面。20世纪80年代，司法部就明确指出政法院校不同于党校，它的中心任务是法律专业的教学。所以从20世纪80～90年代，法学的课程体系、教材体系、学科体系可以说稳步地向专业化推进，各个层次都是如此。

20世纪80年代，虽然法学还强调政治性，但是法学教育的专业化、职业化发展的态势非常强劲，到20世纪80年代后期尤其到20世纪90年代以后，50、60年代提的政法部门作为“刀把子”的论断逐渐地被淡化，在法学教育中越来越少被提及。一直到今天,它都不太再被强调。现在的法律职业伦理课程在政法院校里面都有所开设,但是这些课程和教材对政法工作的政治性强调得不明显,因为随着市场经济和法治建设的展开,法学教育越来越被认为是培养适应社会经济、政治文化各方面发展要求的职业人才的教育。

进入新时代以来,由于新时代治国理政的实践推动了一种政治性的大法治格局的形成,从而产生了新政法教育发展实践的背景。在这种背景下的一系列新的实践推动了新的政法教育的发展。

这些实践,第一个方面就是依规治党的实践。党的十八大以来,党中央加快推进和统筹各位阶、各类型、各领域的党内法规制度建设,出台了一大批党内法规。党内法规体系,和它的工作组织体系、制度体系、专门工作队伍,以及一系列的工作机制,包括党内法规的规划、制定、解释、清理、备案审查、评估等等都同步建立起来,党内法规人才队伍的建设也得到显著强化。

第二个方面就是纪检监察的实践。在全面从严治党、全面依法治国的背景下,党和国家的监督体系不断地健全,用权威的话语描述,就是党统一指挥、全面覆盖、权威高效的纪检监察体系建立起来,党内监督、党外监督实现了贯通。

第三个方面就是国家安全的法治实践。这是法治建设崭新的篇章。总体国家安全观成为新时代维护国家安全的思想武器和科学指南,它揭示了国家安全的本质和内涵,是新时代国家安全工作的思想武器和行动指南,也是推进国家安全法治实践的指导思想和理论源泉。

第四个方面就是社会治理的法治实践。我国不断地完善社会治理体系,推进多层次、多领域的依法治理,完善多元的纠纷解决机制,推进平安中国建设。"枫桥经验"也成为从一个对敌斗争为中心的社会管制经验,逐渐发展到共治、共建、共享的社会治理经验,在社会治理的实践方面也有了巨大的飞跃和创新。

第五个方面就是人权的实践。我们走出了一条中国特色社会主义的人权发展道路。在与西方国家围绕人权问题的斗争中,我们不断地完善自己的人权保障方案,形成了自己独特的人权实践。

第六个方面是涉外法治的实践。最近几年,部分西方国家掀起逆全球化的风潮,中国的涉外法治受到冲击,尤其是美国运用"长臂管辖"对中国的科技安全、人才安全等方面进行冲击，使国际秩序遭到破坏，国际法遭到践踏。中国在回应挑战的过程中，不断地推进涉外法治方面的建设，实践经验是非常丰富的。

回应上述各方面实践，我国有一系列的带有政治性的学科都正在建立，或者已经初步建立起来，包括党内法规学、纪检监察学、国家安全法学、社会治理法学、人权法学，也包括涉外法治相关学科。还有一些学科根据实践情况有了不断的更新，比如知识产权法学，我们遇到的人才安全问题很大一部分跟知识产权问题有关。

因为法律在这些领域表现出比较强的政治性，所以我个人认为新的时代已经催生了新的政法教育，这种新政法教育与职业化的法学教育并行，扩张了法学教育的内涵和范围。它建立在大法治的基础上面，使法学教育不仅服务于市场化法律服务的需求，还服务于国家内部和外部的各种政治需求，也服务于全面从严治党、全面依法治国、促进国家治理体系和治理能力现代化，更服务于加强中国的海外利益保护、维护国家主权尊严和核心利益等。

因为有了新的政治性要求，所以相应的，我们的新政法教育在人才培养方面就要结合不同方面的要求做工作，政治教育有责任积极地培养法治后备人才的政治意识。而在这方面政法教育有很大的发展空间。

我就给大家汇报这么多，谢谢大家。

高丝敏：非常感谢陈院长带来的精彩演讲，陈院长从政法教育的历史传统出发，提出大法治格局下建立新的政法教育的必要性和内涵，再次感谢陈院长！下一位演讲嘉宾是山东大学法学院院长、交叉法学院研究院院长周长军教授，周院长同时担任中国刑事诉讼法研究会常务理事、山东省法学会副会长、山东省法学会监察法学研究会会长等学术兼职，有请周院长。

周长军：我发言的题目是“面向数字法治的法学教育”。随着大数据、云计算、移动互联网、人工智能、区块链等现代信息技术的发展，数字文明的曙光初现。当今信息技术的发展是一场具有颠覆性的革命，这导致社会的重大变迁，形成了“数字社会”。数字社会具有完全不同的连接方式、行为模式、知识体系和社会结构。

顺应数字社会的到来，我国相继出台了《网络安全法》《数据安全法》《个人信息保护法》《网络交易监督管理办法》《区块链信息服务管理规定》

《互联网信息服务算法推荐管理规定》等规范性文件。教育部也发布了《高等学校人工智能创新行动计划》，以及教育部、中央政法委发布的《关于坚持德法兼修实施卓越法治人才教育培养计划2.0的意见》等文件，要求高等院校加快发展“互联网+法学教育”，探索“人工智能+法学”的人才培养模式。

“新文科”就是在此背景下提出的一种教育理念。作为新文科的有机组成部分，“新法科”建设中法学教育的更新升级和体系化重塑势在必行。下面我从三个方面来进行交流。

第一个方面是信息化时代发展法学教育的新机遇。我国早在2015年就提出了数字中国的发展战略，并且写入了党的十九大报告。近期发布的《国民经济和社会发展第十四个五年规划和2035年远景目标纲要》以及《“十四五”数字经济发展规划》，确立了数字经济、数字社会、数字政府和数字生态四大建设目标，强调以数字化转型整体驱动生产方式、生活方式和治理方式的变革。

那么什么叫作数字化转型呢？根据有关学者的研究，数字化转型的未来趋势是数字技术定义一切，一切万物互联，一切业务数据化、一切数据业务化。从我国实践来看，数字经济建设、数字政府建设、智慧司法建设、智慧检察建设、智慧警务建设以及数字社会建设正在快速推进……在疫情防控过程中，数字技术的应用之广、之深，以及带来的问题，都一度引发了社会各界的热烈讨论。

在此背景下，信息化给法学教育的发展也带来了一些新的机遇。总体而言，信息化给法学教育的发展提供了技术性便利，拓展了法学教育的空间，也丰富了与法学教育有关的学生知识获取方式。比如说教学手段更为信息化，学生的教学资源途径获取更为多元化。现在很多高校建了智慧教室，配备了数字化的高清显示屏，一些小范围的研讨都可以在智慧教室里面通过手机、笔记本、iPad画面的投屏进行。再比如说混合式教学的开展。现在很多高校都开设了在线慕课课程，教师由此可以将课堂的研讨式教学与学生课前通过慕课的自学有机结合起来，从而释放课堂空间，将课堂时间更多地用于案例式教学和研讨式教学。还比如说，实践教学的形式更为丰富。不少法学院校与法院审判庭进行信息化的连接，由此学生可以在不出校门的情况下就可以看到真实进行的庭审活动和场景。此外，不少法学院校还建设了虚拟仿真实验室等法学实验教学平台，也取得了不错的效果。

第二个方面是，信息化给法学教育带来的新挑战也是严峻、复杂的，需要引起我们重视。

首先是在信息化获取知识方面，教师与学生之间整体上存在“剪刀差”现象。因为很多从事法学教育的老师是文科背景，对于信息化技术的认知和把握能力，从某种意义上说，与伴随互联网一起成长起来的被称为“数字原住民”的大学生之间存在倒挂现象。举个例子来说，因为疫情防控原因，一些学校拟对有关课程实行“在线考试”，但有不少同学对此提出反对意见，并总结了在线考试可能出现的多种作弊技术或作弊方式，超出了不少教师的想象。

其次是对于数字法治建设的实践，相关的理论研究回应是不足的。在数字社会，人已不再简单地是个生物人，更同时成为一个数字人，是虚实一体的混合体，人所处的环境也是物理与电子的双重时空环境。这些都会导致传统法学理论在很多方面的解释上存在较大的局限性，亟须进行理论的丰富发展乃至于更新换代。

最后是存在思维的挑战和教学资源的挑战。在信息化时代，教师与学生之间因为网络影响的不同，会出现观念代沟问题，在人生观、价值观等方面可能会存在较大的不同。在教学资源方面，目前教师的课堂教学面临来自线上的丰富教学资源的挑战，线上教学资源的易获取性、可比较性使传统灌输式教学方式很难再吸引住学生的注意力。

第三个方面是信息化时代如何发展法学教育。

首先，认知是前提，研究是基础。法学教师要不断强化对数字技术及其对现实生活影响的了解，加强数字法学研究，提升数字素养，通过研究丰富自己对数字时代各种场景、各种法律关系的认知，跟上数字社会发展的步伐。在研究中，应当强化跨学科思维和融合式思维，数字法学的研究不是简单的“法学 + 信息”的“1 + 1”关系，而应当是有机融合型研究，需要有新的研究范式、方法与思路。

应当说，清华大学数字法治研究院在这方面做了很多前沿性的探索，山东大学人文社科创新团队“全面依法治国战略实施中的数据应用与数据治理”创新团队也开展了不少相关的研究，还有不少高校也在进行这方面的努力。

其次，教育理念是核心。在强化数字素养的同时，要重视对学生的人文教育，确立“人文为体，科技为用”的理念，让学生在掌握现代信息技术的同时，了解数字赋能可能同时会带来的对权利保障的冲击，比如数字监控现象、数字鸿沟问题等，并探索合理的解决之道。

最后，师资队伍建设是关键。从未来着眼，法学教育可能需要强化配备理工科背景的法学教师，或者说法学教师里面理工科知识比较强的教师，这些教师通过科学研究深度融合了法学和信息科学的知识之后，去给学生开课讲授，而不是法学教师讲法学、理工科教师讲信息技术的拼盘式做法，后者只能是一个过渡期现象。换句话讲，未来从事数字法学教学研究的师资一定是知识复合型、融合型的教师，这也要求在人才培养模式上，应当在硕博层面和博士后层面加大文理交叉的复合型数字法治人才的培养。

高丝敏：感谢周院长的精彩发言，周院长在发言中提出信息时代对于法学教育带来的新机遇，同时也是新挑战。周院长所提出的包括师生知识结构的“剪刀差”对教学资源的挑战，其实我作为教学副院长也是深有体会，再次感谢周院长的精彩演讲。下一位发言嘉宾是吉林大学法学院院长何志鹏教授，何院长同时担任中国经济法学会副会长、中国法学教育研究会副会长等学术兼职，有请何院长。

何志鹏：尊敬的各位同事，大家好。我很荣幸有这样一个机会来参加第五届清华大学世界法治论坛。我想就信息化时代的法治人才培养谈一点我自己的感受。

我们都知道当进入互联时代、信息时代，整个法治建设、法学教育、法治人才培养，就面临着一个全新的环境，甚至可以说信息化改变了法律人才培养的地图。

大家都知道，在当前信息能够非常迅速、广泛、全球流动的背景下，每一个国家的法治人才都有机会接触到来自世界各地高水平的法学教育资源，这不仅仅包括读书，还包括一系列的案例材料，也包括为数众多的教学资源，例如教学大纲、教学的视频、教学网站上提供的一系列的资源。

由此就导致一个问题，每一个学校、每一个法学院的教育都面临着全球的竞争，面临着全球教育资源的挑战。在这种情况下，我们就需要考虑是愿意敞开胸怀、张开臂膀去迎接来自世界各地的法学教育资源的竞争，参与全球性的法治教育，还是依旧关起门来，按照自己的培养体系、培养目标、培养方式、培养内容去进行法学教育?

显然,从良好的法治人才培养质量来讲,前者是一个更优选择。如果我们关起门来,自认为自己的培养方式、培养体系是好的,那就很有可能被来自世界各地的优秀的法治教育资源所超越,也就是当我们孤芳自赏、故步自封,认为自身很出色的时候,学生们会用脚投票,放弃我们。

进一步说,我们应当以什么样的方式投入到这种信息化时代的法治人才培养、法学教育的竞争和合作中去呢?我提两个值得参考的思路。

第一个思路是在本部门找到最具竞争力的法学教育资源,贡献给全世界。我相信在当今世界每一所法学院都有自己的特色,都有自己的优势,没有一所法学院全知全能,在所有领域的法学教育方面都占据着绝对的优势。

由此就会给我们带来一个机遇,那就是每一个教学部门,都有提供、共享资源的机会。比如我所在的吉林大学法学院,也可以找到它自己的优势资源。我们自己认为比较强的是法理学、国际法、人权法,在这方面我们就可以把法学教育这个部门之中最好的资源做一个锤炼、规划、设计,进而形成一系列优质的,可以在全球范围之内共享的资源。从另一个角度而言,我们拥有可以加入全球教学资源竞争的课程,或者是教学资源、教学资料。

我们提供法理学的慕课、国际法的中英文慕课、人权法甚至人权学的慕课,都是在这个领域所做的一些初步的尝试。如果来自全国各地、全球各地的各个法学院都能把自己最优势的课程做成可以供全球共享的公开课,那就可以想见,整个世界各国法学院的学生就面临着来自世界各地顶级的教师、最优质的资源,他们就有机会看到法学教育的最前沿,领悟到法学教育最深奥的殿堂、最有趣的故事。

我们可能会遇到一个问题,如果我们都用来自世界各地的教学资源,我们的教师干什么去呢?我认为即使我们用到了来自世界各地的资源,但法学教育本质上也并不是一个靠学生读书和听讲就能完成的教育——在很大程度上还是需要学生去“练”。这种需要在场感的练习,尤其是针对一个案例的讨论,针对一个问题的表达是远程教育所做不到的,这是我们有底气既提供相应的资源,又接受相应资源的根本力量。

第二个思路就是与世界各国的优秀法学院合作,在共享法学教育资源的基础上互认学分,在有些课程上可以进行共同授课,因为现在的网络非常的先进。

我在2022年的春季学期,就和一位来自韩国的教授,给来自世界各地的学生授课,讨论国际法、国际组织、国际关系的前沿问题。在那次课上,外国学生的表现让我印象深刻,中国学生的优秀表现也让外国的老师和同学们刷新了认知,他们原本以为中国学生只是在听、读方面可以,在说、表达方面可能还没有那么出色,但是我们的学生做的presentation(口头报告)打动了外国人,他们没有想到中国的法学教育已经进步到了这种层面。

我相信同学们在这个过程中也是很有收获的,现在有很多学校都会向国内的各个学校发出邀请要求合作,这样就给我们很多的机会去寻求课程合作,通过远程教学的方式共同完成教学过程。这不仅能够拓展我们的视野,还能够不断地升级和刷新我们的认知,能够使法学教育的质量、法律人才培养的水平不断地提升。

这就是我初步考虑到信息化时代,可能对我们法学教育、法律人才培养有所促进的方面,也是我个人初步经验的一点总结,敬请各位批评指正,谢谢。

高丝敏:感谢何院长的精彩发言,何院长提出在全球化和信息化时代下法学的竞争和合作,也提出了相应的应对思路,感谢何院长。下一位发言嘉宾是中国政法大学民商经济法学院院长于飞教授,于院长同时担任中国法学会理事、中国民法学研究会理事、北京市法学会不动产法学研究会和北京市债权法学会副会长等学术兼职,下面有请于院长。

于飞:谢谢高院长。感谢清华大学邀请我参加第五届世界法治论坛,我发言的题目是“信息化时代的法学教育特点、挑战和应对”。

信息化时代法学教育有什么特点?我想我们大家都会有共同的认识。

第一个特点是教育途径的多样化。信息化使大学高等教育在教育的途径和方法上有了更多选择,网络教育、远程教育等一系列途径向我们打开了大门。尤其是在这几年疫情防控之下,出现了非常丰富的教育途径,教学实现了教与学在时空上的不同步,既可以从线下教学全部转入线上教学,也可以实现线上线下相结合的教学。教学的过程可以全程录播、回播,学生可以不限时间、不限地点、不限次数地自主学习等。

除此之外,各种网络直播与播放平台也成为法学教育的重要途径,包括以慕课为代表的大型开放式网络课程,突破时空限制地为广大受众提供了优质师资和优质课程。而这些对推进教育公平也具有重要意义。

第二个特点是教育资源的多元化，在传统教育模式下，一方面教育资源呈现的方式较为固定，典型的就是以教师讲授、图书馆资源为主要的教育内容来源，内容是比较单一的。另一方面教学资源的获取也受到明显限制，通常仅限于校园范围，甚至是课堂上的学生，教育资源的共享和利用率是很低的。在信息化时代，一切知识都可被数字化，这对知识的传播带来极大的变革，多样化的教育途径使教育资源得到更充分的共享，也由此带来了多元化的教育内容。无论是从教育资源内容的丰富性，还是教育资源的共享方面，在信息化的背景下都有了质的飞跃。

第三个特点是教育过程的个性化，法学教育具有标准化和个性化并举的特征，具有通识教育和职业教育的双重属性。在传统的法学教育模式下，受限于时空环境、资源配置等客观情况，标准化的教育模式占据主导地位，而在信息化时代，时空间隔、资源获取限制等障碍，随着技术进步而逐渐消散，学生有条件在广袤的信息海洋当中选择教育资源，从而使个性化的教育过程成为可能。

接下来我们谈谈信息化时代法学教育面临的挑战。挑战分成几个角度。

首先对教师教学提出了挑战。第一个挑战就是对于教师互联网运用能力的挑战，教师首先要跟踪新技术发展，在快速变革的信息化时代，把新技术运用到法学教学过程当中，这肯定是一项巨大的挑战。

第二个是法学教学的观念、内容和方法的挑战，传统法学教育是紧密围绕着课堂教学展开的，在一定程度上存在着教师向学生灌输的倾向，教师在法学教育过程当中占据中心地位。而信息化时代典型的特征就是去中心化，这种去中心化的发展可以说是教育途径多样化和教育资源多元化的结果，教师不再是掌握知识和权威的唯一来源，学生所能接触获取的知识可能不少于教师，甚至还超过教师。在这个过程中，对于教师而言不仅在观念上及时调整，更要在教学内容和教学方法上做出及时应对。

第三个是法学教学评价方法的挑战，传统法学教育主要靠考试来进行评价，但这已经远远无法适应信息化时代的要求，一方面在信息化时代，学习获取知识的深度、广度不再局限于课堂和图书馆，考试为主导的评价方式是以结果为导向的，无法对学习过程进行评价，效果比较单一。另一方面法学教育的目的是培养法治实践一线的人才，考试无法甄别所学知识在实践应用当中的效果。

所以随着信息化时代的到来,对于跨学科复合型人才提出了更迫切的需求,法学教学评价也是必须要跟上和适应这一要求。

其次,信息化时代对于法学学生学习也提出了更高的要求。其一,对学生学习的自主性提出了更高的要求。多样化的教育途径、多样化的教学资源和教育资源,以及个性化的教育过程,这一切都以学生的自主性为前提,技术带来的只是可能性,能否把这些可能性转化为现实,取决于学生的主动性。

其二,对学生的知识甄别能力提出了更高要求。知识的获取并不是越多越好,尤其对于初学者而言,面对汪洋大海的知识,没有引导,很容易自我迷失。如何从众多不同来源、不同内容的知识当中寻找真正对自己有益,以及最有益、有效的内容,这对学生的学习能力提出了更高要求。

其三,对学生知识的体系化能力提出更高要求,法学学科具有体系性强的特点,法学学科知识的学习是一个知识体系的建构过程,在信息化时代知识的碎片化是学生面临的重要问题,这种状况不仅严重影响知识内容的学习,而且还会对学生的深度思考能力造成长远的负面影响。

最后,信息化时代对学科建设提出了更高的需求,其一,对法学学科建设的信息化这方面提出的需求,信息化使得社会关系当中增加了信息数据或者是数据处理这一全新的法律关系的对象,在法学学科建设上相应地增加了计算法学、网络法学、信息法学、数据法学等这些新兴领域(各校叫法不一样),拓展了原有的学科和部门。而这些新兴部门的出现,对于相应的学科教材建设、课程设计、师资配备、专业研究等所有的方面都提出了新的要求和挑战。

其二,对跨学科的协同教育模式提出挑战,单纯的法学学科现在已经难以满足信息化条件下法学教育和法学学科建设需求,一方面,信息化时代面临的法律实践问题越来越复杂,也越来越新颖,需要不同的学科交叉来支撑。另一方面,信息化本身具有较高的技术门槛,不突破既有的学科藩篱,难以实质性地推进信息化背景下的法学学科建设。比如说网络安全和数据安全研究,提出了对密码学知识的要求,人工智能治理的研究,对于线性代数、概率论、统计学等都提出了要求。这些领域对于单纯的法学学者而言可以说是鞭长莫及的,亟须法学教育进行跨学科的发展。

以上是有关挑战方面的论述,接下来我再想谈谈信息化时代法学教育的应对。在应对当中我想有些东西是不变的,有些东西是需要改变的。

首先,我们要立足法学教育的学科规律,扎根法学教育的中国实践,这方面更多的是不变。第一个不变是,鲜明的价值性是法学学科的本质属性。法学学科研究的是社会秩序和规范,处理的是不同类型的利益冲突,秩序建构、冲突解决都立足于明确的价值导向。要深刻认识法学学科鲜明的价值性,才能让我们把握法学教育的本质特征,才不会在信息化的洪流当中迷失方向。信息化时代的法学教育有可能会走向智慧化,但绝不会走向机械化。试图通过大数据计算的方式替代法律适用当中的价值判断,个人认为是没有可能的。

第二个不变是,高度体系性法学知识的典型特征。法学知识的高度体系性并不在于学科内容的自我满足,而是根植于法学学科要解决的问题,法学知识最终都要运用到实践和个案当中去,如果缺乏知识理论的内在体系性,统一的法律适用就无法实现,法律的稳定性会面临极大的挑战,最终会危及法学学科的正当性。

第三个不变是,浓厚的实践性是法学教育的显著标志。法学教育过程当中的一切价值导向、理论知识最终都服务于中国实践问题的解决,我们培养的法治人才大部分都将投身于法治建设的实践一线,所以法学教育的开展必须扎根于中国法治实践。

其次,我们要积极把握信息化时代的机遇,推进法学教育的跨越式发展,这方面更多的是要求我们要变。

第一,充实丰富法学教育的内容。要打破单纯的法学内容限制,需要从多方面进行改变,在课程设计上要积极接纳交叉学科的认识,引导学生拓宽学习视野。在师资配备上,要特别重视复合型教学人才的培养,引入不同学科背景的师资,在培养方案上、在法学实习实践上都需要有非常大的转变。

第二,更新法学教育的理念和方法。要建立交叉学科复合型人才培养的新理念,积极地运用新技术、新平台,为法学教育具体开展提供丰富的途径,改变教师知识灌输者的角色,成为学生学习的引领者。要培养鼓励学生学习的自主性和自我探索,引导学生在信息大海当中自主地探索和选择,进一步促进个性化培养,重视学生学习的反馈,强化理论知识学习与实践案例运用的协同。

第三,完善法学教育的评价体系。教育评价是法学教育的指挥棒,在促进法学教育发展当中具有关键性的作用。在信息化时代要充分利用信息化、数据化的优势,全面跟踪学生的学习特点、学习行为、学习过程、学习模式,以对他的学习效果作出全面而综合的评价,来促进学生个性的发展。

以上是我的浅显认识,请大家批评指正,谢谢。

高丝敏:感谢于院长的精彩发言。于院长发言中提出了信息时代对于法学教育的特点、挑战和应对,新时代对法学提出了去中心化的挑战、学习方式的挑战、学科建设体系的挑战,同时于院长也提出了很多应对的方式,我都非常赞同,再次感谢于院长的精彩发言。下一位发言嘉宾是贵州大学法学院院长冷传莉教授,冷院长同时兼任中国法学会理事、中国法学会民法学研究会理事、中国法学会教育研究会常务理事等学术兼职,有请冷院长。

冷传莉:高院长好！各位院长同仁好！感谢邀请我参加本次论坛。

党的二十大报告明确提出,“加快建设数字中国”。在国家顶层设计对现代信息技术发展空前强大的支持下,信息技术迅猛发展,数字化建设飞速前进。信息技术对中国社会的生产方式、生活方式、治理方式的影响无处不在,其影响范围广、影响程度深。法学教育作为培养专门法律人才的高等教育领域,当然也毫不例外受到影响。客观而言,教育领域所受影响的程度相对较小,时间也相对较晚;除去疫情形势下,线下教学向线上教学方式的被动转变外,绝大多数法学院校的绝大部分专业课程仍然坚持着一个教师领着一群学生的“传道受业解惑”方式,课程体系与教学内容也仍然以既有的法学学科划分与法学理论体系作为基础。然而,无论是在疫情时代还是后疫情时代,我们都必须承认当今社会已不可逆转地进入到技术日新月异的信息时代。我们确实需要积极回应信息技术给传统法学教育带来的挑战,深化法学教育改革。我具体提几点想法:

第一,创新法学教育模式。法律是社会的产物,法律是人类社会生活直接投射的规范场域。人类社会从农耕文明到工业文明及至信息文明时代,来势汹汹的“互联网”“大数据”“人工智能”“区块链”“元宇宙”等信息技术新形态,正全面地参与到人类社会生产、生活、治理的各个领域,从而引发广泛而深刻的变革,社会结构也正在被重塑。新技术要素进入生活领域后,不断地催生出新型法律问题,比如“物”的范围已被极大地拓展:数字货币、冷冻胚胎……其所承载的“权利”等待法律的有效处理,这是当年无论多么伟大的《法国民法典》或《德国民法典》都不可能预见到的。随着法律渐次深入新技术领域,新形态信息技术正在不断地冲击着传统的法律智识;而司法实践对在线诉讼、异步审理、元宇宙调解的信息化探索,对传统诉讼所秉持基本原则的突破,对无人驾驶汽车、数据垄断、算法垄断的法律规制,这些都是信息时代必须认真对待的"新问题"和"真问题"。信息时代要求法律作出改变,并演进出一种契合信息时代的法律体系,这是中国社会发展的历史必经阶段,也是中国法律变革的必经阶段。那么,中国法律所面临的这一技术性挑战,也必将传导到法学研究领域和法治人才培养的过程,最终促使法学教育必须在学科体系构建、课程内容、培养模式方面作出相应改革。比如,在法学教育模式的更新探索方面,贵州大学法学院也在积极作出尝试,结合非法学法律专业硕士研究生已有知识结构的多元化特点,利用综合性大学的优势(如贵州大学文本计算与认知智能教育部工程研究中心依托计算机科学与技术学院和法学院,与科大讯飞集团合作,获批贵州省人工智能领域第一个教育部工程研究中心),打破法学本科与非法学法律硕士培养层次区隔,从本科生与非法学法硕研究生中遴选优秀学生,开设"法治 + 数字"人才实验班。在课程体系开发、课程导师选任等方面与我校大数据学院协作,专门增设信息技术与法学交叉学科课程,吸引学生参加教师交叉领域科研项目等方式,探索法学教育的新模式。

第二,利用信息技术更新现代教学方式。从基础教育到高等教育、从职业教育到精英教育,信息技术的迅猛发展正在悄然地改变着各个教育层次的生态环境、教育方式以及师生关系。其中,最为直接的体现是,信息时代学生所可能获取知识的方式会越来越多样化,国家精品课程平台、慕课等优质的教育资源为学生提供了获得信息的多渠道选择。目前国家高等教育智慧教育平台上线慕课数量超过 6.19 万门,注册用户 4.02 亿名,慕课数量和学习人数均居全世界第一。教师已经不是唯一的知识传播源,更不是唯一的权威载体,原来那种以信息和知识传输的大班讲课方式,或许有一天真会被这些海量的知识信息来源所替代。信息时代的法学教育应该充分利用好这些教学资源,合理运用新技术在学生促进和监督学生自主学习中的优势,如学习通的学情管理与督促功能,让现代信息技术手段以合适、合理的方式深度融入法学教育各个环节,并最终在教育的有效性上得到切实的体现。

第三,尤其不可忽视信息时代教书与育人之间的辩证关系。大学教育既是学生的学习过程,更是学生的成长过程,我们不能在法学教学过程中完全依赖于这些信息技术手段而忽视教育的本质与教师的引导作用。尽管汹涌的互联网浪潮要我们积极主动求变,但是我们也要高度警惕不能在创新求变中丢掉了教育的根本。不能在培养方案中不当减少主干课程学分,增加一些看似热点其实并不具备自有且成熟知识体系的所谓前沿课程学分。我们要在创新的同时正视法学作为一门专门学问与独立学科的固有逻辑,要坚定于法律人必须具备的基本素养的塑造,要注意处理好以下几对关系:基础知识与前沿知识的关系;传统教育方式与信息技术手段运用之间的关系;法学理论或者法学学术与法律实践之间的关系。同时,我们还要注意将灌输具体知识的专业化教育进一步提升到驾驭知识、创造新知识的能力培养之上,因为理想中的法律人不仅"需要一方面能够洞察人类的全部感情,还需要具备不能被任何感情所支配的最高的智慧"。所以信息时代我们更要注重大学的法学教育要将素养与能力的培养建立在超越具体专业知识范畴或技术手段的见识之上。教育是面向未来的事业,教育是培养人的事业,科学技术的发展是为人类谋幸福的,而不是将人变成精算的机器。信息技术手段在教育领域的运用形式越来越多样化,信息技术也可以提升法学教学的效率,改变法学教学的方式,甚至重塑法学教学的内容。但是,技术手段不可能颠覆传统教育,学校不会消亡,教师不能消失。尽管在巨变的时代,法的理论及其传统知识也许会随之发生巨大改变,但是正如无论多么高级的 AI 也无法通过它精确的算法取代现代司法的说理裁判(因为 AI 可能拥有令人类难以企及的超群智能与运算能力,但它永远都不会拥有人类的心灵,而人们对于公平正义的感受或者说直觉是先进、精密的数理逻辑所不能准确测算的),人工智能当然也永远不可能完全掌握职业法律人对事实的认知以及结合具体的社会现实场景对公平正义的价值判断能力。

综上,信息时代的中国法学教育,既要深刻回应技术变革对法学教育的各方面挑战,更要在法学教育具体实践中思考并坚守、坚持法学教育的根本目的与目标,在信息时代的背景下担负并努力实现为国家培养"德法兼修"的优秀法治人才的重要使命。我的发言完毕,不当之处敬请批评指正!谢谢大家!

高丝敏:非常感谢冷院长的精彩发言,冷院长也提出了在信息时代法学如何从学科体系、人才培养模式做出相应的回应,以提升人才培养的有效性。同时冷院长也非常客观冷静地指出，在信息时代教学中仍然要坚持教书育人，仍然要处理好几对关系，坚持初心。我也非常赞同冷院长的观点，再次感谢冷院长的精彩发言。下一位发言嘉宾是浙江大学光华法学院常务副院长、浙江大学立法研究院院长胡铭教授，胡铭院长同时兼任中国刑事诉讼法研究会副会长、浙江省法学会副会长等学术兼职，有请胡院长。

胡铭：我非常高兴，也非常荣幸能够参加清华大学的第五届世界法治论坛。这个论坛前些年我也参加过，我觉得非常棒。它为我们搭建了一个非常好的平台，尤其是在疫情背景下，尤其是在当前国际关系越来越复杂的情况下，有这样的全球法学专家研讨会，大家就共同关心的问题一起来讨论，显得弥足珍贵。这个会议不仅代表着清华大学法学院的气魄，也代表着中国的法学界有着开放的态度，我们希望和国际的法学界多交流，我们希望大家能够一起来推动法治建设。

今天的主题是“信息化时代法学教育”，在这里我也谈谈一点浅见，主要也是结合浙江大学的一点探索来谈谈我的想法。

对于在信息化时代，我们培养什么样的法科人才，怎么样来培养适应新时代的法科人才，大家已经越来越形成共识，那就是数字时代、信息化时代的发展，必然要培养一批文理贯通的，能够适应数字时代要求的新型的法科人才。

清华大学法学院让我们看到中国的法学界在这个领域做出了一系列的重要探索，我想这跟中国数字化的进程有着密切的关系，特别是近年来中国的数字化、信息化的进程突飞猛进，数字技术在社会各个领域当中被广泛运用，数字化方法被运用在公安司法机关的工作中，被运用在矛盾调处与纠纷化解中，被运用在法律监督和司法审判等一系列的领域中。

这一系列领域实践的运用，一方面给了我们一个非常好的研究样本；另一方面也表明了现代社会对相关的人才，特别是对信息化时代的新型法律人才提出了更高的要求。在这种情况下，我们法学人才培养的范式要做出重大的调整。

以上是我想说的第一个方面。

第二个方面是，中国现在正在推动新文科建设。新文科是哲学社会科学和新一轮科技革命、产业革命交叉融合形成的新的交叉学科，不管是叫它计算法学、网络法学、信息法学，还是叫它数字法学——不管是叫什么名字，它的本质在我看来都是法学和信息技术、数字技术交叉融合的新领域。

我们试图重构法学人才的培养模式，按照新文科建设的要求，从中国的人才培养来看，有几个问题需要考虑。第一个问题就是法科生是文科生，还是文理兼修？从中国法科的传统来看，包括我自己在内的法科生都是文科出身，哪怕有一些同学是理科出身，到了大学的培养仍然是文科生的培养模式。按照现在新文科的要求，法科生培养亟须从文科生的培养模式走向新文理兼修的培养模式。

这种情况就需要我们在整个人才培养体系里面，深度融合法学知识和技术知识，当然，也需要有一批跨文理学科的新型师资。法科生的课程就需要开设数学、统计、计算机编程等相关的课程。

现在的问题是中国法科人才培养的课程体系已经被相对固定了。必修课很多，必修必选的课已经让学生没有多少选课的空间，而且每个法学院的课程设计几乎差不多，国内顶尖的北京大学、清华大学、中国人民大学的法学院，其课程体系和普通地方院校的法学课程体系比较而言，差别并不大。法科人才培养的趋同性日益明显，而国家亟须发展的某些领域却找不到相关的法治人才。如果仅仅是在课程体系里加一两门选修课，可能无法解决这个问题。因此，我们需要打破原有的课程体系的束缚。法科生真的需要那么多必修课吗？也许四五门够了，剩下的课程都可以是选修，这样就可以纳入更多地体现文理兼修精神的课程，人才培养可以差异化，改变法科生培养趋同、就业难等问题。

第二个问题是，我们还需要思考法科生的培养是面向实务打造，还是注重理论培养？这样一种理论和实践之间的跳跃，其实一直在法科生培养过程中出现，只是现在在信息化背景下，这种跳跃问题更加突出了。我们强调法科生学习法律的知识体系，我们强调法科生要像律师、像法律工作者一样去思考，这些本身都是对的。但是我们回过头来看，传统的像律师一样思考的法科人才的培养，和我们需要长周期、综合化、跨文理的数字法学人才的培养，会产生矛盾。这个时候就需要去考虑，对法科生的培养什么都不能少：实践不能少，理论也不能少。

浙江大学法学院近年来进行了探索。我们新设立了数字法学的卓越班，采取“3＋3”的模式，即3年本科培养加3年硕士的培养，其中1年进行长周期的实习，通过这种方式，我们希望融入更多的实践类课程，也使更多技术类的课程可以纳入进课程体系，以此缓解相关问题。

第三个问题是我们的法科生是面向传统法律职业的人才，还是面向未来的数字法治人才？数字时代的职业在不断地变化，法科生在就业的时候已经面临着人才过剩问题，就业难已经成为法学专业的一大难题。全世界可能都有这样的问题，如美国的律师事务所招的人越来越少。中国的司法员额制改革以后，我们的员额法官、员额检察官的数量都显著减少了，智慧司法的建设将进一步压缩法科生的传统就业机会。

在这种情况下，我们亟须改变。从本质来看，并不是真正的法律人才全面过剩，而是同质化的一般法律人过剩了，面向未来、适应数字时代需要的新型法律人才，其实是非常紧缺的。我们看到清华大学法学院培养的计算法学人才现在就非常火爆、非常抢手，在一定层面上也证明了数字时代的跨学科新型法律人才的培养很有必要。浙江大学近年来也推出了数字法学硕士专班的培养模式，遴选优秀的数学、计算机等相关专业的本科生，进入非法本法律硕士的培养。近期，浙江大学自主设立了数字法学的博士点，作为一个二级学科单独培养数字法学的研究型人才。当前，浙江大学已经打通了从本科到科学学位的硕博士生，以及法硕层面专业学科研究生，形成了全方位的数字法学的人才培养体系，我们希望能够培养出一批真正面向数智未来的法科人才。

总的来说，数字时代的法学教育正在改变，也必然改变。“未来已来”，包括清华大学法学院、浙江大学法学院等中国法学院已经在做积极的探索。我们非常愿意跟世界上的同行们一起，大家共同推进数字时代的法学人才培养。谢谢！

高丝敏：非常感谢胡院长的精彩发言。浙江大学法学院的数字法学人才培养是新文科建设的一个典型范例，胡院长也结合浙江大学法学院人才培养模式提出了发展交叉背景的人才培养所面临的一些客观束缚和挑战，同时他也提出了应对方式，以及如何在舍与得之间去寻找创新与平衡。我们也很希望未来大家在这方面有更多的交流，再次感谢胡院长的精彩发言。下一位发言嘉宾是新加坡管理大学法学院院长 Lee Pey Woan 教授，Lee Pey Woan 院长同时兼任新加坡法学会参议员、新加坡法学教育学会理事会成员等学术兼职，有请 Lee Pey Woan 院长。

Lee Pey Woan：谢谢高院长，各位嘉宾、各位院长，大家好。非常荣幸能够参加这次论坛,能够向大家学习是我的福气,希望我们在不久的将来能够会面,让我有更多的机会向大家学习。

我的发言共有三个部分。首先,技术的发展对法律职业将会带来哪些影响;其次,技术的发展将给法律职业发展带来哪些挑战;最后,新加坡管理大学法学院是如何应对这些挑战的。

技术给我们生活的方方面面都带来了巨大的变化,这在法律界也是如此。广泛的数字化已经改变了我们工作的基础架构。云存储、网络安全工具,还有协作式的平台,都改变了我们工作的方式。现在我可以通过 ZOOM(多人手机云视频会议软件)参加在中国举办的论坛,就充分地展示了这样的一个数字化工具给我们带来的便利,它提升了我们的效率和生产力。

我们可以利用技术提升律所工作的效率,简化工作流程,节省时间,节省我们的成本。

新加坡法律部,也是我们的律政部,最近推出了一个技术平台。这个平台可以帮助法律的实践者,简化他们日常的工作,比如说进行时间的跟踪,还有对一些案件的处理,这样的话可以让律师节省出更多的时间去关注那些更重要的实质性的法律。

我们知道技术会给法律服务和市场带来一些颠覆性的变化,包括改变法律服务当中的人的工作,但是我们不可能完全由机器去替代律师,尤其是在争端解决方面。不过我们发现现在有很多标准化的、重复性的工作可以实现自动化,比如现在有一些软件可以起草法律文本,开展尽职调查和法律服务。利用 AI 和大数据,我们可以找到一些技术性解决方案,为当事人提供一些法律建议。

在新加坡,现在卷入到机动车事故纠纷中的人,可以利用新加坡法律协会,还有法院开发出来的线上的事故处理和审赔的工具,帮助他们进行索赔。更重要的一点,就是这个工具可以判断他们是否真正地需要律师去帮助他们打这场官司。

这些变化是如何影响法律教育的,以及对于法律行业从业者产生什么样的影响?我们可以看到在法律服务方面,技术是可以进一步加强我们实现公平的手段,包括降低自动化成本,同时加强普及性,使更多的人可以诉诸法律手段——以一种经济可行的方式寻求公正。这也是为什么从经济学的角度来说,法律服务应该是一种公共产品,每一个人都应该能够获取这种服务,不能只是富人或者具有权势的人才能够享受到法律服务。

与此同时,我们也需要考虑到律所。律所要重新考虑自己的商业模式、业务模式。在很多的发达国家,包括新加坡,律师在采用技术方面的速度比较慢,他们往往会采用一些过时的商业模式,因为他们担心可能会出现一些新的竞争者,怕别人能够提供价格更低的,但是同样质量的服务。

所以竞争不仅仅是针对传统的律所,还包括一些新的参与者,比如说像法律技术的提供商,或者说其他专业的咨询机构也是一样的。他们可以将法律服务纳入技术当中。对于客户来说,他们希望有固定费用的服务成本,以让他们在外包法律服务的时候有更多选择。很多的公司现在拥有这样的能力,可以通过自己内部的律师来提供解决方案,不需要雇用外面的律师团队。

因此,在新加坡,对于这种技术的变革,我们的反应主要有几方面。

首先,尽管这个行业有所变化、有所革新,但是我们不希望我们为变革的困难所打败,比如像新加坡的法律协会希望能够进一步提升法律行业的服务水平,制定了未来法律创新的项目以推动整个行业的创新发展,鼓励律师采用新技术,迎接新技术。

其次,作为教育机构,作为法学院,我们也应该承担相应的责任,以保证我们的法学教育能够让我们的学生在毕业之后有充分的技能、知识,可以推动数字时代当中的法律实践和法律实务。这也有很多的挑战。

新加坡的法律教育没有经历过太大的改革。就像前面的发言人介绍过,从 2017 年开始我们主要制定了四大战略。

第一个战略是,对课程设置进行不断地审查和修订,保证它能够满足环境变化的需求。从 2018 年开始,所有的学生都必须接受和课程相关的技术培训,这个技术培训并不是特定的某一个课程。我们希望它能让学生了解技术对我们这个行业和法学人群体产生的影响。

在法律课程设置当中,我们还开设了一些新的课程,比如说像计算机技术和包括金融科技的法律等,让学生更多地了解技术的作用。

随着现在越来越多的"数据"出现,我们也希望让学生能够更多地了解数据是如何被存储、保护、交易和分析的,一些基本性的,像统计学方面的知识,对于学生来说也很重要。

第二个战略,考虑到未来很多的法律服务不只是由律所来提供的,而更多是由一些咨询公司、企业技术公司来提供，因此我们希望能够对学生在更广泛的范围之内进行培训。我们也推出了计算机和法律的学位，希望计算机工程师给学生们一些培训，同时让学生们了解法律的框架。这个课程的第一批学生将在 2023 年的时候毕业。

第三个战略，就是我们希望能够实现教育模式和范式的变化。从消费者的角度看待法律，使用法律工具，在法庭当中把法律作为一项重要的服务。我们的课程也希望能够鼓励学生来考虑日常性问题，考虑“法律消费者”们在法律方面需要什么样的帮助和服务。

第四个战略，也是最后一个战略，我们需要大量的投资，在法律和技术方面的研究进行大量的投入。技术的进步给我们带来了很多的“新”问题，需要我们有创新性的解决方案。

对于法学院来说，我们必须要正视这些问题，比如说在新加坡，我们设立了两个研究实验室，第一个是人工智能和数据治理的实验室，这个实验室主要是研究以人工智能和数据为基础的法律。第二个是计算法的实验室，主要是对于一些法律服务进行分析。

以上是我发言的主要内容，非常感谢主办方对我的邀请，我非常希望将来在新加坡或者在中国和大家面对面地交流。

高丝敏：非常感谢您刚才的发言，也非常希望能够很快地与您线下相见。新加坡管理大学在 AI 这方面走在前列，在过去几年中我也曾经参加过贵院的会议，印象非常深刻。今天的演讲中，Lee Pey Woan 院长结合新加坡的经验，谈到了技术对于法律职业和法律教育的挑战以及做出的四个回应，非常感谢您的演讲。下一位演讲嘉宾是墨尔本大学法学院副院长 Jianlin Chen 教授，Jianlin Chen 教授的研究领域包括刑法、法律与宗教、法律的经济分析等，有请 Jianlin Chen 院长。

Jianlin Chen：谢谢高院长，我很荣幸再次参与这一盛会。回顾两年前，即 2020 年，我首次参加清华座谈会时，刚担任墨尔本大学法学院国际事务副院长一职。彼时，全球正经历疫情的严峻考验，我深感把世界各地法学院聚集在一起，共同探讨法律议题，实属难得且意义非凡。

我始终期待与各位面对面交流，分享知识与经验，建立更深层次的友谊。然而遗憾的是，至今我们仍需依赖线上平台进行交流。尽管如此，科技的力量帮助我们可以进行一定的交流，我依然感到庆幸。

今天，我想围绕“法律教育在信息化时代的发展”这个主题展开演讲。我的演讲基本分为两个部分，首先，是探讨信息化对法律理解的影响；其次，讨论法学教育应如何应对信息化带来的挑战。

从我自己研究来讲，我发现了一个很有趣的问题。我们做法律研究，通常要去了解和评论法律。如果是大陆法系的学者，他可能会看法条、立法背景、各类学说、学者论述等。如果是以判决为主的普通法学者，他当然要看判决、立法条文、立法背景、判决诠释等。

然而，在信息化背景下，法律判决的获取变得前所未有的便捷。以中国裁判的文书网为例，它聚集了大量的法律实践的判决，判决整理并公布这一趋势在亚洲其他国家也日益显著。

面对海量的法律信息，我们如何整合这些资源，以更深入地理解法律？这对法律学者、律师乃至法院都提出了新的挑战。

我发现，在中国，法官会在审判时参考之前的法院法官的判决，但这种引用方式并不系统，反而显得有些随意。有些时候法官甚至不会表明引用的判决出处。但是，法官判决时利用信息化获取之前的判决作为借鉴，这本身是值得鼓励的。

没有经过系统性处理的大量信息，具有随机抽样性。不同法官对不同法院判决的交叉引用使法律实践中可能出现混乱。因此，我们需要反思新的方法来处理这些信息。

作为法律教育者，我们的责任不仅是传授法律知识，更重要的是培养学生如何理解和应用法律的能力，以适应不断发展和变化的法律。在信息化社会下，我们就需要学会如何利用新的信息，学会判断和融入信息化社会，正确地使用、搜寻海量的信息。

延续一下之前各位院长所提到的对科技的观点，并结合我个人的观点，我是认同一个好的律师、好的法律学者，对科技的掌握是非常必要的，掌握处理信息、收集信息的能力是一个法律人必备的条件。

随着判决增多，未来判决会变得相对容易，可是接下来除了判决之外，我们还需要考虑更多的信息，比如说人的实际行为。如商业行为作为人的行为，其即使未引发诉讼，是不是也能纳入我们讨论的法律实践之中。

简单来讲，在信息化时代，法律教育特别强调信息的重要性。现在大陆法系的学生，已经面临如何去理解并系统地融入法律判决这个新资讯的问题。在我们对法律的理解过程中,法律教育者也需要开始鼓励、训练学生去接受科技的运用,这将是未来法律职业不可缺少的重要技能,谢谢。

高丝敏:非常感谢 Jianlin Chen 院长的精彩演讲和大力支持。我做外事副院长的时候一直希望能够推动清华大学法学院和墨尔本大学法学院两院院长的线下见面,虽然两年过去了,我已经从外事副院长转任法学院副院长了,因为疫情,见面的愿望一直没有能够实现,但是相信在不远的将来,大家能够在线下见面,随着整个疫情政策的改变,我觉得见面这一天非常近了。再次感谢 Jianlin Chen 院长给我们带来的精彩演讲。下一位发言嘉宾是荷兰拉德堡大学法学院国际司法和欧洲司法讲席教授 André Janssen 教授,André Janssen 教授同时担任国际仲裁法评论杂志编委,以及法国天主教大学客座教授、香港城市大学兼职研究员等学术兼职,有请 André Janssen 教授。

André Janssen:非常感谢您的介绍。大家下午好,非常感谢邀请我。我今天要跟大家讲一讲法律技术的崛起,还有法律教育、法学教育这样的话题。有一些问题,虽然前面的发言人都已经讲过了,但我会跟大家分享一下欧洲的视角。

大家都知道,现在整个世界都变得越来越数字化了。随着数字化的发展,新的法律技术也在不断地发展。在欧洲,我们非常关注法律技术。大约是 2015 年出现了“法律技术”这样一个词,后来又有法律服务和技术,把二者融合在一起。

我跟大家说明一下,“法律技术”指的是那些要支持、补充或者替代传统的法律服务的技术,或者是改善司法体系运作的方式。法律技术工具是一些数字化的工具,它们被应用在法律界。我们可以区分以下三种不同类型的法律技术,我们有法律技术 1.0 版,就像是那些纯粹地支持律师的工具,比如说数据。

接下来还有法律技术 2.0 版,这些工具替代了“律师”的一部分。当然律师仍然是在法律界工作的,只是有部分工作被替代了,比如说合同生成,前面已经谈到了合同生成的替代。

还有 3.0 版法律技术的应用,这些法律技术的应用高度改变了律师的工作,包括生成智能合同文本的应用,和非常有名的机器人——现在可能还没有完全存在,但是在将来有可能会出现这样的法律机器人,至少在欧洲我们正在试验一些辅助的体系,由机器人法官来辅助人类法官开展工作。

因此,第一个关键的问题就是法律技术对于法律界产生了什么样的影响。

我和各种各样来自世界各地的利益相关方都沟通过,有两种不同的故事,首先是有黑暗的一面,即这种颠覆性的技术,实际上对于法律的职业来说是最大的颠覆,是我们职业生涯当中最大的颠覆,就像是工业革命一样。工业革命是针对服务业。现在这些法律技术大幅度地降低了初级技术的使用,也就是说辅助性法务人员的工作会被大幅度地替代。前面还有一些发言人谈到了在接下来的 10 年里对律师需求的数量将会下降 45% 。

我谈一谈澳大利亚的律所,有一个非常大的澳大利亚律所跟我说,现在他们有 2000 人为他们工作,如果说全方面地将自动化纳入法律事务中,可能 2000 人就变成 30 人了——我是比较怀疑是否会出现这样的下降。这只是让我们看到了冰山一角,看到了这样一个变化的情况,这是黑暗的一面、挑战的一面。

我们接下来看看光明的一面,现在律所还有法律界出现了一些新的职位,比如说技术职位。律所雇用的这些法律人才都有编程的技能,有很强的技术背景。前面发言人也谈到了,现在有非常多的一些法律技术初创公司。如欧洲柏林有各种各样的律师,都在创建自己的法律技术初创公司。年轻一代的律师们有各种各样的创新,这些法律技术的初创公司通常都是这些年轻的律师所创建的。

我们来看看对于法学院来说有哪些挑战呢?很明显法律技术已经并且还将会对我们的法律业产生巨大的影响,当然有好的方面,也可能有不太好的一面。这就引出了第二个至关重要的问题,即法学院如何应对这样的颠覆,如何抓住法律技术带来的这些新的机会?

我觉得法学院应当是站在前沿,不应该采取一个“等等看”的态度。必须要走在前沿,这也是我们现在所面临的情况,这些法学院也绝对不能够去忽视我们所面临的困难。这里的问题是法学院需要预测一下会出现哪些挑战,因为法学院并不是完全知道、完全了解 3 年或 5 年之后,当这些学生进入到就业市场上的时候,这个就业市场会变成什么样。有些法律技术的应用,现在是可以应用的,但是将来是否还是可以应用?会有一些新的法律技术的应用替代它吗?这确实是一个问题。等他们毕业的时候是否还会有智能合同撰写，还会有区块链吗？将来的这些发展我们都不能确定。

法学院需要做些什么呢？前面有些发言人都已经谈到了法学院应该做的事情。而我觉得法学院需要制订一个行动计划，这也是我们在荷兰目前正在做的。在欧洲有很多法学院都在制订这样的计划。

首先我们需要重新审查我们的课程安排。我们觉得法学院需要把法律技术纳入常规课程的设置中，这就意味着我们要把智能合同纳入合约的课程中，把新的法律技术纳入现有的一些课程中。

其次，需要创建新的课程，我们大学现在有一个 AI 法律本科生的学位，开始了这样一个项目。前面也有发言人谈到了，我们也需要推出一些新的与技术相关的课程，尤其是编程、编码。为什么一个律师应该去了解编程？编程这个技能是至关重要的，至少学生要知道这些法律技术应用背后的一些原理，知道那些算法是如何运作的。我觉得我的这些学生们相信算法和 AI 的应用，相信它们是没有任何缺陷的，相信它们不会有任何的偏见，相信它们的代码都是完美的；但他们需要去了解这些 AI 技术、AI 的应用，需要认识到算法也是可能会有偏见的，有可能会有一些歧视的问题，并不是完美得没有任何缺陷的。基于此，法学的学生也至少要了解一下编程的一些知识和技能。

再次，我们需要拥抱新的技术创新。在教学当中要拥抱新的技术创新，这就意味着要把法律技术应用在课堂当中。尽管现在疫情已经快要过去了，但是仍然有一些课程是需要来进行现场教学的。因此，我们和法律的技术公司来合作，我们希望能够把法学院和法律技术的公司引入合作中。我们组织了一些法律技术夏令营，或者说冬令营，在这些夏令营或者冬令营举办的过程中，学生可以有实践的机会，尝试编程，了解技术背后的这些含义。这个活动目前在欧洲是非常流行的。

最后，我们还需要做的一点，在学生教育的过程当中，我们需要了解就业市场的变化，比如说对于学生来说他们面临着什么样的机会，又有什么样的风险。在学生毕业之后，我不能够跟我的学生作保证，保证他肯定能找到工作。我们需要让学生知道就业市场在不断地变化，他们应该自己来做好准备应对这个市场。

最终作为法学院来说，我们需要回答以下几个问题：我们希望最终培养出来什么样的律师，我们的愿景是什么。这些是需要认真值得思考的，这也和核心的问题密切相关。

还有一个问题是，在未来，当学生毕业之后，市场可能会有很多关于技术律师的需求，但是会有更多的"技术"出现，他们的法律知识应该把他们武装到什么样的地步？比如说他应该是计算机科学的专业背景，加上一些基本的法律知识，还是说他们应该是律师，但是有一定的技术背景，或者说对于编程有一些基本的了解？在未来，当谈到编码编程技术的时候，这个问题的答案是很重要的。

从我的角度来说，根据我个人的经验，当我和普通法系的同事来进行交流的时候，他们往往跟我说，他们强调技术法的发展，希望技术律师是计算机专业的，但是他有一些法律的知识。但是在欧洲，或者说在欧洲大陆法条地区，我们仍然更多地强调技术律师是法律背景的，可能有一些技术的知识。

最后我简单来总结一下，当我们在讨论法律教育，还有技术教育的时候，它的重要性实际上已经毋庸置疑了。但是我觉得从法学院角度来说我们需要制定一个非常明确的战略，来构想未来的律师到底是什么样的。

我也希望我今天的发言能够对大家有帮助，非常感谢邀请我来发言，谢谢。

高丝敏：非常感谢 André Janssen 教授精彩的发言，André Janssen 教授带来了从欧洲视角对法律技术的理解、演进、工具和经验，以及对于法律职业的改变和影响，同时他也提出了法学教育如何应对法律技术所带来的挑战，非常感谢 André Janssen 教授所带来的精彩发言。

本节会议的主旨发言到此结束，再次感谢 9 位演讲嘉宾的精彩发言，我在这节会议中间学习下来真的感觉受益良多，也特别希望将今天的学习收获带到我的工作中，用于提升清华大学法学院的教学管理工作。再次感谢各位老师对我院工作的大力支持，也欢迎老师们常来清华大学指导工作，传经送宝。本节讨论到此结束，感谢各位老师。

第三单元 | 以ESG促进企业合规建设

杨琳：非常荣幸担任本研讨环节的主持人，我是盈科律师事务所杨琳律师。

这一环节的主题为“以 ESG 促进企业合规建设”，在过去的一年中，大家可能对于 ESG 这个词已经都不陌生了，2021 年可以说是中国 ESG 的元年。ESG 起源于 2004 年联合国全球契约组织发布的《有心者胜》报告，这份报告首次提出了 ESG 的概念。在各行各业紧密相连、竞争日益激烈的全球化环境中，环境、社会和治理能力成为公司管理能力的重要部分，有效的管理能够帮助公司在激烈的竞争之中脱颖而出。

人类正在经历着非常严峻的挑战，包括气候危机、环境污染、经济增长放缓等，加之疫情的影响，ESG 受到了越来越多利益相关方的关注，包括投资者、政府、股东、企业管理者和公众等。数据显示，大多 ESG 表现良好的公司，它的运营和财务表现也同样的出色。企业将 ESG 作为一个管理工具，能够预期管理目前和未来在环境、社会和治理中，所有的机遇与风险。这样的企业更加关注创新、重视环境保护和效率优化，创造竞争优势和长期价值。

当前全球疫情叠加，地缘政治各种冲突叠加，国际形势复杂多变，世界经济下行的风险也是不断地加大，ESG 虽然是包括了环境、社会和治理三个议题，但是三者之间存在着高度的相关性。我们认为在 ESG 中的“G”（Governance，公司治理）是它的核心，完善的公司治理和风险管理体系是公司建立制度和政策来应对环境和社会问题的重要前提。ESG 的核心应该是企业结合自身的行业和发展状况，有效地识别企业的机遇与风险，制定战略，细化指标和目标，通过量化对比各个指标和目标实现的情况，实现一个动态的监督和管理，从而实现企业自身的可持续发展。

今天的主题就是探讨如何以 ESG 来促进企业的合规建设，我们这个环节一共有8位嘉宾,其中5位在线上参加直播。第一位发言人为马建新先生,马总是道琼斯风险合规中国区总监,主要专注于全面的风险管理、反洗钱、反恐融资、反逃税、经济制裁合规、出口管制、贸易合规、跨境投资并购合规、ESG商业尽职调查、国际关系研究等专业,马总还担任中国贸促会经贸摩擦委员会、国际合规专家、前海"一带一路"法律联合会特聘专家、深圳国际商事调解中心调解员、走出去智库特约风险合规专家等社会职务。马总在ESG方面经验非常丰富,感谢您今天参加我们的研讨,下面有请您跟大家分享,谢谢。

马建新:谢谢杨主任的介绍。非常高兴有这个机会跟在座的各位专家,包括来自国内外的各位同仁,一起来探讨ESG这一话题。

像刚才杨主任讲到的这些内容,也是每个人都在关注的一些议题,在这个过程之中,我相信大家对ESG都不陌生,今天也是围绕着清华大学世界法治论坛以ESG促进企业合规建设的角度跟各位作一个汇报。

近期,很多论坛都针对ESG进行了讨论,环境、社会、治理的议题也越来越受到关注。本人今天希望结合在道琼斯的工作实际,来提示、强调现在ESG在很多全球领先企业的认知中已经到了一个转折点,主要体现在以下角度:

第一,从ESG报告转向ESG的实践。ESG不仅仅是一个表面的文章,不仅仅是呈现的一份报告,其需要内化为企业合规当中的一些具体的业务流程,这是非常重要的转变。

第二,从企业自身的ESG转向全社会的ESG。也就是说,不仅仅是企业自身要建立好自己的可持续发展目标,建立好环境社会治理的相关制度流程,更需要上下游产业链、供应链和价值链的ESG,形成整个链条上人类命运共同体这样一个ESG的共同体。

第三,从ESG的成本投入到ESG的价值创造。以前我们都说ESG投入成本很高,花费的精力也不少,但是设想,如果企业不针对ESG进行投入,损失会有多大。我们经常说合规创造价值,合规通过避免损失能够创造营收,其实合规也是利润中心。因此合规本身就是价值,所以ESG本身就是价值。

各位很多从理论、法学上都做了很多的探讨,本人想从三个企业的故事入手给各位谈谈法学界合规应该如何建设。

第一个故事是关于特斯拉的故事，道琼斯的500ESG指数从1999年就成立了，此后进一步增加更多的ESG内容在里面，而2022年500ESG指数把特斯拉剔除了，主要原因有三个方面：

第一，过去一年来我们调查发现，特斯拉在环境社会治理标准方面的得分还是很稳定的，因为它本身就在提供绿色产品。但是跟全球的同行业改进和提升的幅度相比，它的排名已经下滑到同种别行业的倒数，也就是说它的进步很慢。

第二，今年特斯拉在淘汰燃料汽车、能源消耗等方面发挥了作用，但是它缺少在生产制造这个环节当中的低碳发展。也就是说，虽然它造出了一个绿色产品，但是在生产过程之中并没有低碳，而且还屡次出现自动驾驶系统相关的事故，造成不良的社会影响。

第三，企业在合规管理过程之中存在很多问题，比如说种族歧视问题、违反商业行为准则问题等。

所以从这个角度出发，道琼斯指数把特斯拉从指数当中剔除。2022年5月18日特斯拉被宣布从指数当中剔除的当天，其股票下降了6.8%，如果今天看一下特斯拉的股票已经下跌了50%。可见，ESG指标是关系到全球环境中的每个企业、每一个人。

企业开展ESG就必须要将其内化为企业合规的业务流程，深入地探讨企业在产品安全、客户体验、企业内部治理等一系列的问题，而不仅仅是出具一份报告。所以从企业融资，包括企业投资、个人投资方面来说，ESG不仅仅是一个投资好和坏的问题，对企业来讲更可能是生与死的问题。对企业来讲，开展ESG的实践就必须要关注企业经营管理过程之中合规的问题，关注监管的相关要求，关注我们法律道德底线相关的问题。

第二个故事，也和车有关，是关于吉利汽车的。2018年的时候，吉利斥资90亿美元入股德国企业戴姆勒奔驰，当时德国总理默克尔说，中国企业吉利收购戴姆勒股份，看起来不存在违规行为。就这么一句话，其实就体现出企业合规的重要性有多大，最后吉利顺利地收购了奔驰的相关股份，其实这里面也体现出他们本身做到了合规。

吉利汽车的合规为其在海外并购提供非常重要的背书，这个合规的关键点也不仅仅是出具了一个合规的报告、一个可持续的报告、一个ESG的报告，而是他们大会、小会都是谈合规，很多领导班子成员都对合规相关的监管要求如数家珍。他们已经做到了“从上到下”的合规，也就是说从做好管理层承诺，到做好合规风险的控制，再做到了具体业务流程的管控。

将其和特斯拉对比，吉利汽车从绿色产品这个概念到绿色制造这个过程，都强调全面的合规性。我们都知道一辆纯电动车从生产到报废全生命周期之中碳排放贡献率大概可以做到 14.1 吨，也就是说新能源汽车对于“双碳”目标的实现非常重要，这是从“E”(Environmental，环境)的角度去分析的。

从“G”(Governance，公司治理)的角度，以及从社会的角度，能源的来源、供应链生产制造、产品的全生命周期各个环节都应该是绿色的属性，合规也应该是绿色的属性，从环境友好型到资源集约型的目标，这里面都体现出节约能源、减少排放、环境利用和循环利用，在绿色创新当中做生产，低碳管理。这个当中体现出合规的重要性，只有合规的专家、律师，包括内部高层相关的领导，除遵守环境保护、劳工供应等各个方面的法律之外，还要尊重整个过程之中制度上的建设，才能保障整个绿色低碳的全面化。

基于这样的一个层面，我也借清华大学的论坛向大家呼吁，全国的法学院在这当中应该多培养人才，多培养懂得法律知识，也懂得社会 ESG 方面的一些专家，这样才能有效地推动国家的 ESG 建设。

第三个故事是大众汽车的故事，这个我相信大家都已经听过，我长话短说，大众汽车尾气排放造假，120 万辆大众奥迪的汽车、柴油车安装了“作弊软件”，由此产生的罚款达到 300 亿欧元，约 2000 亿元人民币，这个过程之中还有股价的下跌，所以说大众汽车损失惨重。当年如果大众汽车考虑了 ESG 的话，它的投入远没有它的损失大，所以说 ESG 避免损失也是在创造营收。

国资委特别强调上市央企要力争 ESG 披露全覆盖，联合国可持续发展也提到了 ESG 的重要性，这个过程之中其实都是企业在经营管理和企业合规建设方面要做好平衡，也就是说通过这样注重企业社会责任、注重社会环境治理层面上，强化每个人、每个岗位、每个企业的责任，就能更好地去做好我们的工作。

最后也是希望在座的各位专家能够共同地呼吁，各有关方面在接下来的 ESG 转折时期，多多地给予 ESG 重视以提高工作的有效性。

杨琳：非常感谢马总的分享，非常精彩。马总为我们解读了目前 ESG

发展的趋势。确实如您所说,对于 ESG,部分企业还停留在发布一个报告的层面上,在国外因为经过十多年的发展,大家已经把它视作一个工具。将来如果把这个体系做好,可以给我们带来更多的价值。我们非常期待国内法学院校可以培养出更多的涉外法治人才,为中国企业了解在全球的合规来助力中国企业全球的布局,感谢马总。

下一位分享嘉宾是盈科律师事务所 WTO 与国际贸易救济中心的张军主任,张主任专业领域是国际贸易反倾销反补贴、保障措施、WTO 争端解决、海关事务和出口管制等。张军主任在中国对外反倾销反补贴应诉方面有着非常丰富的经验,在将近 20 年的职业经历中代表过近百起的美国、欧盟、加拿大、澳大利亚及东南亚等地区的反倾销案件。张主任主要是结合供应链管理方面进行分享,张主任在这方面有非常资深的经验,他连续 10 年被 Chambers and Parthers 推荐为亚洲区中国国际贸易领域的最佳法律顾问之一,有请张主任。

张军:谢谢杨主任。今天非常荣幸参加本次论坛,也有机会向各位专家学者学习,感谢刚才马总的精彩分享。

今天我的报告主题是"ESG 供应链合规的问题",这是一个很大的题目,在短时间讲好是一个很大的挑战。这个主题是基于我个人对这个问题的观察和我本人在实务中的体会,今天讲三个方面。

先说一下关于供应链合规的趋势,以及它的强制性要求。刚才杨主任一开始提到了,ESG 这个议题从 2004 年联合国首次倡导以来,已经越来越受到各国的政府和企业界的重视,比如联合国 2030 年可持续发展议程提出了 17 个可持续发展目标,其中把粮食的供应链安全和可持续发展作为全球性的目标来推广。

另一个例子是 2019 年 4 月在北京召开的第二届"一带一路"国际合作峰会,当时包括习近平主席在内的近 40 个国家的元首联合发表公报,一致呼吁"一带一路"所有的市场参与方都要履行企业的社会职责,遵守联合国的全球契约。这个联合国全球契约的核心内容其实就包括了 ESG。此外,近年来的新冠疫情导致海运中断,芯片短缺,俄乌冲突导致了能源危机,以及地缘政治引发的经济制裁等一系列事件,让人们越来越深刻地认识到供应链危机管理的重要性。再如,中欧投资协定——这个协定欧洲议会(European Parliament)还没有批准,协定围绕着三个主要议题,其中之一就包括了可持续发展。所以 ESG 倡导的可持续发展的理念深入人心，也是大势所趋。

在供应链理念被国际社会倡导的同时，各国政府，尤其是西方发达国家纷纷通过制定法律法规将 ESG 的内涵纳入法律规定中。虽然这些法规是殊途同归的，但是各地区具体做法不同。我们观察到欧盟及其相关成员国在推动 ESG 供应链合规方面都以市场准入作为依托来推动。美国除保护投资者利益，对相关上市公司 ESG 信息披露方面有些要求之外，在 ESG 供应链合规方面更多的是倾向于使用制裁的手段，这是更为强势的做法。

下面将从个人实务的视角来给大家汇报，我们在做 ESG 供应链合规中碰到的一些困难、遇到的一些困境。

第一个困境是买方市场下的供应链的脆弱性。所谓买方市场，说白了就是买家具有主导性，具有强势地位，我们在为一家北方的企业——这家企业主要是做欧美的出口市场——做供应链合规的时候，团队发现这家企业的某些工人工作时间时段超过了每周工作 60 小时的上限。换言之，这是不合规的。ESG 在关于社会责任中讲究保护劳工权益，反对使用童工、反对恶劣的工作环境、反对超长的工作时间等。

为什么企业会出现这种超时工作的现象？主要是由于进口商的强势，进口商订单的交期非常短，如果出口厂商不能够按期交货，就面临高额的罚款，甚至会丢掉将来的订单。于是出口厂商不得不让工人加班加点来保证交期。另外，团队在合规工作中还发现由于进口商的压价，挤压了出口厂商应有的利润空间，这也导致出口厂商在选取上游供应商时，不得不考虑采购价格更为低廉的小企业的原材料，而这些小企业在环保方面、人工权益保护方面基本上都很难达到 ESG 要求的标准。

上述案例和最近哈佛大学两位学者发表在《哈佛商业评论》的一篇研究报告所描述的现象是惊人的一致，他们调研了 3 家跨国大公司，以及他们的 9 家一级供应商和 22 家次级供应商，调查范围横跨了北美洲、南美洲，以及亚洲。这篇调研报告发现了和上述实际案例完全相同的现象，这是一件很有意思的事情，这说明本人所代理的实际案例已不是个例。

第二个困境是关于原材料溯源合规的困难点，这一难点是关于产业的供应链是多层供应链的情况。在很长供应链的情况中，有多层次的供应商，对于一级供应商来讲，由于买卖双方存在销售合同，约定了双方的权利义务，合同对双方具有一定的约束力。可是对于二级以上的供应商，在供应链比较长的情况下，他们就没有直接的合同关系，从某种意义上讲就很难推进完整的供应链合规，团队在现实中的确是碰到了这个问题。还有就是一些大宗商品供应链的溯源问题，这个是商品属性来决定的。举个现实的例子，比如说铝型材产品，它的原材料就是铝锭。加工工厂的铝锭通过中间的分销商来采购，因为铝锭的交易通常是通过期货市场来交易，到现货市场进行交割，这种单子非常大，一般很难有加工厂能够直接从铝锭工厂采购到铝锭。这样就变成了中间的分销商有大量的从不同的铝锭厂商采购的铝锭库存，然后分销给不同的铝材加工商。通过这个分销之后，就很难溯源了，由于二级、三级供应商与其没有直接的合同关系，也很难做到溯源之后的供应链合规，这也是一个问题。

第三个困境是地缘政治因素，典型的例子就是2022年6月美国国会通过的涉疆法案，把涉及中国特定区域的劳动界定为所谓的"强迫劳动"，而且把相关的企业列入了实体清单，导致棉花、番茄和多晶硅原材料的供应受影响。这种属于地缘政治导致的突发事件，也确实会使相关的产业转移供应链的困难非常大。

关于供应链合规体系的建设路径，其中关于供应商ESG审核的这个环节，不只要看环保要求和社会责任方面，更重要的是要看ESG供应链在法律层面上的合规。

今天就跟大家汇报到这里，感谢大家。

杨琳：感谢张主任的精彩分享，张主任也是外交部、商务部的专家库成员，刚才讲得非常精彩，非常抱歉今天时间十分有限，张主任没有完全展开。经过张主任简短的十分钟分享我们看到了张主任在供应链领域非常丰富的经验，期待张主任将来有机会给学生和企业做更深入的解读。

下一位分享嘉宾是李柱文先生，来自企业。李柱文先生是中国国际海运集装箱（集团）股份有限公司（以下简称中集集团）可持续发展总监，ESG秘书处的负责人，也是中集集团ESG管理体系的创始人之一，在ESG战略和管理落地、安全环保管理方面有着非常深入的研究和实践。他在上市公司合规经营和信息披露方面也有着非常丰富的经验，已经辅导了30家以上的企业在ESG方面的社会责任和安全环保管理的提升。此外，李柱文先生也是近年多次受邀请为上市公司、资本市场、行业协会等单位提供ESG等方面的培训与辅导，是中国上市公司协会、深圳资本市场学院、深圳上市公司协会、中国企业联合会、价值在线等机构的专家和讲师，曾获2021年中国财经峰会、2021年行业影响力人物称号，下面有请李柱文总进行分享，感谢。

李柱文：大家好，感谢主办方的邀请，让我有机会在这么高规格和专业的会议跟大家来做交流。前面的几位专家都讲得非常好，我就从企业的角度与大家来做简要的交流。企业是怎么理解、怎么看ESG这个事情的呢？团队从这几年的实践得出来几点非常有深刻的感受。

第一点，ESG理念是我们整个企业做经营管理运作的价值观，是个很好的"指挥棒"，指挥整个公司走向哪里。ESG和合规文化是一脉相承，这是一个土壤，正如我们集团说做"受人尊重的世界级领先企业"——没有ESG怎么受人尊重呢？世界级的企业就应该有世界级的ESG，如果有了良好的ESG的价值观，我相信整个公司合规的文化、合规的理念和价值观都能非常夯实，非常与时俱进。本人认为ESG能帮助企业合规建设很重要的内容。

第二点，我们现在根据港交所的研究建立了一整套的ESG指标体系，包括环境和社会的指标，这个指标其实就非常有意义，为什么呢？它起到了一个很好的测量分析和评估的作用。A类有A1的指标，B类有B1～B8的指标（包括雇佣、健康安全、劳工供应链、反贪污、产品质量等），其实是很好的仪表盘。如果一个企业建立了ESG的指标体系，通过指标体系各个ESG数据的趋势变化，还有跟标杆企业同行的对标，该企业就能不停地内视，考查自身一些运作的绩效，这样从具体的经营管理层面把可持续发展、合规建设落到实处。合规在整个经营管理中是要有体现的，用这套标准是非常好的，我在这里跟大家分享，请大家好好研究一下港交所ESG指标体系，它是个很好的抓手。

本人还有两个很深刻的体会，比如说怎样以ESG为抓手完善治理架构，前30年公司都没有一个女性董事。ESG评级的要求，各种指引、指南都提到了治理架构，公司一直按照ESG的标准和指引去完善公司治理架构，几年前首次在董事会增加了一个女性董事，实现了董事会的多元化。虽然这个案例很小，但是由此能看到治理架构也是合规很重要的内容。

还有一个很重要的体会，因为时间有限就不展开了，简单说，ESG工作是企业，尤其是中国企业海外高质量发展的金钥匙。现在很多企业走出去很容易——虽然最近有些不确定的因素，但是经济全球化是不可逆的趋势。

企业在参与全球的竞争过程中，ESG 非常好地促进了企业在海外的运营，特别是合规方面的发展，比如说我们当年收购一个海外企业的时候，该企业处于一个不好的局面，收购过程中间用了很多 ESG 的内容。我们按照上市公司的规范要求，帮助德国当地的家族企业建立上市公司的治理架构，并且在收购后第一件事就是把我们的内控审计带去，帮其建立合规体系。让它的机制变好了，我们的合规建设就有保证。

同时，我们公司在“S”（Social，社会）方面也做了很多工作——公司建立了博物馆，该团队第一次帮当地企业建博物馆，变成当地政府的业务“消防队”，在周边的社区建安全教育基地等。这里面有很多 ESG 的因素。这个事情促进了我们解决问题能力的提升，但是更重要的是让我们的合规建设有章可循，有工具方法。从这个角度来看，我认为 ESG 在很多方面能让企业做合规的时候有套路、有方法、有测量、有改善。

因为时间有限，我就简单说到这里。最后想补充一点，大家一直在讲商业向善，业务和使命之间的关系，我们认为这些就是 ESG，这是它的本质。我就分享到这里，谢谢大家。

杨琳：非常感谢李柱文总精彩的分享，刚才您的发言中有两句话让我觉得印象特别深刻，一个是世界级的企业就应该有世界级的 ESG 表现，的确是。中集集团过去这些年做了很多跨境并购，非常熟悉国际上规则的要求。可以说 ESG 是当今行走于国际的共同语言，如果说企业不了解 ESG 核心的价值，不了解它如何构建这个体系，其实是很难跟这些国际上的企业对话的，而且这样会大大地削弱竞争力。另外，张军主任也提到了供应链，其实对于很多国家或地区，比如像美国、欧盟的 ESG 要求已经非常严格了，而且也出台了对于供应链管理的要求，对于中国企业来讲，如果没有 ESG 体系，可能在不久的将来就会被剔除出供应链，这对于中国企业来说能负担得起吗？这个问题留给大家去思考。再次感谢李柱文总的分享。

下一位是盈科律师事务所的卢辉律师，卢辉律师 2008 年就加入了盈科律师事务所，曾在 2018 ~ 2020 年就读于德国的帕绍大学，获得了德国法的法学硕士学位。卢辉律师是盈科德国律师事务所的管理合伙人，入选了中国司法部涉外律师人才库，2021 年获得了德国杜塞尔多夫律师协会认证的外国律师资格。卢辉律师的专业领域是对德的投资并购，他帮助多家中国企业在德国投资和并购，在这方面有非常丰富的经验。去年盈科律师事务所很荣幸担任了中国贸促会欧盟片区的法律顾问，举办了多场线上形式分析会，卢辉律师也跟大家分享《欧盟企业可持续尽职调查指令》《德国供应链法》，德国 ESG 政策与法规等内容。团队近期关注到欧盟最高决策机构欧洲理事会在 2022 年 11 月 28 日通过并签署了《企业可持续发展报告指令》。我想请卢辉律师为我们解读一下《企业可持续发展报告指令》会对中国企业带来什么样的影响，谢谢。

卢辉：各位来宾，各位专家、朋友们，大家好，非常感谢主办方，让我有这个机会和大家一起共同交流一下关于 ESG，特别是欧洲和德国相关的支持。

本人今天发言里面涉及的内容主要是欧盟 ESG 的新规，有一部分内容为德国的规定，德国可持续发展和德国 ESG 相关具体的一些规定，比较侧重于环境保护这部分内容。第二部分会涉及《非财务报告指令》和新的《企业可持续发展报告指令》的相互对比，以及相关的影响和应对措施。因为今天时间关系比较紧张，所以很多内容不可能比较详细、面面俱到地去讨论。

第一部分是 ESG 的简单介绍，ESG 的由来大家都已经有所了解，我们今天略过，我主要讲德国可持续发展相关规定的问题。

德国这边比较关注的一个重点是环境保护，环境保护的发展经历了一个比较长的时间。在“二战”之后，德国作为战败国，整个经济被摧毁，处于一无所有的状态，战后黄金时期的发展过程当中肯定也有相关的劳工劳动保护，但没有那么完善，不过在它经济发展到一定程度之后更加注重劳工权的保护和种族、性别平等和环境保护。

介绍一下德国基本的状况，德国相当于中国云南省的面积，人口是 8400 万，GDP 是 4000 多万亿欧元，每年都是在递增发展。北威州是以前西德的工业重镇。它对 GDP 贡献是比较大的，其次是拜仁和巴登。北威州的工业占比占到了将近 1/4，因为工业占比比较大，所以对于 ESG 这块，是越来越重视。它的隐形冠军企业也比较多，这应该是基于德国人传统做事情非常的细致、认真的性格，有些家族企业发展了好几百年，成为整个行业里面的领军角色，市场占有率大概占到了 40% ~50% ，或者更高的水平。目前德国的主要社会问题是人口老龄化、贫困和难民的接收，这些问题都导致联邦预算比较高。

环境问题是一个比较突出的问题，近年来德国自然资源比较贫乏，严重依赖进口，由于俄乌冲突所导致的能源危机，通货膨胀非常厉害，今年食品类成本增加达到20%、30%。环境保护问题受气候影响,像去年发生了一次非常严重的洪涝灾害,死亡人数达到了190多人,这在德国是非常严重的灾难性事件,这一问题受到政府的极大重视,因此有更多、更严格的环境保护法律法规出台。德国的二氧化碳排放量占到了全球总排放量2%,世界排名第6。

德国可持续发展最早提出时间是2011年,德国公司守则委员会首次提出了这个守则,在2014年正式明确了ESG的这个概念,相关的守则里面就有涉及《非财务指令》,这个指令我们会在后续做简单的介绍。

守则主要涉及四个方面,有20个不同的标准,其中生态环境将展开介绍。

ESG发展的特点,第一点是能源转型——德国非常重视环境保护。

关于可再生能源发电,陆上海上风力发电站占总发电量27.4%,其次是像生物质能、水能——水能相对来说比较少,如果说要建立水坝,他们会有环境评估,德国可能会认为这破坏了生态环境,所以水电站这块占比非常少。近些年来,光伏发电的发展速度是非常的迅猛,仅在2020年太阳能屋顶的发电就增长25%。另外氢能现在也是一个非常重要的议题,在后面我会介绍德国国家氢能计划。

关于煤电发电站,德国有计划要放弃核电和煤电,但是因为能源危机,这些计划可能都会做相应的调整。在温室气体排放方面,德国也是争取到2045年实现碳中和。

德国国家氢能计划最重要的就是在北莱茵—威斯特法伦州,以及其他州的能源重镇,设立未来氢能工厂。不来梅州到目前也有24个氢能项目,这些都是未来要向氢能源和清洁能源转换的趋势发展的表现。

可再生能源中,像风能和太阳能发电未来要增加到65%,目前的能源危机导致电价急剧地上涨。德国的电力公司不是一家独大,有很多,有的公司电价涨幅甚至达到了100%。今年能源的成本对于德国民众来说是非常高的,甚至有的民众会觉得难以支付。

电池法的发展历程也是经历了由欧盟指令的规定到德国国内法规定的过程。2006年和2013年电池法都由欧盟指令进行规定,德国国内法是2009年旧版《电池法》和去年新的《电池法》。从这里面可以看到,像德国国内法有时候会影响欧盟层面的立法,从立法角度来说,欧盟会考虑到各方面的问题，因为德国的经济在欧盟当中体量是最大的，在欧盟议会里面也比较有发言权，所以能相互影响。

欧盟层面的指令在颁布之后，要通过转化成国内法生效，也会有一个不同时间段来实施。2021 年《德国电池法》规定得比较严格，包括有一些废电池的处理、产品上电池的认证，还有 C1 认证等。这些法律法规都是中国企业出海时必须关注到的，像在亚马逊上有很多都是中国的生产商，或者是亚马逊的卖家，他们在出售产品的时候有不合规的产品就会下架。有的进出口公司在中国进口相关的产品，如果 C1 认证不合规，会被海关扣留。在有违法行为的情况下，其在德国所有的盈利都会没收，还会被罚款。

刚才有发言人提到特斯拉，德国对于环境保护是非常的注重，像特斯拉在中国的上海工厂，10 个月之后就已经可以生产电动汽车，但是在德国历程是非常久，经常被提起诉讼，被起诉的理由也非常的多，包括砍伐树木、噪声、影响饮用水、蛇的冬眠等。德国联邦总检察院要求其推迟开工的主要原因也与电池回收系统有关，也是关于环保的。

现在简单介绍一下两个指令，一个是 2014 年的《非财务报告指令》，它要求受管辖的企业是稍微大一点的企业，包括 500 人以上的大型企业，总体涵盖的企业大概是 11,000 多家；另一个是 2022 年《企业可持续发展报告指令》，它管辖的范围更广，员工 250 人以上的企业就需要受到管辖，另外满足两项要求就必须得受新的指令管辖，包括上市公司，还有在欧盟境内有子公司的，且营业额超过 1.5 亿欧元的。

它的评判标准是什么？几个关键词：双重原则、独立鉴证、商业模式和战略、可持续发展。

生效是采取了“一刀切”，即明确规定哪一年必须开始实施，欧盟成员国会根据本国的具体相关情况来制定一个实施的目标。2025 年要披露 2024 年的财务报告，其次是 2027 年、2029 年。

受到较大影响的是中国的生产商和出口企业，以及欧洲企业在中国的子公司，他们也是要受到 CSRD（Corporate Sustainability Reporting Directive，《企业可持续发展报告指令》）要求的管辖。

我今天先简单和大家交流到这里，非常感谢。

杨琳：非常感谢卢辉律师的分享，卢辉律师介绍了欧盟的一个指令，其实我们熟悉 ESG 的都非常了解欧盟是对 ESG 要求最为严格的一个区域。

下面一位分享嘉宾是 Jesse Weiner,他是盈科美国律师事务所的合伙人,有美国纽约州和加利福尼亚州的律师职业资格,主要的执业领域是公司法、知识产权、区块链,他曾经代表湖南广电传媒与狮门影业签署了总金额达 15 亿美元的融资协议,也曾代表中国某公司向英国方面购买特许经营权等还为坏猴子影业提供服务。下面有请 Jesse Weiner 分享美国 ESG 的框架,以及跟 ESG 相关重要的要点。

Jesse Weiner:我感到特别的荣幸,能够参加今天这样一个特别好的论坛,有这么多精彩的嘉宾发言。前面我听到了一些特别详细的介绍,令人印象深刻,而我所要讲的可能会泛泛而谈,对 ESG 进行整体的介绍。

我特别高兴能够成为 ESG 推动大军当中的一员,可能有很少的 CEO 会在 2004 年的时候这么关注 ESG,主要是联合国推出了 ESG 的规则和实践,提出了这样一个概念。大家可以去想象一下,那时候可能很多人都不会觉得 ESG 会成为股东特别关注的一个事,但是现在公司都知道他们必须要进行 ESG 的合规。ESG 是一个特别好的流程,是股东特别关注的,是花了很长的时间才推出的新概念。花了数十年的时间,人们突然想到企业必须要关注一下环境、社会、治理,除了他们的商业运营之外,也要去关注 ESG 这三个维度。

而现在在疫情之后,全球 ESG 资产的投资是达到了几百万亿美元,这个数字让我非常惊讶,ESG 现在在市场当中成为企业——不管是大企业,还是小企业,大家最为关注的问题。作为律师我有很多企业的客户,他们都希望我能够让他们的报告更加准确、翔实。

另外我可以跟大家分享一个小故事,这使我认识到了 ESG 的力量。我当时作为律所的律师在投标一家企业的工作,大家可能会说你去投标的话,你可以展示你有最好的律师、最优的价格。但这家企业组织了几轮招标后,还会问:你的律师我觉得没有问题,经验非常丰富,做得非常好,价格我们也可以接受,但是在你的律所多元化问题怎么解决,以及社会问题怎么处理?例如你们做了哪些免费的回报社会的工作等。可见有的时候企业关注的不仅仅是资质、价格,或者是股价,对于企业来说他们也非常关注整个供应链,甚至在法律市场也要展示出来具备 ESG 方面的资质,这个是业务当中很重要的一个组成部分。

另外,在美国以及欧洲,我们知道 ESG 肯定会持续,在未来永远持续下去，一方面它是一个政治的要求，另一方面它也是美国一些右翼的政党所推动的，他们把这些概念变得政治化了，比如说很多政客认为ESG是觉醒的资本主义，他们强调自由主义，同时觉得在有一些州如果不做ESG的话，甚至像犯罪分子一样。

但是本人认为这个方向还是有问题的、是错误的，为什么呢？因为可以看到ESG，包括系统性的风险等，对于企业来说，这件事情不仅能使自己受益，还可以使社会从当中受益。但是有的时候有一些政客没有认识到这一点，在过去的10～15年，如果分析ESG资产的变化，很多关注于ESG的企业给股东的回馈比没有ESG的企业要高很多。

我觉得对于中国企业来说也是如此，今天有很多的专家都讨论了中国企业可以做哪些工作，如何从零开始，一家企业原来没有接触过ESG如何能够把ESG放到企业的发展总体战略当中。目前市场当中有一些打分的机制，会根据ESG对企业进行打分，进行评级，或者指导企业如何从零开始来建立ESG，比如会建议有哪些步骤。

首先，对于企业来说最重要的是要找到一个正确的方法，不是每一个环境、社会和治理的内容都和企业相关，你必须要找到哪些是与你的企业相关的，如前述，很多的律所是轻资产的，所以在社会这方面我们就会考虑多元性，又比如说给社会做很多免费的法律援助的工作，或者说通过服务来回馈社会。另外，企业应找到正确的利益相关方，同时我们要考虑的不仅仅是股东的利益，还有利益相关方，比如哪些企业、人会由于我们的决策而受到影响。另外还有其他的一些指标，最主要的可能有五六个。

其次，企业还需要评价不同的信息披露机制的完整性。比如说作为一家企业，你需要知道ESG关注点在哪里，或者报告的重点在哪里。ESG的关注点不仅在企业治理机构由谁来控制、谁是它的股东上，还在整个监督框架上。一个好的治理框架，还有ESG的报告，对于企业ESG取得进步，以及实现效应是至关重要的。

最后，我们还需要把ESG所关注的内容纳入到整个企业的战略范围当中，比如说像很多的企业会看在它的业务当中哪些部分可以建立治理机构，有什么样的风险。除此之外，我们还要考虑它的报告机制（比如说这个企业应了解其利益相关方，其ESG和谁密切相关），建立了治理机构之后，就可以来进行报告，来进行ESG报告的起草和总结——这样的话你就上路了，这个听起来很容易,但是会花很多年的时间。

在全球的范围之内,我们面临着很多的像气候变化、性别、种族、宗教和其他各方面的问题,同时还需考虑到比如说像短期的投资者利益,比如股东的利益,不过这些实际上并没有完全服务于社会长期的目标和利益。所以这也是为什么我想今天这样一个论坛,让我们就 ESG 进行了讨论,同时也展示了 ESG 在这个过程当中的重要性。

杨琳:非常感谢您分享 ESG 方面的内容。非常感谢今天各位的分享,非常精彩,因为时间关系,很多真知灼见没有来得及跟今天各位线上的观众进行分享。盈科律师事务所非常关注 ESG,在过去一年多做了很多的研究和实践,也跟中国上市公司协会、中国机电产品进出口商会、中国石油和化工联合会在 ESG 方面达成了非常紧密的合作,非常期待将来有机会跟各位进行探讨。

因为时间关系,线上直播讨论环节暂时告一段落,这个环节接下来还有几位法学院的教授跟我们分享,他们通过视频的方式跟我们沟通。第一位是乔治城大学法学院的院长,有请工作人员播放视频,谢谢。

William Treanor:大家好,我是 William Treanor,乔治城大学法学院的院长,很高兴能够通过视频的方式来发表这个演讲。同时我也非常荣幸,能够再次被邀请参加清华大学这次的论坛。

世界法治论坛是从 2018 年开始的,今年已经是第五届。过去我也曾有幸在这个论坛中发过言。因此,能够再次发言对我来说很有意义。今天,我想要谈一下“信息化时代的法治建设”,这是清华大学设定的本届论坛的主题。我们知道,在很多专业领域中都涉及法律、技术,这与乔治城大学法学院的宗旨一致,同时这个领域也是我一直以来非常关注的。

20 世纪 90 年代末,我在美国司法部法律委员会工作,主要工作是为白宫和司法部长解答法律问题。当时有一个问题是:根据宪法,主体是否可以拥有财产权,这里的财产指的是数据库中的信息,涉及信息库信息的财产所有权。如今,这个领域已经变得非常重要了。

在 8 年前,美国最高法院有一个关于农村电话服务的诉讼案件。最高法院面临的一个问题是:对于电话本中所采集到的姓名信息、地址信息,个人是否拥有所有权? 在之后不到 10 年的时间里,这成为一个非常神秘、对经济发展至关重要的法律领域。也正是从那个时候,我开始认识到,技术正在不断地改变法律的实践。

这对我来说是一个非常重要的时刻,我开始去思考技术影响法律的方式以及这对于法学教育来说意味着什么。对于美国人来说,法学院真正成立与发展是从19世纪70年代开始的,直到现在并没有发生根本性的经济变化——市场经济、工业化实际上是在美国法学院真正成立之前就发生了,因此,从法学院成立到20世纪末,再到现在,我们所面临的问题都是一样的。

之后经济开始转型,比如由汽车、经济、科技发展带来的生活方方面面的转型,让我们不得不重新思考法律教育的本质。我们乔治城大学也关注这个问题,但我知道这是全球每一个法学院都要考虑的问题。

乔治城大学如何把技术引入到课堂、让我们的学生来做好面对未来以技术为中心的世界经济的准备,这是我想讨论的问题。我想介绍五方面的内容,包括条约的变化和实体法的教育、课程的设置、法律和技术及实践的重要性,同时还有包括律师和其他方面,这个是我们要谈到的五大领域。在乔治城大学,我们关注的其他领域可能和清华大学非常类似,我觉得这是每一个法学院都应该关注的重点内容。

我们从实体法开始。在美国,当我和律师讨论,将来在哪个领域他们可能会雇佣一些新的年轻的律师时,大部分的情况下,回答都是:法律和技术的交叉领域。无论是网络安全、数据隐私,还是金融科技,每一个领域都有很多的就业空间,我们必须让我们的学生做好准备。

在乔治城大学我们做了两件事,第一个,在上述的领域创建了课程,同时扩展了传统的法律和技术的课程,如一些新的技术、版权、专利,还有法律和技术的新问题。现在关于ESG,大学设有60门课程,我认为在这方面我们有长期的技术优势。我们一共有16名教员,他们主要是法律技术人员,专门研究金融科技、数据隐私、网络安全。另外,我们还有大概30名兼职的老师,他们是这个行业当中非常优秀的一些实践者。因此,我们的师资涉及了法律和技术两个领域。

除了一般性的领域,我们也希望保证学生在这些领域中能够有实践的机会。现在我们有3个新的实践中心,这是我们的学生真正在法律和技术领域当中开展实践的机会,如法律起草和技术领域立法。因此,我们要确保在当今法律和技术的核心领域开展课程。

第二个就是指定课程,在美国的法学教育当中,我们实际培养的是通才。一般而言,通才项目为期3年,学生们对于任何一个领域都没有深入的了解。他们是本科生,在美国,本科生也会主修一个领域,比如经济学、政治学、英语,或者计算机科学,然后也会专攻某一个领域。

在美国传统的法学教育中,没有形成对于某一个领域的专业技能的培养体系。乔治城大学法学院关注的一件事情,就是给这些学生来提供一些专业的目录,包括国际法的专业目录、法律和商业专业目录、法律和公共政策目录、法律和技术目录。每年,我们会招收20名学生参加项目,让他们成为法律和技术研究人员。为了获得毕业证书,他们必须完成约12门课程的学习,来表明他们在法律和技术领域的能力。要成为法律和技术学者,这是一个竞争性的过程。

我们也有法律和技术研究员这样的职位,任何满足这些要求的人,都证明他们在法律和技术方面是有能力的。虽然可能并不是在特别高的水平,而是在比较低的水平,这有点类似于美国本科教育当中的辅修课程。

我们有两个项目,学生必须要参加这两个项目,成为该领域当中的专家。毕业的时候,学生参加了这两个项目,就可以证明自己有专长、获得证书。我们有实质性的领域,还有特定的能力领域,第三个是动手学习。

前面谈到了3个实践中心,我要强调一下,当学生在法学院学习的时候,他们必须有能作为法律技术专家真正去实践的机会。给大家举一个例子,是关于法规和法令起草方面的课程。这个是由乔治城大学法学院2个学生与麻省理工学院的2个计算机科学学生合作的项目。在这个课程当中,学生会遇到一个问题。上一次讨论的是有关网络色情的系列问题,学生们必须要去起草相关的法规或条例。在这个过程中,法律专业的学生和计算机科学专业的学生在一起共事。从某种程度上来说,这真正突出了实践学习和动手学习在法学教育中的重要性。因此,我们拥有3个实践中心及很多其他的实践机会,让学生真正有机会在法律和技术领域获得实践学习的经历。

我强调了实质性法学教育、特定的课程、实践动手能力,然后就是技术能力。我们可以把这个问题放在美国的背景下考虑,本科生通常需要某种跨学科的教育,因此要对很多领域都有所涉猎,乔治城法学院也是如此,比如说让学生学习合同法或者侵权法。我们认为当学生毕业的时候需要具备基本的技术能力，比如理解编程或者创建应用程序意味着什么，因此在这方面我们也开发了相关的课程。

我们有一个特别受欢迎的基础课程是律师编程课，在这个课程当中学生们会学习编程。我们还有一门高级课程叫作律师终极编程课，在这个课程当中学生们利用一些新的软件设计一个进行法律分析的应用程序，比如说设计这样一个的应用程序，该程序可以直接告诉那些要申请福利的人是否有权享受这些福利，而不必去福利办公室咨询。这两个课程所做的就是让学生了解编程意味着什么、设计一个应用又意味着什么。这里并不是说要让他们成为程序员或者应用程序的设计师，而是让他们具备一种最基本的能力。比如说当我们的学生去参加中国法律课程时，他们本身并不会成为中国法专家，但是他们至少对中国法有一些基本的了解。我们在技术领域，通过动手实践的课程，也是要做类似的课程。

最后一点，法学院的学生要学会与工程师一起共事，前面给大家讲了麻省理工学院的课程就是一个例子。在该例子中，律师获得了在一个项目当中与工程师共事的经验。在如今的世界，技术是如此受欢迎，律师们必须要学会如何与计算机、科学家和工程师们进行合作，最好的方法就是从法学院开始。当学生开始工作的时候，对其来说技术就不再具有新的挑战性了。

乔治城大学法学院的一栋建筑，其中最上面的三层，我们称之为技术和社会区域。来自法学院、计算机科学项目和商学院的学生都在一起研究技术问题，在这个过程中法学院的学生获得了一种与工程师们和商人们一起在技术领域开展工作的能力，这样的话当其毕业的时候就能全面发展了。

我再重述一下重点，我们要努力实现的总体教育目标有两个：一是要确保所有的学生在乔治城大学法学院（美国最大的法学院）都有机会接触法律和技术方面的基础课程；二是学生们必须能够在某个领域钻研下去，比如税务学者、技术人员。我们通过实质性的课程、集中的指定课程、动手实践的学习机会以及相关项目让他们了解技术是如何运作的，再加上与计算机、科学家、工程师们合作的机会，使其毕业后很容易在技术领域与非律师们合作。

上述安排可以帮助乔治城大学法学院的学生拥有更具竞争力的背景，以便其能够把握住在快速发展的领域中存在的所有机会。

非常感谢大家给我提供这样一个发言的机会，希望会议取得圆满成功。

谢谢!

杨琳:非常感谢 William Treanor 院长的精彩分享。下一位分享嘉宾是来自于澳大利亚新南威尔士大学法学院的院长 Andrew Lynch,有请工作人员播放视频,谢谢。

Andrew Lynch:大家好,我是 Andrew Lynch。首先,我要感谢清华大学法学院的盛情邀请,使我有机会再次参加这个论坛。希望有一天,我能够线下参加这一信息丰富、激励人心的论坛,与各位同仁们见面。

能够以"信息时代法学教育"为主题分享观点,这令我很高兴。当一些学术或者文化上的差异渗透到教学当中时,我们会对法学教育有不同的体验。而司法管辖权方面的差异无疑会影响教学的内容、背景和方法,以及为方便学生进入法律职业而创造的角色。

在信息时代,信息的流动和商品化是社会中一种核心的经济和社会力量。虽然大众印刷媒体的兴起促进了先前的信息发展,但人们普遍认为,信息时代开始于 20 世纪中叶,其是随着电子通信手段的发明和广泛的采用而产生的。初级信息时代,无线电和电视的发展极大地加速了整个社会的信息传递。随着互联网的出现,卫星通信、移动电话传输、电子邮件以及云上文件共享等,都格外振奋人心。如今,信息可以由在云端同时工作的人来创建。简而言之,我们从来没有像今天这样能够如此轻松地创造和分享信息。

当人类互动情形出现了迅速的变化时,法律学界并非一成不变,法学教育也是如此。法律资料的指数级增长是信息时代的一个显著表现,这既是信息增长的结果,也是受信息社会和法律的复杂性影响的结果。基于对普通法议会制度的理解,我跟大家分享一下我最了解的内容,主要以普通法系法院法官作出的判决理由为例。早期,准备书面判决理由是司法职能的核心。英美国家之所以要求法官书写判决书,是因为担心专业人员独立报告会导致判决不可靠、不一致。为了报告的准确性和权威性,英美国家司法部门采用了专门撰写判决书以供发布的做法。法官不仅仅只是判决书的写作者。从 19 世纪开始,判决书的写作已经成为法官工作当中不可或缺的一部分,法官成为法律材料直接的生产者。在之前,法官都是发布口头判决,由他人记录和转述。当书写判决材料成为法官主要的交流方式时,法官的书面文字便多于集体发言了。

在信息时代,获取法律材料更加容易,这可能会导致司法意见更长。美国大法官承认,目前美国最高法院的意见变得更冗长、更分散了,这在很大程度上是由于检索和处理文字手段的进步,其中涉及对普通法传统至关重要的早期法律判例。澳大利亚前首席大法官指出,从电脑当中调出大量没有被很好消化的材料来准备判决是特别危险的,这也是近几十年来平均判决时间大幅度增长的主要因素。

法规的扩散、法规的数量、法规的长度发展的情况是完全不同的,立法者不会像高级法院的法官那样去寻找和引用现有的法律文本。但是,由于社会和经济变得越来越复杂,起草法律的方法也变得更加规范。生活在这样的一个法规的时代,法规只是大量信息扩散的一个例子而已。法律体系中一个原则是对法律的不知情、不知晓不能作为辩护理由,但是现在任何人都不可能知道其需要遵循的所有法律,这改变了我们对普通法体系法律本身的理解。在普通法体系当中,法官形成的判例法长期以来一直处在被人民代表法规的阴影之下,对由此产生的法律的合法性而言,这可能不是一件坏事,但这仍然是普通法传统中法律事件的一个巨大转变。

上文所述对于法学教育意味着什么呢? 在 19 世纪,哈佛大学的朗戴尔教授开创了一个案例研究的传统,在这里法律可以系统化,并且建立在基于逻辑的基础之上。目前这种方法仍然具有一定的影响力,但却被越来越多的人忽略,主要原因在于有很多源自普通法但凌驾其上的法规。不可否认,有这么多法律可以选择,教育工作者在进行课程设置时必须要决定考虑哪些因素。澳大利亚的大学倾向于开设更短、更密集的课程,这体现了一种理念,即教学内容不可能永远进行覆盖,现有内容将会被最新的一些进展所超越。在学生毕业之后,大量的法律材料和教学会失去意义。学生只是把基本内容作为一个技能开发的工具,其在毕业之后可以通过这些方法理解现行的法律,使其具备从事法律分析和论证的技术能力。

这些变化可以让学生尽可能多地接触法律的课程,这在原来是很难实现的。很多的学生学习经验比较匮缺,现在从法律条文退后一步,让学生思考法律是怎么创造的、服务于谁的,而不是优先考虑其内容和背景,这也是法律对信息时代做出响应的一种方式。

信息时代的法律教育工作者需要关注的一个问题是如何来培养学生进行法律研究的技能。在我的学生时代,法律研究基本上是用书本和纸张完成的,除此之外用到的设备只有图书馆的计算机。计算机会告诉你去哪里找到研究资料，这是一个笨拙但又神秘的过程，有的时候还不一定能够成功，但也是我们在毕业之后还可以使用的获取可靠的知识的途径。那个时候所有学到的知识，在现在看来都是多余的。随着全球范围内法律资料的数字化，一些著作、百科全书等均被数字化，没有人会再去书架上找这些百科全书了。令人担心的是，很多的学生会认为，法律研究本质上就是向互联网的汪洋大海中扔出一根钓鱼线，操作简单，任何钓上来的东西都可以不加区别、不经研究和处理就使用。因此，法律教育工作者的任务就是要保障学生在学习方法上更加严谨、更加深思熟虑，而不是简单地查阅互联网。学生可以用互联网核实历史事实，同时也需要知道法律数据库、法律资料的组织原则。尽管这些资料会随着时间的推移不断地变化，但是在这个过程中形成的精确性和彻底性的思维模式，会在其法律的职业生涯之中持续发挥作用，甚至影响一生。

显而易见的是，现在的就业市场和我们当时有很大的差别，收集、搜索文件的工作比原来少了很多。搜索引擎可以在几分钟之内就把一些无聊、耗时的法律工作做完。但是不利的一点是，律所对初级律师的需求会被取代。要想进入法律市场，具备对数字文件管理系统的认知是非常有益的，因此学校应更积极地让学生做好准备。

我们在这方面做得很好，如学生可以通过在线团队协作的方式开展合作，这也是其毕业之后所需要的。学生通过在线协作，创造一个共享输出的实践环境，使其能够为将来适应信息丰富、互相协作的环境做好准备。由于疫情，各国都采用了弹性工作制。尽管现在经济恢复正常，但对于澳大利亚及许多其他的国家来说，都不会再回到每一个人都在办公室一起工作的时代了。像网络会议、在线聚会、在线文章写作等活动，主要是取决于你的时区。这带来了巨大的利益，同时也带来了一些挑战，最令人担心的一点是它会削弱培训和点对点学习的重要性。这意味着法律教育者仍需向学生强调非正式学习机会的重要性。未来，这些机会不是那么易得，这需要学生树立一种终身学习的心态和理念。

最后，除本次论题之外，我还想谈一点。法律本身会根据我们所处的信息时代的特点而不断地变化，比如人工智能的兴起改变了我们的工作方式，包括法律如何决定、如何应用以及对客户的建议。在这个新时代，信息不完全掌握在人类的手中，学生要了解这些变化。在人类科学当中最重要的法律，将会更加自动化、更加开放，其基础特征也可以得到保护。学生不仅需要在这样的世界里前行，还需要知识和技能来引导其发展、维护法律的基本特征。

再次感谢清华大学法学院邀请我发言，希望我的发言可以对大家有所启发。这个主题对于理解当代法律教师的角色至关重要，非常高兴有这样一个机会和大家分享观点，也希望这次的论坛能够取得圆满成功。非常感谢！

杨琳：非常感谢 Andrew Lynch 院长的分享。下一位分享嘉宾是来自于美国天普法学院的院长 Rachel Rebouché，请播放视频，谢谢。

Rachel Rebouché：尊敬的清华大学法学院的同仁们，尊敬的来宾们，我要祝贺 2022 年第五届世界法治论坛的成功召开。信息化时代的法治建设是全球发展与和平共处议题中重要的组成部分，其重要性前所未有。从教育和思想的交流角度看，其重要性也显而易见。希望我们的论坛可以发挥重要的作用，将世界各地的法律学者聚集在一起，讨论与法治有关的各种问题。我也相信这些杰出的演讲者和学者会对于现代世界法治作出重要的贡献、帮助我们更好地了解法治。

我也要非常高兴地向大家介绍我的同事 Laura 教授，她是天普法学院法律创新和技术研究所（The Institute for Law，Innovation & Technology，iLIT）的执行主任。接下来，她会讨论信息时代的法律教育以及在教育、技术和法律交叉领域的开创性工作。

最后，非常感谢清华大学法学院组织和主办本次论坛，预祝本次论坛能够取得圆满的成功。谢谢！

Laura：非常感谢清华大学法学院邀请我们参加第五届世界法治论坛，就“信息时代的法治建设”这一主题发表观点。在这里主要介绍一下我们如何在信息技术快速发展的时代进行法律的教学，主要涉及天普大学在法律创新和技术方面的研究、如何来建立法律数字技术中心以及学生在第一年中所做的一些工作，以此来说明如何将复杂的信息与丰富的数据等环境因素内化为法律教育的重要组成部分。此外，我想谈一下跨国合作的重要性。

我们的研究中心有两个相互交叉的价值观，包括平等和跨学科两个角度。平等，意味着更包容性、更多样的信息获取、职业发展和领导机会。无论是经济、社会的原因，还是法律的原因，之前只有极少数的决策者塑造了信息时代，很多人被排除在外并受到伤害。这阻碍了技术创新，不利于公民、社会和全球公共利益的实现。

研究中心通过教育和实践活动，和很多的合作伙伴一同努力来追求平等的价值目标。研究显示，很多情况下背景、特权这些因素都阻碍了教育和创新的发展。我们希望，法学院可以获得支持，以便于帮助那些处于弱势社群的学生。

我们通过奖学金来帮助校园内的一些少数群体。此外，每年我们会为两名法学院学生提供支持，他们会和研究中心的教师共同开展一个研究项目，探索技术和社会之间的关系。通过这种方式，学生不仅可以获得经济支持，还可以获得指导和研究支持，从而创造出属于自己的机会。这是我们第一次做这样的项目，我们希望能够向学生群体传达出平等的价值追求。我们在10月的时候进行了宣传，举行了一场名为“高科技职业的途径、发展、归属和改变”的活动。这个活动邀请了具有不同背景的演讲者，他们已经晋升到了行业、联邦政府、州政府以及公共领导的位置。我们创建这样一个平台，让这些榜样和我们的学生进行对话，讨论面临的挑战。在高科技领域创造更加多元化、更具有包容性的工作环境，同时为学生提供更多的职业选择。

跨学科的实践是另一个核心价值。信息时代所面临的一个问题是很多的学习都是跨国的、跨学科的。无论是讨论地方政策还是国际条约，技术创新从来都不是处于真空当中，法律亦是如此。这些领域都需要在跨学科的团队中合作，以此来获得不同专业领域共同工作的经验。因此，尽管我们中心是一个属于法学院的机构，但是我们会在校园内外建立跨学科的合作伙伴关系。接下来我想给大家举一些例子来说明。

在我去年加入法学院的时候，我们开始在课堂上讨论我们的技术课程。法学院提供了广泛的课程，包括隐私保护、数据保护、知识产权、言论自由和人工智能等。我们中心还增加了沉浸式学习的内容，给传统的课堂学习带来新学习方式，即沉浸到法律和政策快速发展的前沿当中。与学习其他更加成熟的法律领域不同，掌握信息时代的基本概念是通过实践和政策实现的，这通常在多个司法辖区同时进行，而法律发展的这种动态特征要求对法学教育同样采取动态的方法。

iLIT 开发的实践学习和导师项目让学生在学习的同时成为专家，让其对法律的变化和实施有更加现实的理解。学生对这些知识的接触和实践，反过来又帮助其建立职业关系网络。目前，我们通过学生研究员职位和学分实践课程来提供大部分的体验式教学。研究成功后，2022 年的预算申请将在第二年增加这些机会。

跟大家举几个工作中的例子。首先，2021 年，白宫科技政策办公室（Office of Science and Technology Policy，OSTP）宣布了一项新的举措——为《权利法案》制定路线图。其不仅要适应信息时代的要求，也要适应人工智能时代的要求。为此，OSTP 呼吁公众提供人工智能、生物识别系统相关的信息。艾奥瓦州的学生与来自世界各地的十多位专家进行磋商，共同起草了一份提交给 OSTP 的材料，该材料提供了国际视野下关于生物识别技术与人权之间关系的比较见解。其次，iLIT 加入了联合国组织开展的以“国际规范发展”为主题的谈判，以期制定一项新的全球网络犯罪条约。这一进程允许像 iLIT 这样的非国家参与者观察和参与公约谈判，其为学生提供了一个独特的机会，使他们可以从内部了解这一进程、相关的发展以及条约如何与实践相结合，并看到这一谈判进程中所涉及的跨学科活动，从国际视角来理解谈判中的问题。最后，学生还参加了“社会正义黑客马拉松”活动。“黑客马拉松”是计算机编程衍生出的一个术语，它指的是将具有不同技能的人们聚集在一起以共同应对复杂的跨学科挑战的社区活动。此次活动由 4 所地区大学、费城技术和数字科学社区、费城的主要社区法律服务组织来筹划的。上述组织为住房、社会、教育和医疗保健等领域的贫困客户提供法律援助。该活动帮助我们了解了更多关于法律技术的知识。在法律服务预算紧张的情况下，组织可以利用这些技术来提高他们的工资效率和有效性。

最后，我想强调一下与跨国学术和非学术机构的伙伴关系在工作当中发挥的重要作用。对于 iLIT 来说，仅立足于一个国家的背景来理解信息时代的本质和未来是不够的，这将削弱 iLIT 核心价值观的意义。iLIT 为人工智能人权法案设计的咨询程序就是跨国合作的完美例证。倾听和整合其他人的工作经验，有助于我们以一种新的、更好的方式去理解美国保护措施的局限性和差距。跨国合作也在促进共识、促进团结方面发挥了重要作用，尤其是在教育领域和国际合作领域。这催生了当今信息科学和其他前沿领域中一些最强大的创新。

特别感谢大家能够给我时间,让我跟大家分享我们所开展的工作。希望本次会议取得圆满成功。谢谢!

平行论坛二：个人信息保护与数字经济发展

第一单元 | 数字经济的法制保障

崔国斌：尊敬的各位院长、各位老师和各位听众，大家上午好。欢迎参加第五届清华大学世界法治论坛的平行论坛二：个人信息保护与数字经济发展。我是来自清华大学法学院的崔国斌，很高兴担任本次论坛的主持人，也很高兴能见到各位老师和老朋友。我们这节有三大主题，即"数字法治的基本理论""个人信息保护""数字平台治理"。这些都是近期中国法律领域非常热门的话题，共有七位发言人和一位评议人在本论坛中参考讨论。他们都是这个领域有深入研究，对中国立法有特别重要影响的最权威的专家。现在请大家一起欢迎各位专家的到来。有请第一位发言人中国人民大学法学院张新宝教授。

张新宝：今天我向大家汇报的题目是"数字经济基本法治问题探讨"。

党的二十大报告对数字经济、数字中国进行了全面论述，国务院最近向全国人大常委会做了专项数字经济发展报告，工信部颁布了《中小企业数字化转型指南》，北京市颁布了《北京市数字经济促进条例》，部分省市自治区"大数据条例"或"公共数据条例"陆续颁布，还有一些正在制定，可以说是方兴未艾。我们深刻认识到一个新的经济形态到来——数字经济时代的到来。下面我对数字经济基本法治问题做一些简单的讨论。

第一，数字经济的概念、分类与基本特征。数字经济是指以数据资源为关键要素，以现代信息网络为主要载体，信息通信技术融合应用、全要素数字化转型为推动，促进公平与效率更加统一的新的经济形态。数字经济包括两个方面的含义，一个是数字化转型，也就是已有的产业数字化转型，比如说我们过去到商城去买衬衣，现在不需要了，现在去淘宝购物，这大概算一种零售业的转型，这样的转型是普遍的。另一个是数据作为要素的产品、服务创新，新兴产业的兴起，成为经济发展的动力和GDP的主要贡献者，这是数字经济的核心部分。

数字经济本身是社会主义市场经济的重要组成部分，只是在要素方面发生了变化，由过去的物质要素、知识产权要素增加到数字要素三个基本要素，经济制度没有发生变化，仍然是中国特色社会主义市场经济。

数字经济是法治经济。市场经济是法治经济，数字经济是市场经济的重要组成部分，所以数字经济依然是法治经济。法治对于数字经济所发挥的作用可以大致概括为两个方面：一方面是已有法律制度的升级，比如原《合同法》升级，制定《电子商务法》《反垄断法》《反不正当竞争法》，以及知识产权其他方面的一些法律升级；另一方面是新的法律制度的创制，包括《数字经济促进法》。北京市颁布了《北京市数字经济促进条例》，全国是不是应该制定一部"数字经济促进法"？还有公共数据的开放和利用，有一些省市自治区已经颁布相关条例，但这应该需要全国性立法。此外，我国已经制定颁布了网络数据安全方面的法律、个人信息保护方面的法律，还需要制定数据、网络虚拟财产方面的法律。

第二，关于法律对数据虚拟财产的保护，首先是数据、虚拟财产的财产法保护。关于数据权益是否需要确权，争论得还是比较突出的，但主要的观点还是认为数据是需要确权的，尽管有学者主张是他物权性质的用益权，有学者主张规定为新型的财产权。当然也有观点认为不需要确权，比如梅夏英教授认为主要是从使用角度考虑无须确权。从使用的角度考虑，我认为也需要确权，因为在什么程度使用，你的使用与他人使用相互之间的关系问题，不仅仅是原《合同法》和《反不正当竞争法》所能解决的问题。在确权过程中需要定分止争，只有明确了不同主体有权利使用哪些数据，可以对哪些数据提供服务，才能进而发挥数据的财产价值，这个过程中需要处理好个人权益，尤其是人格权益的关系，需要处理好市场主体之间的财产权利义务关系，需要发挥看得见的手的保护作用，从地方立法实验到国家统一法律的制定。其次，需要加强对数字货币包括数字人民币、数字货币或虚拟货币的规制，大家已经对此达成共识——虚拟货币也是一种货币。

第三，关于数字经济的创新与知识产权保护。数字经济创新有些是可以用已有知识产权法保护的，有些需要通过发展知识产权制度加以保护，对于后者仍需要通过数字法治本身的创新加以解决。

第四,关于大数据与大数据服务的交易规则构建。关于大数据的交易,过去是产权交易,将来更多是服务性质交易占据数字经济的绝大部分。因此,发展大数据服务的交易势在必行,大数据交易中心的建设以及改革应当以服务为出发点。"合同法"需要因此而现代化,尽管《民法典》对于原《合同法》进行了较大幅度的改造,但是就服务合同而言,就数字经济而言,力度仍然不够。

第五,要加强市场监管,加强反垄断,进行公平竞争。数字经济的垄断、不公平竞争是不同于传统时代的垄断和不公平竞争的新问题,市场监管的法律需要进一步现代化。

第六,政府公共数据开放的法律调整势在必行,现在已经有了好多开放共享的条例,但是这是各地地方政府所为,我们是一个社会主义统一市场,数字市场、数字经济当然也是统一的社会主义市场经济的重要组成部分,地方立法可以先行先试,但最终一定要制定全国性的统一法律。

第七,关于数据资源的安全保护。数据资源的安全和国家经济安全息息相关,数据安全的法治保障已经有一些制度依据,如《网络安全法》《数据安全法》,《个人信息保护法》也在一定程度上保护数据安全,但从数据财产的角度来看还远远不够。

最后,数字经济领域执法和司法都面临一些新问题,这些新问题要利用数字技术更新现有的执法和司法制度,使制度更好地服务于数字经济。

崔国斌:非常感谢张老师非常有效地利用时间,简短地向大家介绍了数字经济法律治理涉及的核心问题。比如数据确权、虚拟财产、创新知识产权、大数据等。张老师的思路非常清晰,每个点都有深入研究,谢谢张老师。有请第二位发言人华东政法大学数字法治研究院院长马长山老师,他报告的题目是"数字正义的核心问题"。

马长山:围绕"数字正义的核心问题",我主要分享以下三个观点。

第一点,是数字时代从分配正义走向了数字正义。就以往的正义理论而言,基本上是一种分配正义的模式,都围绕着身份、地位、财富、机会和条件,以自由、平等和权利的形态展开。进入数字时代之后,用描述化的语言来说,"万物数字化,一切可计算",这就使生产生活关系的方方面面都会通过数字的方式进行表达、链接、交互、流转,数据信息和算法就成为构建社会秩序的重要力量。此时可能出现从前没有的情况,例如,算法可以控制劳动,以及大数据杀熟、算法歧视等,这些事物综合在一起,就可能形成一种新的秩序建构状态,换言之,它并不是以实物流转或人为手段方式来直接分配资源,而是通过数据处理、算法控制隐形地匹配资源和调动人的行为,甚至形成一种自动化的机制,这便是“数字控制”。它不再是分配而是数字正义问题,这是我的第一个观点。

第二点,是数字正义主要体现在三大领域:

其一,对数据信息的控制。论及数字时代,主要是讨论分享,分享之外需要控制,如何在分享和控制之间进行平衡,这可能正是需要由数字正义所解决的核心问题。基于数据信息的收集、存储、加工、传输、提供、公开等,数据处理者可以实现对相对方的目标锚定。因为在这些数据归集的过程中,普通民众只是数据的生产者、来源者,他们绝大部分是不能掌控数据的,掌控数据的优势方往往是平台、政府、技术公司等,因此形成了不对称、不平衡的互动结构,这使这些数据信息优势者掌握着数据信息来源者的数据信息,实现了对数据信息的控制。数字正义就要求对这些控制进行必要的制约平衡。

其二,基于算法的控制,信息数据的优势者不仅控制了数据,还会设计算法、运行算法,以间接干预的策略影响人的世界观,影响人的行为,影响人的决策,包括数据画像、个性化推送等方式。这也是一个正义问题,对这种基于算法的控制也需要进行必要平衡制约。

其三,通过算法的控制。这主要是直接通过算法作出决策、下达“指令”,比如智能化的行政决策,算法辞退员工等,这类决策在国外已有案例。这同样是一个数字正义的问题,因此同样需要对通过算法的控制进行必要的法律限制,对算法“指令”进行程序约束。

第三点,是倡导和保护数字人权。如前所述,数字时代从分配正义走向了数字正义,但在促进数据信息分享的同时,也要实施必要的控制平衡。归根到底,分享与控制的基点是保护数字时代的人权——“第四代人权”。遵循科技向善,将数字时代的发展福利更多地转化成普惠的民众权利,而非某一部分人对另一部分人单向可视和单向控制的权力,数字发展才能行稳致远。这也是数字正义和数字法治的核心问题。

崔国斌:谢谢马老师给我们节省了一点时间,他用很短的时间介绍了数字技术进步导致社会控制被强化,这种控制很难察觉,也更难对抗。对于这种数字控制或者整个技术进步带来的权力集中是我们现代社会遇到的最大挑战,以前其他的报告场合也有深入的论述,我每次听都觉得很有启发,谢谢马老师。接下来请第三位发言人,上海交通大学凯原法学院院长彭诚信老师,他发言的题目是“数据(含个人信息)确权中的理论难题”。

彭诚信:关于“数据(含个人信息)确权中的理论难题”,我想从三点展开:

一是数据确权究竟“确”的什么权?答案应该是财产权益的归属,因为人格权益毫无疑问应该归属于个人信息主体。其中涉及信息主体与不同的在线平台确立利益归属的问题,许多学者已经有所研究。

二是如果要解决财产利益归属确权,则涉及数据当中究竟是否包含个人信息的问题。如果包含个人信息,个人信息在《民法典》中属于人格权益,那么能否由人格权益“长出”财产价值,这是最大的难题。张新宝老师也提出,谈个人信息不要谈财产,这在逻辑上是成立的。

三是数据与个人信息的关系如何的问题。我们论及数据是否包含个人信息,如果包含个人信息,那么便回避不了个人信息当中究竟是否包含财产价值的问题。

针对这三点我从后往前论述。

关于数据与个人信息的关系如何、数据产品中是否包含个人信息的问题,先讲两个概念:数据和信息。Data(数据)与Information(信息),都是指内容,只是使用习惯的不同;个人信息和个人数据也应该是一样的,都可以识别到个人。但是数据和个人信息、数据和个人数据就不应该一样,因为数据的范围是很广泛的,包含个人信息以及不包括个人信息的数据,比如位置数据等。第一个问题是数据产品当中是否包含个人信息,从现实生活来看,有时是包含的,例如人脸识别。换言之,我们用的数据产品中有很多是可以识别到个人的,并不是完全匿名化的,这是一个客观现象。甚至有很多企业提出,数据产品如果完全匿名化,价值就变得很少甚至没有价值了。如果这是客观事实的话就需要回答另一个问题——个人信息被财产化利用已经是一个不争的事实,但它违背一个基本原理,那就是财产和人格是不可通约的,那么个人信息怎样“长出”财产价值?人格利益的商品化或人格权的商品化的说法是不合适的,为什么不合适?因为人格和财产二者不可通约,就如植物里面永远长不出动物,所以人格权无论如何也长不出财产,缺少对应的基因。此外,一旦"长成"了也就证明了奴隶的正当化,因为如果人格权益可以被财产化和商品化利用了,那就证明了奴隶也是正当的。怎样解决这一难题,可能需要法学界认真对待。

传统的美国公开权或者德国法中的商品化权能否解决这一问题?我认为不能,而且对这两个概念的翻译本身就有问题,因为人格权不可能商品化。但是,玛丽莲·梦露经典的飞起裙子的样子、乔丹的投篮姿势的肖像已经换取了价值,对此究竟该如何解释?所谓的公开权是来自人格权吗?我觉得不是,我讲这么几点理由:

如果公开权是天然来自人格权例如姓名或肖像,那么线上听讲座的所有朋友,包括会议室的专家,咱们有多少张脸能换来价值?以我为例,即使我倒贴50万美元,可口可乐公司也不会使用我的肖像换取价值,所以标识要素的价值不是天然来自这张脸的。再举例说,即便我们的声音比林志玲和郭德纲的声音美得多,但是能换来价值吗?在座的有多少人投篮姿势比乔丹投篮要优美,又能换来价值吗?答案是不能的。所谓的公开权来自哪?我认为来自一个人借助自己的禀赋、天赋加外在的努力所换来的名声,例如乔丹的标识具有价值是由于在芝加哥公牛队打出了成绩,获得了名誉。也就是说,依靠他内在的禀赋加后天的努力换来的名声附在了乔丹的名字上,不是天然来自人格。不仅林志玲和玛丽莲·梦露等,任何一个人也都如此,其标识的财产价值不是天然来自人格的。

但个人信息不一样,传统的标志性人格权如姓名权、肖像权以及隐私权甚至知识产权都是个人信息,说到"床前明月光"我们能想到是李白写的,能识别到李白。传统社会中,也能通过个人信息识别到秦始皇,识别到孔子。但在传统社会中,记载信息的平台是每个自然人的大脑,不可能从中收集、整理信息,此时的信息没有价值;即便是书面记载的个人信息也没有价值,因为缺少准确性。但这种信息到了平台上便不同了,它能被加工、整理,而且具有可信性。举例说,就行踪而言,在传统社会下的行踪,如果只是口述某人从北京到了上海或者从上海到了北京,证明力并不足够。但是在数字社会中,如果用滴滴打车从北京到上海,从上海到北京,这些平台记录信息是不可更改的,这种信息是有可信度和价值的。

个人信息和传统人格权益不一样的地方在哪?个人信息天然地具有财

产价值，这是不言自明的，因为数据产品已经在利用它了，但是个人信息同时又是人格权益，难题就在于财产价值不可能从人格“长出”来，这违背基本法理。所以法律人就是要解决个人信息内含的财产基因怎么长出财产的芽的问题，这就是我们的贡献。

我举个例子，水是由氢和氧组成的。实践中，水分离之后，氢可以用来做氢弹，氧可以用来做氧气罐，这在技术上是易于实现的。但是在理论上科学家必须要把水分解成氢和氧，这是基础理论的贡献。法学家的贡献就是让个人信息中内含的财产基因“长出”财产权来，这就是我们的理论贡献，而不能说财产价值是来源于人格权的商品化，这是有悖于法理的。

只有解决这个问题，才能为财产确权提供一个理论基础，至于这个权利是归个人信息主体所有还是归个人信息主体和平台共有，抑或个人信息主体让步于平台所有，理论基础构建究竟是采用用益权理论，还是信托理论，这是完全的新的制度创造，由法律规定即可。但是无论选择怎样的制度，首要的也是最核心的任务是把信息中的财产权转化出来，这可能是最大难题。确权和权利归属问题也是非常难的，我同意刚才张新宝老师讲的，再难也要确权。现在的理论有两种，直接赋权和通过行为规则规制，但无论是通过行为规则还是直接确权都比较难。行为规则回归到法律术语来讲，无非是义务规则和责任规则，仍然是属于侧面赋权。但无论如何只要存在经济问题就无法回避确权，因为“科斯定理”指出权利给谁并不重要，确权非常重要，权利确定了才能交易，有了交易才有市场，有了市场才有市场经济，从这个意义上讲，数据确权问题是不能回避的。但是确权的理论根基在于对个人信息内含的财产基因如何“长出”财产价值的证成，这也是解决问题最核心的部分。

崔国斌：谢谢彭院长介绍了非常有意思的问题。彭老师期望从个人信息上解释出含有财产的内容。我个人非常理解彭老师的想法，但是我自己受美国法的影响比较多，有可能会质疑人格权与财产权是否真的存在实质性差别。我更多觉得这些权利本身只是一个修辞。希望待会儿有机会可以向彭老师请教问题。下面有请第四位发言人，湖南大学法学院院长黎四奇，他发言的题目是“大数据时代的被遗忘权”。

黎四奇：今天我发言的主题是“大数据时代的被遗忘权”。

在处理法律问题时，法律人的基本逻辑更多的是从积极的层面考虑制度建设和理论拓展等。目前,无论是在信息科学、社会学还是法学讨论中,大数据都是热点问题。我所看到的文献更多的是从比较积极的方面评价大数据和数据本身。一些基本的观点,比如世界的本质是数据,从因果关系到相关关系是大数据的核心,还有一切被记录,一切被预测,量化一切,让数据发声;亦有学者从经济学层面对数据做了类比石油的界定,也就是说数据即石油;另外,也有学者提出数据是不可或缺的生产要素等。

然而,在慢慢接触到大数据之后,我更多感到的是一种不安、紧张与忧虑的情绪,而且就某方面而言,感受到了不明的恐惧。在网络上,我看到有学者发表了如下观点:大数据时代是一个一切都被记录和分享的时代。对于这一点,我相信在座的每个了解大数据的人都会油然而生一些担忧。我想引用学者们的观点来进行引证,比如《大数据时代》。这本书非常流行,其作者舍恩伯格即认为:大数据开启了一次重大的时代转型,就像望远镜让我们能够感受宇宙,显微镜能够让我们关注微生物一样。大数据就是在改变我们的生活以及理解世界的发展,作为新发展和新服务的源泉,更多的改变正在蓄势待发,危险不再是隐私的泄露,而是被预知的可能性。这是舍恩伯格在他的《大数据时代》中对大数据做的基本理解。这两天我在读书时也阅读了一些古希腊神话故事,其中一个故事的人物是普罗米修斯。由此,我想到如下问题:大数据、人工智能等如同古希腊神话故事中的普罗米修斯一样,给人类带来了火种。火种为人类带来了自由和光明,但是也不得不承认,火也给人们带来了灾难和痛苦。大数据亦是如此,一方面使人类更加自由,另一方面又给人类戴上了重重的枷锁。

苏联作家索尔仁尼琴有一句话,他说:除了知情权以外,人应该拥有不知情权,后者的价值要大得多,它意味着高尚的灵魂不必被那些废话和空谈充斥,过多的信息对一个过着充实生活的人来说是一种不必要的负担和灾难。对这一观点,我深以为然。大数据时代,大数据的核心就是“大”。当数据越来越多时,其对我们生活的影响究竟是一种灾难还是福音呢?我觉得我们需要冷静、辩证地思考。

昨天晚上,我再次拿起了《删除:大数据取舍之道》这本书,在该书的推荐序言中,有一句话我觉得非常形象与正确。大艺术家罗丹说:什么是雕塑?雕塑就是在石料上去掉那些不必要的东西。由此我想到,在大数据时代,数据分类就是要将有意义的数据保留下来,而将没有意义的数据剔除出去,从而让人在遗忘中获取安全、发展、快乐与幸福。法律人习惯于追逐热点,在大数据时代,法学界探讨被遗忘权的文献比较丰富。对于这个问题的判断,存在支持与反对两种立场。对我而言,我更多的是站在支持被遗忘权的立场。现实提醒我们,美好的生活需要我们学会忘却。时下,我们每个人每天都面临多种垃圾信息的骚扰。我相信在座的朋友们也经常收到各类不受欢迎的信息,甚至包括诈骗信息等。安宁是幸福的体现。对于这种防不胜防的侵扰,我们都苦不堪言。翻开我国《民法典》,可以感觉到,我国强化了对隐私权和个人信息的保护,如隐私权就体现为两大类:一是生活安宁不被干扰;二是指私密空间、私密信息、私密活动。目前的大数据使我们处于什么状态呢?我觉得我们每一个都可能时刻处于被看与被人监视的状态,这对我们生活的幸福指数有很大的影响。

前面马长山老师谈的一个观点我是非常认同的,即数字正义。数字正义的意义是不言而喻的。正义的核心内容就是平等,但是设想一下,在大数据时代,只要你上网,只要你用手机,那么你什么时候上网,什么时候下网,打开了什么网页,阅读了什么内容等,都被窥视和被记录。在这种情况下,自由和平等的价值元素是不是会受到削弱与矮化呢?当下,只要在网上发布任何言论,不管是于公还是于私,都可能被他人知晓,而且他人会知道你的爱好,知道你的网络消费等所有的信息。坦诚而言,我不知道这是好事还是坏事。从宏观层面来说,我们提出的大数据时代的法律挑战,更多的是从顶层设计上来考虑问题,对于自由、平等、安全、秩序、利益这些宏观价值取向怎么进行平衡。比较而言,我认为在前大数据时代,我们可能更有安全感一些,我们用数字手机用得比较自由,没有那么多顾忌,但是当大数据时代到来时,如果我们知道大数据的厉害,我们反倒没有那么自由与自在。大数据让人感到不安,我们都生活在不安的状态中。

在社会学的研究中,有个专门的术语叫"风险社会"。大数据时代,在网络技术的推动下,我们日益走向一个风险社会,我们日益面对越来越多的不确定性,这一点非常可怕。客观而言,关于被遗忘权,有些关键性问题是需要我们认真思考的。首先,这个概念该怎么界定?被遗忘权之所以引起人们的关注是源于2014年西班牙人冈萨雷斯所发起的"谷歌西班牙案"及欧盟的相关立法。无论我们将这种权利标记为删除权或被遗忘权,还是去连接权,其实我们都应该清楚,只要我们在网络中留下了痕迹,即使用户已经在自己的终端中进行了删除处理,或从网页中进行删除,但是它仍然是删不掉的,因为在传播过程中你所留下的信息就已可能被存储。同时,网络平台的终端存储器也会让你的信息“永存”。在网络留痕难以擦掉的情况下,如何确定与接受这一概念,这是一个问题。再者,人格权、隐私权、个人信息权、被遗忘权之间的关系如何厘清,也需要谨慎对待。

大数据时代更需要强调正义,刚才马长山老师讲得非常好。以前人类的记忆很有限,随着年龄的增长,人的记忆力也会每况愈下。为了不遗忘,我们不得不借助外部记忆来强化内部记忆,数字记忆属于外部记忆的范畴,其包括储存器、相关的磁卡条等,这些都是人类内部记忆的延展。目前的问题是数字化记忆已逐渐成为一种事实上的全景式数据控制,其不光支持了对等级森严的机构和社会的监控,而且还会去寻求对它们自身的支持,从而巩固与加深已有的信息权分配的失衡。此外,数字社会、数字生活、数据人也放大了信息失真和造假的风险。公正而言,网络数据并不能够提供完整的图景,而只是通过链接从已有的数据储存器中提取或捕捉零碎的片段。网络数据信息去语境化是一个不得不让人高度警惕的现实问题。时下,任何一家打印店的人都可以利用专门的软件,对图片与视频依需求进行处理,并可达到以假换真的效果。数字记忆下,真假难辨已是一个现实问题。

在数据权和时间的交汇处,近乎永恒的数字记忆创造了空间和时间的圆形监狱。为了求得安全与规避风险,大数据会迫使我们每个人都不停地去进行自我审查,以尽可能地做到慎言慎行。或许更重要的是,因为更加相信外部记忆而轻视人自身的记忆,日趋完整的数字记忆会渐进式地摧毁我们的历史,损害我们行动能力,阻碍人类社会的进一步发展。数字化使我们无助地徘徊在两个同样让人不安的选择之中:一是选择永久的过去;二是选择被忽略的现在。在面对目前的数字生活、数字经济时,这也是必须思考的问题。

遗忘是人的本性,或者说是与生俱来的本能。有时候对我们来说,遗忘并不是坏事,它可以促进人的发展,使我们更加幸福快乐。生活的本质是中庸,我们不能走极端,应该在遗忘和记忆中间保持平衡。什么是真理?真理是择其两端而取其中,真理也是个妥协的概念。在这个世界上,经验告诉我们,凡物皆有生命周期,信息保护应也有周期问题。我们是否也可以考虑,网络信息存在一定的时间后,就对相关信息进行清零,从而强化对信息主体的权益保护。鉴于时间有限，就发表点以上的看法。不周之处，敬请批评指正。谢谢大家。

崔国斌：谢谢黎老师！黎老师从互联网永远不会忘记的角度来讨论，面对新技术怎么能够更有效地保护个人的生活安全感。我觉得这是一个非常困难的问题。希望待会儿大家有更深入的交流，谢谢黎老师。接下来有请第五位发言人，北京大学电子商务法研究中心主任、副院长薛军老师，他发言的题目是"数字平台的多元化与平台责任的适用模式"。

薛军：谢谢崔老师，谢谢清华大学，前面老师的报告我都认真听了，收获很大，而且各位发言的最大的特点是时间都控制得特别好。我简要地谈谈我的观点。

第一，我们国家在进入数字时代以后有很多新的问题，前面老师也都提到了，我比较侧重于看新兴数字平台作为新型的组织架构所引发的问题，就像公司制的兴起会带来一系列新的问题，比如劳动雇佣问题、公司治理问题等。平台的兴起也必然会带来与它相关联的一些问题。

第二，我们国家2018年制定的《电子商务法》跟欧盟或其他国家、地区的不太一样，因为欧盟的《电子商务法》更多地强调电子商务的行为，远程交易、在线交易，更多的是怎么确保消费者权益得到保护、数字签名等问题。而我们国家是"无心插柳柳成荫"。我们国家的《电子商务法》最终最具有实质性内容的恰恰是第二章第二节，有19个条文规定了各种类型的电子商务平台的责任问题。当然后面也有电子合同等规定，实际上在后面的《民法典》编纂中很多已经被吸收到《民法典》里面去了，包括网络侵权问题等。它具有自身的独特性，不能被其他法律所覆盖的恰恰是关于平台责任的规定。

第三，我们国家目前立法模式存在一些问题。《电子商务法》针对一种特定类型的数据平台，也就是电子商务平台制定了一系列的规则。但实际上数字经济到来以后，这个平台的类型是非常多元化的，比如说直播平台、APP Store（应用商店）分发平台、搜索平台、社交媒体平台等，这样的平台上可能也会有一些商业活动，但是也有其自身的独特性。问题就来了，对于一些类型的"平台"实际上是没有明确立法规定的。现在我明显观察到一个现象，《电子商务法》制定以后在适用平台责任问题上出现了逃避平台的现象，准确来讲是平台逃避被认定为电子商务平台，从而避免适用《电子商务法》中比较系统的平台责任规定。比如说曾经的短视频分享平台、社交媒体平台,它们逃避到什么程度?甚至召开有关电商平台的会他们都不参加,避免被认为以实际行动承认了自己平台的电商平台属性。我觉得出现这个问题的根源在于我们国家目前的立法结构,因为我们的确只针对一种特殊类型的平台规定了一系列的法律责任。在很多人的理解中,关于平台责任出现了一种监管上的巨大落差,全有或全无。如果一个平台被定性为是电商平台以后,那整个电商法的平台责任就“套餐式”地用在它身上。如果它自称不是电商平台,那就找不到其他管理的法律依据了,对它的管制就很宽松。这个问题出现以后,监管部门和法院也在试图解决,我举两个例子。

一个是直播平台最开始的确不具有很浓厚的电商属性,后来直播带货、直播营销越来越具有电商属性,所以在《网络交易监督管理办法》第7条第4款也开始处理这个问题,如果直播平台提供了整个交易的闭环,那就必须被界定为电商平台,从而按照电商平台来合规。但这个界定也是有问题的,的确还有很多其他类型的直播是不具有交易闭环特征的,它们应该怎么被界定还是悬而未决的状态。

另外,法院也开始处理类似的问题,比如微信上面有很多小程序,搭载小程序的社交媒体平台应该被理解为是电商平台还是有其他属性平台?杭州互联网法院和杭州市中级人民法院处理过微信小程序递案,他们认为像这种只是提供了一个载体,并没有很多地参与运营的类型平台,要根据实际做的事情匹配相应责任。这些努力实际上提出了《电子商务法》中规定的平台责任,不应该被理解为是固定“套餐式”的平台责任,可以进行灵活地拆解、组装,能够根据不同平台的属性对它做具体的要求。不应该要么全监管,要么不需要平台去承担责任,我们要走出目前的困境。如果要走出这个困境可能要在概念上发展出一些更具有弹性、灵活性的平台责任概念体系,比如严格意义上的电商平台概念之外,要发展成类平台概念的属性,保证它的适用有梯度和弹性。

最后,有一种替代性方案,我们制定一个一般性的“数字平台法”行不行?为了解决这个问题,现在也有人提出来,甚至把《欧盟数字市场法》作为例子。综观这些国家,一部总括性的平台立法是不太成熟和具有现实性的。《欧盟数字市场法》主要还是为反垄断提供新的政策工具,其他数字平台产生的问题还是通过专项的立法,比如说GDPR(General Data Protection Regulation,《通用数据保护条例》),平台对平台经营者的保护问题等,这样的思路有它的合理性。因为整个平台经济处于快速发展之中，如果现在要制定一部“数字平台法”的话，稍有不慎就很容易产生对立法、对技术发展的束缚效应。在没有弄清楚它本质的情况下，就针对单一特定类型的平台制定法律——这种法律反而已经是现实存在了，明明通过内推适用或者比较原因也能解决问题，但是一下子制定“数字平台法”就很容易过度强调安全和管控，产生一些不利的后果。就像最近征求意见的《反不正当竞争法》的修订等，都已经反映出这样的苗头了，现在需要对数字经济发展要有宽容审慎态度。

以上就是我的简要汇报，谢谢各位老师。

崔国斌：谢谢薛老师，他的观点我完全赞同。因为数字平台确实多种多样，在知识产权领域商标侵犯不同平台规则适用差别很多，如果按照统一的规则适用，没有什么战略性的安排是不可能的。统一立法的确解决不了问题。谢谢薛老师的演讲，非常有启发意义。接下来有请第六位发言人中南大学法学院院长许中缘老师，发言的题目是“功能主义路径下平台企业责任的规制”。

许中缘：我发言的题目是“功能主义路径下平台企业责任的规制”。当前依托互联网信息技术、大数据和其他新兴生产要素而设置的平台企业，已经成为社会经济发展中重要的市场主体，也是回应多元利益相关方价值诉求与风险防范的组织载体。平台企业拥有的强大的技术权力，既可以被加以利用积极投入社会治理，又可能因不当规制而损害消费者利益、破坏有效竞争和抑制市场创新活力。平台企业责任问题如今已成为许多国家特别关注的政策议题之一。

平台企业责任的规范框架存在两种基本模式：规范主义规制模式和功能主义规制模式。规范主义反映了一种“法律自治”思想和分权理想，强调法律本身的裁判功能；功能主义则将法律视为一种政治机器的工具，用来实现一套与能动型国家的目标紧密相关的特定目的，其风格特点充分体现在社会实证主义、工具主义和实用主义哲学之中。

相对来说，我国平台企业行政责任规范总体上属于功能主义进路，行政规制层面的出发点更多基于功能和效率优势的考虑，拟充分发挥平台企业在控制违法行为方面所拥有的技术便利性和自身能动性。

民事责任领域则整体上仍保留了规范主义规制思路，规范主义解释路径符合传统法教义学,具有体系固定的特点。在当前智慧信息时代背景下,技术发展和经营模式不断革新,规范主义立法和释义路径已不足以囊括和阐释平台责任领域民法规制的全部内容。例如,规范主义进路下平台企业用工责任认定方面对相关主体权益保护不足。平台企业具有的高度智能化、格式化特征,通过大数据和算法分析实现用工关系上的技术控制,塑造了新的用工模式。然而,当前民事规范上关于平台企业用工责任的一般性规范,并未基于"算法管理"要素,充分顾及平台创新经营模式、组织结构及其复杂多样的用工形态与传统领域的差异性,难以充分回应新型用工模式下复杂的责任承担问题。平台企业领域劳动关系认定标准的滞后性凸显,归责效果不足,可能使部分外卖员、配送员、网约车司机等相关雇员权益难以得到全面保障。又如,平台企业安全保障义务与责任的认定与落实存在困难。当前平台违反安全保障义务的情形是统一类推适用于《民法典》第1198条,然而,该条款并未明确或排除安全保障义务适用于网络平台空间,且相关规范对平台在具体领域的主动性、实质性审查责任要求相对较低,侧重于事后规制要求,未突出平台的技术能动性。相比公共场所经营者、管理人,"智慧信息型"平台企业应负有更高程度的安全保障义务及主动审查责任。同时,司法实践总体上又深受避风港原则影响,存在"通知—删除"规则遵循的桎梏,对于平台企业具有事前主动审查责任通常不持有肯定态度,可能使得实践中消费者维权难以实现。

为缓解规范主义规制不足的弊端,需要从功能主义方法论视角下寻求解决方案,理由如下。

首先,功能主义更契合现代技术环境和平台企业治理特点的嬗变。当前数智化技术基础上的平台"智慧型"治理,不止于条块化、网格化的信息互联互通,也不再使用传统封闭的 IT 技术体系进行内部资源优化,而是转向多元主体间信息共享共建原则及新兴开放的 DT(Data Technology,数据技术)技术体系,注重实现与供应商、客户等利益相关者的数据集成。在此背景下,平台对网络安全监督和消费者保护问题的治理,在一体式追踪、源头精准定位、多元主体关系协调、供应链管理等方面,具有无可比拟的先天技术优势和接触条件。平台企业应被赋予更广的审查空间和监管权力,在网络环境治理和相关主体权益保护上也应担负更多责任。"通知—删除"规则基础上被动式规范责任路径的适用条件与治理现实之间开始产生部分偏离,已不符合大数据经济发展规律和时代治理需求。应对大数据时代新兴领域多样化、动态化强的监管问题,功能主义进路更具有将社会系统秩序和外部环境变化相互结合和紧密联系的能力。

其次,功能主义进路下平台企业责任路径的制度供给更充足。规范主义角度对平台企业责任的正当性论证是基于责任主体应承担与其行为性质及其定位相一致的注意义务。但该路径关键性缺陷在于,因对平台企业经营内容和商业模式本质的分析不足,难以在规范安排上清晰地辨析平台企业经营活动与传统线下经营者活动的差异。相对来说,功能主义规范进路能更客观、公允、全面地对网络平台企业进行定位与评价,也能一定程度上补足规范主义进路下制度供给不足的困境。功能主义进路强调用联系的、整体的观点来考察法律现象,包含一种系统论思想。在功能主义观点下,平台企业作为一个社会系统部分,与监管部门、公众舆论等共同构成平台内相关违法行为治理功能的统一体,并能够以内部和谐的方式共同发挥作用,而不导致无法控制的持久冲突。功能主义思维也为理论落实到立法与实践提供更全面的视角,恰恰是应了当前现代社会迭代更新的发展状态。

最后,功能主义更能彰显回归用户利益保护的人文关怀。规范主义进路倡导平台的自我规制模式实质上是更鼓励平台企业对自己负责,平台企业只承担与之定位相匹配的权利与义务。例如,就商标、专利和版权等领域的侵害行为而言,由于其并不直接妨碍到平台企业收益,实践中平台企业往往因缺乏审查动机而更倾向于只做一个中立的消极协助者,平台企业实施审查的本质动因也只是自身避责,欠缺保障消费者或其他相关主体权益的内生动力。而功能主义思维下平台企业责任路径,并不强求平台企业在多元价值利益保障之中选边站,它通过一定程度地强化责任内容和范围可以推进平台企业更好地实现消费者和相关用户权益保障。

总的来说,功能主义思维的进化式变迁理想,注重法律的意图和目标,采取工具主义的社会政策路径,恰恰体现出一种动态化品格和与时俱进的特性,能够更好地应对兼具风险性、多变性和复杂性的现代社会问题。功能主义释义进路"把实在法内容的正确性与功能性作为出发点",也可以契合法律现代化需求,更好处理传统与现代变革的矛盾。因此,功能主义规制路径应是规范平台企业责任的最优的理论选择与实践模式。

崔国斌:谢谢许老师讨论传统法律规范主义的规制路径。他从功能主义的角度讨论平台企业责任的规制思路非常有启发意义,谢谢许院长。接下来有请今天第七位发言人,华东政法大学科研处处长、中国法治战略研究院院长陆宇峰老师,他录了视频,发言题目是"系统论的数字法治观"。

陆宇峰:近年来有不少学者在讨论"数字法治"。数字社会究竟发生了什么重大变革,以至于我们要去讨论这样一个全新概念?就这个问题而言,社会系统理论可能有较强的解释力。数字社会的根本变革,在于"社会沟通"的"媒介"发生了历史性的更迭。社会的基本要素是"沟通",而人类社会与动物社会的重要区别就在于使用了"语言"这个独特的沟通媒介。但是千百年来,人类社会的沟通媒介都是日常语言,数字社会以代码的通信语言替代了日常语言,社会基础设施发生了第一次质变。当然,这并没有直接改变现代社会的组织原则,现代社会仍然按照功能的差异,分化为政治、经济、法律、传媒、科学等子系统,它们并行不悖的专业化发展,造就了全社会的繁荣昌盛。但是由于媒介的改变,数字社会的沟通速度、数量、关联度都大幅度增长,整个社会的意义空间、创造潜能和记忆功能也大幅度扩展,这就带来了三重结构变迁。简单地说:一是沟通媒介的更迭使得各种完全是基于人为架构设计的、全新的数字社会作为社会系统涌现出来;二是功能分化的加速导致数字社会各个领域内部发生了中心/边缘的再分化;三是整个数字社会呈现出高度去中心化与高度再中心化并存的局面。

数字社会的结构变迁带来了三重法治挑战。首先,在人为设计的各种全新数字结构之下,新的行动者不断涌现,他们的行为预期、行为模式和行为后果,他们相互之间的关系网络、整个社会的秩序形态和权力结构都呈现出与线下世界迥异的面貌。在此情境下,把传统的法律运用到新的社会空间,就会出现"法律移植"困境。其次,算法决策带来的最严重后果,是在各种数字社会系统内部,算法都是为"职业化—组织化"的中心赋能,这造成了越来越严重的结构性不平等。最后是治理权力的再分散化危机。现代法治从出生之日起就摧毁了家族的、宗族的、行业的、教会的各式各样的中间制度,实现了国家和国家法对公民的直接支配,但数字社会必须承认新的中间制度,尤其是平台拥有事实性的治理权力。问题在于政府能否够规制这样的治理权力——首先有没有动机加以规制?有学者指出,互联网社会是"非法崛起"的,加之数字技术能够给治理权力赋能,公私合作治理完全可能异化为公私合谋。另外,即便政府有这样规制的动机,那么各种干预决策的正当性又何在？过去我们在市场经济场景下谈到了通过政府干预恣意进行资源与财富“再分配”的恶果，而在数字经济的场景下则会看到资源与财富的“再生产”，可能会受到不正当的干预，因为涉及“创新”问题。

所有这一切，意味着需要一种新的法治形态，我们叫它“数字法治”。但是更具体地讲，数字法治究竟是一种什么样的范式？

数字法治是一种“反思型法治”。其根本特点在于它要调动数字社会的自我反思潜力，首先是各种数字中间制度特别是平台的自我反思潜力。因此网络监管应当从分散的网络行为向集中的调整架构转移，监管手段应当从纯粹的外部规制向自我规制转移。对于算法社会而言，重要的是迫使算法设计者自我审查，这就要求改变分散、事后救济的传统法律路径，通过算法审计、算法评估，以及向相对人赋予算法解释权等方式，提升自我审查的可能性。

数字社会各种矛盾纠纷的解决，也没有办法依靠国家直接进行实质性判断，国家法更多是去形塑谈判评审组织、规范协商调解程序、平衡相关各方的谈判能力，助推数字社会矛盾的平等自主解决。用哈特的著名概念来讲，数字法治的“第一性规范”是数字社会自主生成的数字法，国家法成为“第二性规范”，去调整数字法的第二性规范，这就是反思型法的基本特征。

今天已经有学者讨论了“数字正义”，在这个主题上我只想简单谈一个问题，就是当前的智慧司法。当前的智慧司法，主要目标是“同案同判”，而且距此还有比较长的距离。但更重要的是司法的本质属性。司法从根本上来讲并不是“计算”，不是简单地查找历史数据，就可以“算”出未来的案件应该如何处理。司法的本质是“决断”，是立足当下，重构既有的规范和案件，然后面向未来，即面向当下的裁判选项可能在未来造成的后果，最后作出综合性的决断。因此，司法既有面向过去的一面，也有面向未来和社会变迁不断调整的一面。目前的智慧司法重视同案同判这一面，忽略了不同案件不同判断的一面。

最后我想谈一谈数字人权问题。如果说现代法治最重要的人权是人的尊严，那么在数字社会，“涵括权”可能成为首要的数字人权。现代社会的各种功能系统都根据自己的逻辑旁若无人地运转，不断地把人们抛向边缘甚至抛出社会。而数字技术通过向各个社会系统“中心”赋能，极大加剧了抛离大量人口的情况，从而产生无用阶层的可能性。这需要宪法的特殊保护，这可能是数字时代最严峻的宪法问题。

崔国斌:谢谢陆老师的精彩发言,他主要是从数字经济导致媒介沟通的方式转变来阐述算法决策本身的隐蔽性,政府很难介入以及政府部门规制方式的改变。陆老师的发言对于我们应对数字人权保护的挑战,非常有启发,尤其是对照之前马长山老师和其他各位老师的发言,非常有意思。今天七位发言人完成了自己各自的报告,大家控制的时间非常好,有足够的时间留给评议和讨论。

接下来开始论坛第二环节,请清华大学法学院申卫星教授对主题发言人报告进行评议。

申卫星:七位发言人的内容都聚焦于数字经济发展中的宏观和微观问题,宏观有张新宝教授对数字经济基础法治问题的探讨,也有马长山教授对数字正义的三大核心问题的追问与反思,不仅超越了对具体制度的讨论,实际上对具体制度研究也具有非常重要的指导意义。此外,还有最后一位演讲者是清华校友陆宇峰教授,他谈到了同案同判不能寄托于既往历史数据而应面向司法未来,更核心的问题是何以判断是同案,社会物质生活条件的变化对同案的认定都会产生影响。最后宇峰教授也谈了数字人权、第四代人权的价值,我觉得这与马长山教授的讨论是相契合的,他们也是一个工作团队,他们的讨论使我们未来关于数字经济法治建设的思考有了讨论的逻辑起点,也构成了一切制度设计的核心价值基础,这个意义特别重大。下面我分别谈谈各位发言人所作的报告。

第一位发言人张新宝教授就数字经济发展的八大基本问题做了逐一的梳理,尽管因为时间关系,张老师没有具体展开,但是我们仍然能清晰地感受得到,对于这八大基本问题,张老师有非常充分、详尽的考虑。这几个问题是在张新宝教授长期以来对数字经济问题的持续关注下逐渐形成的。2022 年 12 月 3 日,我们邀请张老师参加第五届计算法学国际会议的时候,他报告的题目是“黑箱计算/多方计算的个人信息保护新问题”,当时我就说张老师是常为新的,从传统法到数字法,张老师今天又为我们呈现了一个新思考,在具体制度研究基础上,对数字经济顶层设计提出了自己的八大基本问题。这些问题涵涉了立法、执法和司法的不同面向,每个方面都处在需要讨论数字经济如何进行相应的顶层设计的时刻。现在的立法已经呈现分散立法的状态,未来数字经济的发展是否应该有一个统一考虑的顶层设计?

这八大基本问题已经勾勒出了数字经济法治建设的一个基本框架,这是这个报告的巨大意义。我们也期待着张新宝教授能够在这样一些具体框架设计当中不断推进,清华大学也非常愿意参与到张老师的研究工作中。

第二位发言人马长山教授利用其擅长抽象思维和理论架构的能力,提出了数字正义的三个核心问题,这三个核心问题从最初的分配正义走向数字正义。我在听其演讲的过程中就在想,乍听起来分配正义和数字正义不是一个特别对应的关系,但是马教授从万物数字化、一切可计算的基点娓娓道来,阐释了过去正义实现里分配正义是一个重要的点。现在社会里人和人都数字化了,万物数字化,一切可计算。人们通过链接交互、流转,实现社会交往,而在其中数字发挥了非常重要的作用。马教授用外卖小哥的劳动阐释算法控制,算法可以杀熟,算法可以在不同人群,甚至相同人群之间产生歧视,由此推出数字控制概念,数字技术的普遍使用,特别是自动化机制下,人们不仅被控制,而且这种被控制是自动化实现的,如果不进行人为干预的话,那这种数字本身就是一种非正义。我不知道我讲得对不对,我理解的要从分配正义走向数字正义的原因在于数字化时代里数字是无处不在的,一切都是通过数字链接、交互,甚至自动化处理实现人类社会的运转,数字对于人的控制极其强大。在此背景下探讨从分配正义到数字正义,我是由衷表示敬佩的,乍看起来觉得没有对应关系的一对概念,何以从此走到彼,特别是数字化时代智能化机制下,数字对人类社会的控制产生的影响是批量的,不是针对个体的,所以这个意义就更加巨大了,再次向长山教授的抽象思维和理论建构能力表示敬佩。

第三位发言人是彭诚信院长,他也指出了非常核心的问题——当下数字经济发展当中最困难的问题是数据确权。我也赞同他的思路,数据确权主要还是确财产权,因为数据确权不可避免地要把数字上承载的信息相关联。所以关于彭院长对数据和信息的关系,特别是数据和个人信息关系的展开,以及把个人信息纳入到人格权,数据是财产权的客体,这样的分析框架我是赞同的。这个框架面临的最大的难题在于,数据本质是记录信息的载体,到底是数据本身产生了价值,还是信息被财产化利用产生了价值?彭院长提出人格权和财产权是不可通约的,有机会可以请他再讲一下不可通约的具体含义。崔国斌教授在主持当中也表达了不同的看法,在数据和信息不可通约的前提下,对人格权商品化提出反思和质疑,即数据财产化的路径是什么?我期待听到彭院长更多的研究心得。

第四位发言人是黎四奇院长,黎教授在长山教授的基础上提出"一切被记录"。数字时代的一切行为轨迹都已经数字化了,这和过去实体的状态不一样,是无法消除的,由此引出被遗忘权对于人格完整性的重要意义。有一点内容特别打动我:在信息泛滥的社会里,如何去除无用信息甚至是假信息?我们举办计算法学国际论坛的时候,牛津大学的 Howard 教授也提到了关于这种虚假信息(fake information)抑或谎言的流行,对整个人类社会的巨大影响,甚至造成人类的危机。黎四奇教授用了"雕塑"的比喻,我觉得特别好,过去说信息不对称,现在说信息泛滥、信息超载,信息无处不在、良莠不齐、真假不辨,这种情况下有坚持被遗忘权的意义。他还有一对特别好的形容,"永久的过去"和"被忽略的现在"——我们不能沉湎于永久的过去,也不能忽略现在的当下。被遗忘权的重要意义通过这个精练的表述已经凸显得非常清晰了,基于被遗忘权要择其两端取中的思路我也是赞成的。不管是在数字化时代,还是现实世界中,被遗忘权都要求保持人格的完整性。人的独立、有尊严地成长和发展已经得到充分尊重,就像商业时代人会破产,年轻的孩子成长当中会犯错误,在每个人都会犯错误的情况下,应该允许他去掉包袱,正常有尊严地成长,使人能够像人一样去生活,所以被遗忘权的价值是非常巨大的。

第五位发言人是北京大学的薛军教授,薛军教授为《电子商务法》的起草作出了突出贡献。这次他探讨电子商务平台多元化背景下的平台责任模式制度设计选择问题,他的基本思路我完全赞成。他举了一个例子,如果开会主题是"关于电商平台责任",一些企业就都不敢来了,因为认定自己是一个电商平台就要按照电商平台管理。"平台"确实是可大可小的概念,不同平台的组织能力和运营能力也不一样,如果我们采取不加区分的单一化的平台规制模式,或有或无、不论大小,一把尺子量到底,确实会阻碍数字经济发展,也不利于监管政策的落地。监管肯定是抓大放小,监管对象主要是大平台。《个人信息保护法》第 58 条明确界定,具备三个要素的平台才需要承担责任,而不是任何平台都要承担这种"守门人"的责任。立法没有针对性会阻碍数字经济的发展,这个出发点和立场我也是完全赞成的。

对于薛教授探讨的平台应该类型化,他以直播平台带货是否形成闭环构成类电商平台为例,这个不论是对行政监管还是对司法适用都有很大的指导意义。某种意义上不光是电商平台的责任应该多元化，对于其他平台也应该如此，而且相较于电商平台，其他平台承担的责任可能更大、更重，因为电商平台毕竟只是涉及经济利益，其他平台特别是内容平台、社交平台等，还有很多的舆论导向问题。面向未来，薛军教授提及是否应该制定一般意义上"数字平台法"，他认为当下数字经济的发展处于需要鼓励的阶段，总括的数字经济立法不具备条件。同时他认为可以类推甚至援引《电子商务法》平台来解决其他平台的责任承担问题，既提出了观点也给出了解决思路。

第六位发言人中南大学许中缘院长，他的题目特别有意思，和薛军教授谈的是一个问题，但采取了功能主义的视角。什么是功能主义？对于《民法典》大家熟知的担保物权的制度设计，实质主义也好，功能主义也罢，这样一种路径对传统民法是有非常大冲击的。许中缘教授开始就谈了功能主义对应的是规范主义，功能主义和规范主义对法律制度的思考有怎样的影响，我觉得这是一个非常大的研究方法差别。在我看来，规范主义是以形式理性为基础的，通过逻辑推演实现价值的实现。功能主义的路径恰恰相反，它是以结果为导向的实质主义，不是靠逻辑基础。如果我们比较的话，功能主义可能更多地偏向国家干预，规范主义更多强调市场自治、自律，相对于法律部门来说，民法更多地强调规范主义、法教义学研究，而较少依循功能主义。具体是因为我们是成文法的国家，立法者在进行立法的时候已经进行了所谓功能主义的价值权衡了，如果可以以所谓的功能主义来规避法律规范的规定，以许中缘教授提到的《民法典》第 1198 条为例，在对于平台责任的通知删除等规则已经规定的情况下，可以做相应的阐释甚至扩大解释的规范主义解释。这是一个很好的问题，我也在思考，比如以前讨论知假买假的时候，因为消费者明明知道是假的还要买，没有被欺诈，就不能够惩罚性赔偿，但从功能主义的角度来说这种赔偿可以净化市场。我并不排斥功能主义，而且实践当中也可以把功能主义思考问题的方法代入到民法学研究里，使得民法学能健康成长。平台责任确实不是一个纯粹的私法问题，因为平台已经不是纯粹的市场主体了。若从功能主义的视角看平台责任，我建议如有可能还是要讨论何为价值衡量的基础，最终纳入法律规范解释里，使得法律适用更有确定性。

最后一位发言人是陆宇峰教授，他长期受到卢曼系统论的影响，把系统论应用到数字法治的制度设计中,有同案同判的考虑,更有对数字人权概念的建构,我是完全赞成的。第四代人权的突出类型就是数字人权,数字人权值得所有人为之努力,并使其成为所有问题讨论的逻辑起点和核心问题,才能使得我们数字经济发展不仅健康有序,而且维护人性的尊严。

崔国斌:谢谢申老师非常精彩的点评,对每个老师都作出了回应。各位发言人和评议人都从宏观或者中观甚至微观的角度,展示了数字经济法律治理的诸多挑战,也给出了自己的意见和建议,非常有启发意义。在此,我代表会议组织者感谢七位发言人以及评议人,感谢他们的精彩发言和评论,期待下次再会。

第二单元 | 个人信息的法律保护

耿林：与会各位专家，各位旁听会议的同仁、朋友，今天下午进行第五届清华大学世界法治论坛，主题是“信息化时代的法治建设”，这个论坛的平行论坛二“个人信息保护与数字经济发展”第二单元是“个人信息的法律保护”。我是这个单元的主持人。今天参加论坛的主题报告人有对外经济贸易大学的梅夏英教授、中国社会科学院姚佳教授、北京航空航天大学的周学峰教授、清华大学劳东燕教授、奥地利维也纳大学 Christiane Wendehorst 教授。此外，有特别邀请的两位与谈嘉宾，南京大学的叶金强教授和中国人民大学的朱虎教授。

首先请第一位主题发言人，对外经济贸易大学法学院院长梅夏英教授。

梅夏英：互联网囊括了整个大数据技术体系，因此，社会需要树立与之相适应的法律思维，从而锁定或者回溯数据的流动，解决个人信息保护以及数据传输问题。当前的研究中存在一个很大的问题，总是要把数据或者说其中的某一个部分单独拎出来作为个人的一种权利或利益，把整个互联网生态系统抛之在外，人为制造法律与市场的脱节。比如我们谈到个人信息保护的时候，关注的焦点是信息和个人的关系，但忽视了个人信息产生于互联网，其保护也源于互联网，保护方法、解决方法也依赖于互联网这一基础事实。

从整体上看，数据化的思维主要包含四个方面：(1)要形成关于数据的流动性或者分享性思维，这是互联网和数据社会的常态。(2)整个互联网技术体系的本质是现代数字化工具，必须要认清其工具性本质。(3)整个互联网体系是全世界、全社会在共同使用、共同分享的东西，必须要有公共性思维。(4)互联网自身不能产生任何实体东西，但其构建的生态催生了信息的生成、储存、分析、利用等各种服务，因此必须树立互联网的服务化思维。如果说我们能够从互联网整个生态考虑，个人信息保护可能理解得更加全面一些。

第一,从数据的分享性和流动性来讲,如果我们单纯把个人信息跟人联系在一起,将数据作为人的一项权利,则数据的流动性和分享性就无从体验。个人信息的生成和利用是互联网得以数据流动分享的前提,个人信息也是可以利用的。我们为什么要保护它?对其进行保护并不是因为其利益归属于特定个人,而是因为其产生了大规模的个人信息风险问题,或者说安全的问题。因为互联网对个人信息收集的规模化导致了社会风险大量存在,超出了社会承受能力和范围,因而必须要解决安全问题。解决安全问题的方式主要是通过匿名化、脱敏化这些方式来解决。在解决安全问题的大前提下,讲个人信息的流转、利用就不应该有问题。而如果把个人跟个人信息的人格联系起来,将其依附在个人身上,每个人随时都有可能将数据从互联网大生态中抽走,这实际上抵销了数字化技术给我们带来的便利。从这个角度讲,促使数据的流动,或曰"安全的流动"才是个人信息保护的根本目的。

第二,从工具性角度看,个人信息保护源于数字化工具产生的问题。在现实世界当中,个人信息保护不构成问题本身,产生问题的是作为信息源的人。在当前的规范体系中,制度设计均与个人密切关联,比如同意、修改、更正、撤回、可携带,都是把信息跟互联网工具脱离开来的个人取回方式,这与互联网作为工具的规模性不相符。但事实上,这些制度本身并能不能解决风险问题,或者并不能真的保护个人利益和公共利益。互联网的工具性,决定了它只能采取一种规模化、整体化的方式解决问题,信息一旦生成,很难经由个人对其进行取回,或者即使取回,其实践价值有限,但又对互联网生态的发展和维持造成了巨大的负面影响。所以,当前基于人格利益所创造的一系列数据权能,事实上是没有办法实施的,必须通过整体性实施,通过互联网的方式,也就是算法,来回应用户的需求。当人跟机器互动的时候,只能通过人工智能的方法或者说电子化方法来实现,而不必通过个人行使权利的方式。必须要通过算法等技术手段予以系统解决,因为工具产生的问题只有通过技术才能解决问题。

第三,公共性思维。整个互联网硬件系统包括各种应用系统、整个大数据都是在公共平台上运行,但迄今为止,谁也不知道互联网究竟属于谁。实际上,平台就像空气和水一样,具有极强的公共性,其技术面是公共性的,通讯系统也是公共性的,分享带来的利益也是公共性的,其所带来的整个社会效益也是公共性的。对于公共性东西实际上无法进行确权,其既不属于哪个国家所有,不属于哪个电信开发商或企业所有,也不归属于个人信息属于个人所有。当个人死亡或者企业破产时,数据去了哪里?如果说一个人的信息与他的人格利益有那么强的关系,人死亡以后信息是不是就没有人格意义了?此时个人信息是否就变成无主财产?从法理上来讲,这是讲不通的。因此,公共性是互联网思维的核心命题,信息领域公共性非常强大,与实体财产不一样,它只有在通过无限的分享和连接当中,相互碰撞、相互结合,才能够有效利用。我们都是在分享它的增值,无限复制的增值性功能。

第四,服务型思维。互联网的内容就是信息的流通,不产出任何其他东西,但是可以完成很多重要工作,此即互联网赋能,亦即其服务功能。整个互联网的形成就是大家相互服务的结果,彼此把个人信息贡献出来相互分享。我们通过平台获取各类信息,平台也通过个人的参与而不断发展成长,政府、社会、个人均从中受益。各主体之间相互服务,没有信息归属于谁的问题。如果每个信息都有特定的权利归属,那么信息服务就无法实现。对于个人信息保护问题不要把目光停留在社会风险上面,其在现代信息社会就能产生巨大利好;但是因为它带来的风险对个人有侵害,所以要把这个问题解决掉,《个人信息保护法》的目的即在于此,故而,无须再创造更多的我们无法实现的权利体系,既做不到也没有必要。

我就讲到这儿,时间有限,不当之处大家批评,谢谢!

耿林:感谢梅夏英教授。梅夏英教授对数据、个人信息多年来有着很深入的研究,是我们这个领域绝对的权威。他的观点非常有意义,像工具性角度中的个人和整体问题,是很有意思的话题。下面我们请中国社会科学院的姚佳教授。

姚佳:今天跟各位老师和专家汇报的是"中国《个人信息保护法》中的公法与私法协同"。这个主题不仅限于《个人信息保护法》文本的范畴。除制定法的公法与私法的这个大脉络以及具体法律规范之外,同时还涉及一些关于个人信息保护的公法与私法等不同机制的根本性争论。

关于《个人信息保护法》的法律规范构成,主要包括公法规范和私法规范。在这一张鱼骨图(见图1)中,上端一系列权利和法律责任,主要属于私法规范。《个人信息保护法》中没有规定类似合同这方面的内容,主要规定的是侵权责任。鱼骨图下端这部分是偏公法规范的内容,《个人信息保护法》主要规制个人信息处理者对于个人信息的处理活动,包括个人信息处理者的一系列义务和法律责任。从这些可以看出来,《个人信息保护法》是比较典型的、兼有私法规范和公法规范的一部综合法律,也有论者将之称为“领域法”。对于个人信息处理活动的合理性基础,通常会从告知同意开始,也包括一些特殊的情形。在整个过程之中,个人享有知情权、决定权、查阅权、异议权、删除权等个人在个人信息处理活动中的权利,同时包括诉讼权利,包括一系列的救济,个人信息处理者承担的是典型的侵权责任。个人信息保护不仅仅关注后端的救济,同时更在考虑如何从前端进行保护。比如,告知同意规则,从个人角度而言,是个人意思自治的充分体现,并成为后续个人信息处理者处理个人信息的合法性基础。同时,国家相关部门也正在制定个人信息处理中告知和同意的国家标准。对于个人信息处理者,《个人信息保护法》规定了其在个人信息处理活动中应遵循合法、正当、必要、诚信等一系列原则;包括在个人实现个人在个人信息处理活动当中的权利之时,个人信息处理者应履行相应的行为义务;同时个人信息处理者对于其所处理的个人信息也负有安全保障义务,包括公法上的合规审计、个人信息影响评估,以及对数据泄露之时的通知义务,以及《个人信息保护法》第58条规定的大型平台的个人信息保护特别义务。同时,《个人信息保护法》也规定了履行个人信息保护职责的部门的权力、义务和责任。从公法责任来看,《个人信息保护法》规定了包括行政责任、刑事责任在内的法律责任。《个人信息保护法》第70条规定了公益诉讼制度。这些私法规范与公法规范,共同构成了《个人信息保护法》的规范体系。

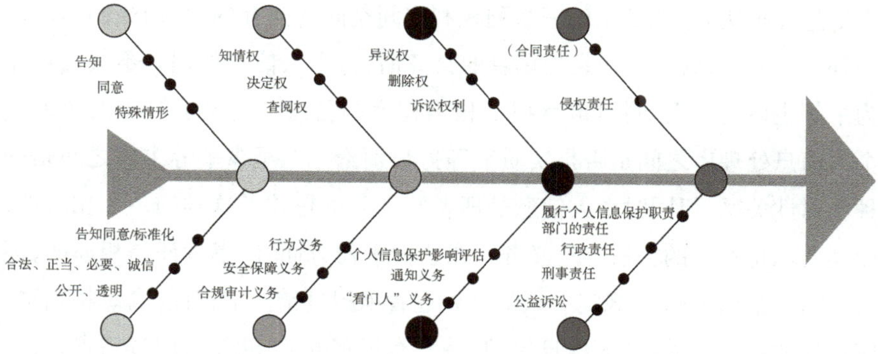

图1　中国《个人信息保护法》中的公法规范与私法规范

在个人信息保护法体系内,公法与私法之间是什么关系,这些年也有不少争论。在美国,也存在隐私权保护与外部治理之间是什么样的关系。美国著名的隐私法学者索洛夫(Daniel Solove)教授认为,个体应当享有对于自身个人信息的知情权和删除权,但是这种知情权和删除权很难完全实现,一定程度上可能会依赖于监管,以及一些集体行动等。索洛夫教授的结论认为,关于政府执法、消费者集体行动以及其他路径应当结合运用,多种路径的结合才能系统且全面地保护隐私权。

当然,在世界范围内,我们都可以看到隐私权制度的局限和缺陷,监管也存在缺陷。因此,只有私法与公法等多种机制相结合,才能更好地保护个人信息。

以大陆法系为主要脉络,对于公法和私法的划分,从罗马法开始,有利益说、隶属关系说与主体说等。在划定公法和私法界限之时,尤其是强调私法的作用,以防止公法的扩张,公权介入甚至侵害私权。同时也要防止“公权遁入私法”的现象。公权一旦遁入私法,可能就会逃避公法上的责任以及免受公法上的一些约束。公法和私法的划分,由于历史原因、理论体系性等原因,不太可能直接像美国那样完全打散。大陆法系典型国家和地区的法律以及中国法,都基本上遵循主体、隶属关系等要素判断公法与私法之间的关系。但毫无疑问,公法机制与私法机制各司其职,他们之间是一个合作机制,这一点与索洛夫教授的讨论就比较一致了。《民法典》与《个人信息保护法》之间的关系,可以认为,《民法典》与《个人信息保护法》中的私法规范之间是一般法与特别法的关系。就个人权利而言,《民法典》第1037条与《个人信息保护法》第四章中的一系列权利之间是同构互补的:结构相同但却互为补充。同时,就个人信息处理者的义务而言,个人信息处理者不仅面对作为平等主体的个人,同时也承担了相当程度的公法上的义务。当然个人与个人信息处理者之间是否是实质平等另当别论。但至少平等主体之间是一种相对性关系,但同时个人信息处理者的义务也超越了这样的一个相对性,而还要承担相应的公法上的义务。在法律责任方面,民事责任是相通的,但《个人信息保护法》中规定个人信息处理者承担过错推定责任,属于特别法,应优先适用。如果《个人信息保护法》没有规定的话,就要适用过错责任,不能适用过错推定。就公法机制而言,《个人信息保护法》同时也与《数据安全法》《网络安全法》等一系列法律法规、国家标准建立相应联系。

即便是告知同意,在自治和管制之间也存在不同的关系。《个人信息保护法》中明确规定告知同意规则、知情权、决定权等,告知规则规定得非常详细,对个人信息处理者提出比较高的要求。对于同意的性质,在司法层面,无论是单方法律行为说,还是阻却违法事由说、权益处分说或者合法性基础说,其实并不特别重要。当然,在个案之中分析其性质和效力,还是具有一定意义的。但实际上,这几种观点殊途同归,最后都是体现个体的自治,同时又从外部通过治理、管制等设定相应公法规则,以实现对个人信息的保护。国家有关部门现在正在制定告知同意的国家标准。尽管在实践中,个人的同意多体现为一种"弱同意",但就规则而言,哪怕是"气若游丝"的一点同意,也仍然具有相当意义的对个人权益保护的作用。个人权益的保护同时要与整个社会的发展、公共利益实现等进行平衡。

告知规则法律上有比较详尽的规定。相应的同意也分为不同的层次、内容和方式。对于个人信息保护中的公法规范和私法规范,应当发挥各自应有的功能和作用。目前有一些讨论,将个人信息保护之中的公法机制和私法机制相对立,认为二者之间是非此即彼的,这样的看法很不客观,也不符合个人信息保护的理论和实践。公法规范和私法规范至少在个人信息保护方面要实现最大程度的协同,不存在完全意义上的竞争或者排斥。只有将二者协调好,才能更好地实现个人信息保护以及后续的数据利用等一系列目标。

以上是我的汇报,请大家多多批评指正,谢谢。

耿林:感谢姚佳老师,姚老师不仅在编辑岗位上做得那么出色,在学术研究上也是研究得这么好,这么深入。梅老师从整体性角度来看待个人信息保护,姚老师直接审视个人信息保护的公法层面,特别是公法和私法共同起作用的层面看待个人信息保护,非常有意思。他们每一位的水平都是这个领域研究的绝对顶级专家的水平。下面我们请第三位主题报告人,北京航空航天大学的周学峰教授。

周学峰:我想同大家交流的是个人信息保护中平台权力与用户权利之间的关系。从个人信息保护的角度看,网络平台的用户可以分为两类:一类是平台内产品或服务提供者,即商业用户;另一类则是网络平台的个人用户,通常为产品或服务的接收者、消费者。网络平台的个人信息保护义务可以分为两类:一类是网络平台自身作为个人信息处理者,其在收集和处理个人信息时应该尽到的相关义务，其涉及两方主体，即个人信息处理者和个人用户（个人信息主体）；另一类义务则是网络平台对于平台内商业用户处理个人信息时所应尽的义务，其涉及三方主体，即网络平台、商业用户和个人用户，该情形较第一类情形更为复杂。今天与大家一起交流的话题将聚焦于第二类情形。

我国《个人信息保护法》第58条规定了大型网络平台保护个人信息的特别义务。其要求大型网络平台应当通过制定平台规则的方式，明确平台内的商业用户处理个人信息的规范和保护个人信息义务，并同时规定，当这些商业用户严重违反法律、行政法规时，平台应当对其停止提供服务。从该规定出发，我们可以分别分析网络平台与商业用户之间的关系，以及网络平台与个人用户之间的关系，然后再对以平台为中介的治理模式进行反思。

先来谈谈网络平台与商业用户之间的关系。

立法者在制定《个人信息保护法》第58条的时候，主要考虑的是如何保护个人用户的个人信息权利，然而，其在给大型网络平台施加诸多特别义务的同时，实际上也是在给它"赋权"，包括赋予其制定平台规则的权力、执行平台规则的权力，以及对违规用户进行处罚的权力，从而可能会产生立法者最初意想不到的后果。

首先，当网络平台依照平台规则对商业用户进行处罚的时候，其有可能影响商业用户的权益，特别是停止提供平台服务是一种非常严厉的处罚措施。当受处罚的商业用户对网络平台提起违约责任之诉或侵权责任之诉时，网络平台可以其履行法定义务为由提出抗辩。例如，前段时间北京互联网法院作出了一个判决，当网络平台为了防止电信诈骗而依照其所设定的算法规则，对用户做出一些限制性措施的时候，即使其算法有缺陷，发生了误判，但如果网络平台已经尽到了合理注意义务，那么，网络平台可以履行法定义务和没有过错为由提出免责抗辩。这意味着，平台误判的风险有可能最终由用户而不是网络平台来承担。

其次，该规定加大了网络平台和用户之间的事实上的不平等。网络平台和用户都属于民法上的平等民事主体，但是，该平等仅仅是法律形式上的而不是实质意义上的。事实上，网络平台基于其经济地位、平台效应、技术模式和商业模式而实际上享有对平台内商业用户的优势地位，而商业用户往往对于大型网络平台具有一定的依赖性。强化网络平台对平台内商业用户的管理义务将会进一步强化平台权力，加剧网络平台与用户之间的不平等。

最后，一些网络平台有可能利用《个人信息保护法》第 58 条所规定的个人信息保护义务，加强其对平台数据的控制权，并削弱商业用户对于个人数据的控制权。当前，大量的个人数据实际上都是存储在各类网络平台上，并形成了一个个“数据孤岛”。如果要打通“数据孤岛”，实现数据层面的互联互通，就必须破除网络平台所设定的限制条件。然而，网络平台在坚持其限制个人数据流通的政策时经常提及的一个理由就是保护个人用户的个人信息的需要。

在《个人信息保护法》第 58 条出台之后，很多人在解读条款时，认为其创设了“数字守门人”制度。“数字守门人”的概念最初来自《欧盟数字市场法》。我国《个人信息保护法》第 58 条所规定的大型网络平台的个人信息保护特别义务和《欧盟数字市场法》中的数字守门人义务是一码事吗？我个人认为，两者不是一码事，我国《个人信息保护法》第 58 条并不是对《欧盟数字市场法》的借鉴，甚至两者的指向和精神都是相悖的。我国《个人信息保护法》第 58 条强化了大型网络平台对于平台内商业用户进行个人信息处理的控制权，加强了大型网络平台对于数据的控制权。而《欧盟数字市场法》恰好相反，其立法意图在于通过限制大型网络平台对数据的控制权，以此来增强平台用户的权利和自由选择，并进一步增强平台市场的竞争性。因此，我国《个人信息保护法》第 58 条所讲的平台义务和《欧盟数字市场法》里面的数字守门人义务有着方向性的差异。

从上述论述中可以发现一个问题，即如果我们认为网络平台有可能利用其优势地位侵害平台内商业用户的合法权益，那么，应当通过何种路径来限制平台权力，保护用户权利？这涉及应当如何认识平台权力的性质。“权力”一词通常用于公法上的公权力主体，而在私法中民事主体通常享有的是“权利”而不是“权力”。而网络平台作为商事企业，其通常并不是公权力主体，因此，“平台权力”的说法代表了一种隐喻。对于上述问题，理论上存在三种不同分析路径。第一条是私法的路径，主要是通过合同法，特别是关于格式条款的规则，来对网络平台的平台规则的合法性进行审查；第二条是公法的路径，即参照公权力主体来对网络平台制定、执行平台规则的行为进行审查和控制，例如，引入正当程序原则、比例原则等；第三条路径是一种折中方式，其对于网络平台“权力”行使的审查和控制力度，介于公法控制与私法控制之间。在我看来，第一条路径失之过宽，不足以保护用户的权益；第二条路径则过于严格，虽然我们认为网络平台和用户之间存在事实上的平等，但是，其还没有达到公权力主体的地位，若参照公权力来对其进行要求并不合适；我个人认为第三条道路更为合适，尽管目前可能尚缺乏成熟的经验或立法模式可以借鉴，但是，经验是可以不断积累的。

再来谈谈网络平台和个人用户之间的关系。

《个人信息保护法》并不是纯粹的公法或纯粹的私法，而是融合了公法规范与私法规范，《个人信息保护法》第 58 条具有公法规范的性质，违反该规范固然会产生公法上的后果，需要探讨的问题是，它是否会产生民事责任？当事人可否据此提起民事诉讼？我个人认为，可将该条款看作是以保护他人为目的的法律，违反此类条款可以产生民事诉权，受害人可以请求未履行法定义务的当事人对其所遭受的损害承担侵权责任，即个人用户作为个人信息主体可以请求未履行法定义务的大型网络平台承担侵权责任。除此以外，个人信息主体还可以直接援引《民法典》第 1195 条和第 1197 条作为请求网络平台承担侵权责任的请求权基础。我国《民法典》将侵权责任的保护对象规定为“民事权益”，而非限定于物权、知识产权等绝对权，从而将一部分“法益”亦涵盖在内，因此，“个人信息权益”亦应属于侵权法保护的范围。适用《民法典》第 1195 条的困难之处在于如何解释该条所规定的“必要措施”，其中有两点需要注意。

第一，个人信息权益和著作权等权利存在明显不同，判断是否构成侵犯个人信息权益更加困难。《民法典》第 1195 条通常被认为属于“避风港”条款，其源于 1988 年的《美国数字千年版权法》，最初主要适用于著作权保护领域。在认定是否构成侵犯著作权时，作为网络服务提供者的网络平台可以对平台上有争议的作品和受著作权保护作品进行对比，以此来认定是否构成侵权。个人信息权益则有所不同。我们的《民法典》并没有明确承认它是一项绝对权，很多法院在判定是否构成个人信息侵害的时候，往往采取基于个案进行利益权衡的方法。判断一项行为是否构成侵犯个人信息权益往往非常复杂，有可能会超出平台的判断能力。另外，个人信息处理，不仅包括对个人信息的收集、存储，还包括使用、加工、传输、公开、删除等行为，而平台上的商业用户在从事对个人信息的使用、传输、加工、公开等行为时，其有可能是在平台之外实施的，而在这种情况下很难对其行为的合法性进行查证。

第二，即使能够认定为构成侵权，在采取能够消除侵权状态的必要措施时亦存在困难。对于侵犯著作权、名誉权之类的信息，在认定其构成侵权后，网络平台可以在不借用他人力量的情况下，通过平台自身的技术架构和其所掌控的技术手段，采取删除、屏蔽或断开链接等措施，消除侵权状态。然而，对于个人信息保护而言，即使认定平台商业用户的个人信息处理行为违反了法律、行政法规，侵害了个人信息权益，如果该行为是由商业用户在平台之外实施的，如将违法处理的个人信息存储在该用户自己的服务器上而非平台之上，那么，网络平台很难通过技术手段将该违法处理的个人信息予以删除，对于违法使用、传输、加工、公开的个人信息处理行为亦难以进行校正。

总结以上论述，我个人对我国以网络平台为中介的治理模式有以下一些思考。长期以来，我国在网络信息内容治理领域形成了以网络平台为中介的治理模式，即政府管理平台、平台管理用户的模式，我国新近颁布的《个人信息保护法》将这种治理模式扩张适用于个人信息保护领域，此种扩张是否合适，值得进行反思。目前，绝大多数大型网络平台都是营利性企业，其有自身的商业追求，其能否像立法者设想的那样能够以个人信息保护为己任，恐怕也是需要认真考量的。退一步讲，即使我们认为网络平台可以充当个人信息保护的监管中介，那么，其权利、义务和法律责任亦需要进一步明确。

以上就是我同大家分享的一些思考，希望大家批评指正，谢谢大家。

耿林：感谢周学峰教授，数字经济也好、个人信息也好，其实很多都跟提供服务的平台相关。周学峰教授很好地抓住了现实生活当中个人信息保护最基本、最实在的一些问题，提出了自己的一些看法，很有意义。下面有请最后一位中文的主题发言人，清华大学法学院劳东燕教授。

劳东燕：在《个人信息保护法》于 2021 年 8 月通过之后，我们国家已经形成了比较完整的个人信息法律保护体系，这个法律保护体系当中既包括民事性法律，也包括行政性法律和《刑法》中的规定，《刑法》中的规定主要还是以侵犯公民个人信息罪为代表。今天我想探讨的是整个个人信息保护法律体系整体框架层面的问题，我觉得无论是部门法的研究，还是《刑法》当中关于侵犯公民个人信息罪的研究，都要立足基本的法律保护框架进行思考。接下来我主要分成四部分来讲。

第一部分关于个人信息保护和公共领域与私人领域之间界分的关系。《个人信息保护法》把立法目的界定为保护个人信息权益、规范个人信息处理活动、促进个人信息合理利用，这样的界定是从法律系统内部进行观察得出来的认知。与此同时，我们也需要从外部环境角度来观察。也就是说，网络化、数字化的社会客观上期待法律系统保护什么样的需求。我觉得有必要立足于外部社会环境的角度，来考察网络社会的到来究竟产生了什么样的客观需求，以至于社会要对法律提出个人信息保护方面的期待。

我们知道，现代社会对于公共领域和私人领域的界分，主要根据社会契约论的逻辑。没有委托给主权者行使，专门保留给个人自主处理的领域就是属于私人领域，这种意义上的私人领域从制度和秩序安排的角度来看，主要就是为了制约政治权力的不当干预。社会的崛起是 19 世纪后半期以后才出现的现象。我们会发现，随着社会的崛起，私人领域的存在主要被用来对抗社会对个人的支配和压制。20 世纪中叶以来，由于认识到社会对于个人的压制面向，个人经常会面临服从的巨大压力，所以私人领域的存在对于反抗社会性的压制得到更多的关注。

在网络和数据技术获得发展以前，人们一直享有比较高的隐私保护水平，这个是由客观的实际状况所决定，而不是由法律决定的。想要维持公共领域和私人领域之间的界分，只要确保两者在物理上能够实现分离就可以，由于私人空间和公共空间之间在事实上存在有形的边界，这使法律只需要辅助性地发挥作用就可以。

为此，之前的法律体系主要采取了这样的策略：一是二元分立的策略，就是只保护私人空间的隐私，法律对于公共空间当中的隐私不提供任何保护，因为公共空间被认为没有隐私可言；二是对私人空间实行自治，依靠知情同意机制，让个人自主决定和负责私域内相关信息的发布和相关事项的处理；三是通过明确赋权的机制，承认个人对于涉及自己的身体、人格、住宅与财产享有支配，同时他人承担不得施加侵害的消极义务。这是我想讲的第一部分。

第二部分，关于个人信息法律保护体系的基本目标。网络与数字技术的发展全方位地重构了现有的社会领域。物理界线的崩溃导致对私域自主的天然屏障不再存在。私人领域自主的保护如何可能成为非常凸显的问题。既然没有办法再依赖物理性屏障提供保护，如何借助法律手段来重构私人领域保护的屏障，就会成为网络时代的重大命题。

在网络和数字技术推广之前，所谓的公共空间，本身就与特定的地点或领地结合在一起。公共空间的这种物理场所特性，使公共领域和私人领域之间的分界比较容易，也相对比较清晰。但是随着网络社会的到来，这样的物理性界线迅速被不断发展的网络和数据技术所摧垮。当互联网成为生活和工作的重心，随时随地的互联以及总是处在线上的状态，意味着所做的一切其实在数字世界都会留下踪迹，这就给隐私保护带来致命的打击。

公共领域和私人领域的物理分离状态，因为网络和数据技术的发展而变得不可能，那就只能想方设法去探索新的分界线，通过法律来捍卫这样的分界。个体的匿名化在社会秩序的安排当中获得了前所未有的重要性，借助于匿名化的保障，拟制性地隔离出一个想象的空间出来，个人保有自主支配的私人领域得以成为可能。匿名性是作为公共领域和私人领域之间的新的分界线而存在。按照这样的分界线，公共领域和私人领域不再指向相互分离的物理空间，而是指向想象的空间。由于匿名性并不指向现实的物理空间，法律体系对于隐私的保护也难以采取之前分而治之的思路，也就是只保护私人物理空间当中的隐私，而对公共物理空间中的隐私不予保护。由于监控无处不在，无时不在，公共物理空间中同样会涉及隐私保护问题，私密性概念和此前以物理性分离为基础的私人领域概念具有内在关联，与匿名性相对应的不是私密性而是可识别性，这有助于说明为什么当前各国对个人信息的保护并没有采取私密性标准，而采取的是可识别性标准。因此，我国个人信息法律保护体系基本目标应当界定为通过保障个体的匿名性存在，确保私人领域和公共领域之间的界分成为可能。

第三部分，在前述基础上反思个人信息保护机制中法律归责机制存在的问题。有关个人信息法律保护体系需要处理的核心命题是，在一个日益透明的世界保障私人领域的自主如何成为可能。在确定基本目标后，随之而来的问题就是为了实现前面的基本目标，法律上需要一种什么样的风险分配和归责机制。

如果从这个角度来看我们现行的法律归责机制的话，这种法律归责机制是不合理的，因为它把线下社会所发展起来的规制方式照搬套用到线上社会，正是这样的归责机制客观上可能会使恃强凌弱的丛林规则在社会中流行，导致多数普通个人处于劣势，对社会结构中占据支配地位的政府和科技企业没有较强的防守之力。在此需要对现行法律归责机制的特点展开分析，这样的归责机制其实需要进行一定的修改。

第一个特点是现行法律的因果关联和归责标准还较为落后，遇到复杂的因果性现象有时会束手无策，难以让政府部门与科技企业为它们的行为和后果负责。

第二个特点是现行法律以知情同意作为归责机制的核心基础，个人信息的被收集和处理主要交给个人的同意决定，而数据处理者除了征得同意的义务外，在个人私人领域的保障上不承担任何的积极义务，这导致对于个人信息的保护义务几乎完全落在个人身上。

第三个特点是现行法律在进行利益衡量的时候持中立主义的立场，把个人隐私与涉及到其他私权的权利单纯当作一种利益，致使个人的私人领域当中的权利很容易被其他利益所超越。

第四个特点是现行法律对个人信息问题的规制重心放在收集环节，对于后续的使用环节放任不管，客观上纵容数据处理者放肆地使用个人信息，并把相应的风险转嫁到个人身上，加剧了风险分配方面的不公平。

在此基础上，如果我们反思现有的法律归责机制，一方面让无辜而缺乏预防能力的个人负担主要的保护义务，另一方面又让真正制造风险的主体逃避责任的承担，这样的归责机制既不公平也缺乏有效性。通过保障个体的匿名性，确保私人领域和公共领域之间的界分成为可能，在法律归责机制的构建上应当遵循三个理念。

第一个理念是要在认识到私人领域对于制约公权力和对抗社会性压制所具有的重大意义基础上，考虑法律层面风险分配和归责机制的构建，要把归责机制的构建和私人领域自主的维护，提升到重新构建合理的政治和社会秩序高度。

第二个理念是对风险的公平合理分配必须要把决策者和风险制造者纳入归责主体范围，让他们来承担一定的风险责任，同时需要进一步在效益分配、预防能力之间保持比例关系，在归责机制的构建上需要考虑如下因素：其一，相应风险基于谁的决策而产生，是由谁制造或者参与了对于风险的制造；其二，效益分配比例的大小，谁从中获得最大的收益，谁就应该对风险和后果成比例地负起责任；其三，预防能力的高低，也就是对风险的预防能力越高者,越需要对风险及其后果负起责任;其四,政策效果的考虑,风险由谁承担最能起到预防效果,谁就可能需要对于风险及其后果进行负责。

第三个理念是应当遵循对于个人私人领域和个人信息相关的生活利益进行分类,对于和人性尊严密切相关的重要利益进行积极的赋权,并确保这样的权利不被相对化,不随意被利益衡量中的其他利益所超越。可行的做法就是对个人信息予以分类,把属于敏感信息的个人信息进行赋权,作为基本权利来对待,以此对抗公权力的滥用和来自社会领域的压制。

第四部分,个人信息保护归责机制转型应当实现三大转变:其一,个人信息保护的主要义务人应当实现从信息主体个人到数据处理者的转变,让数据处理者成为主要义务人,既合乎公平性要求,也合乎预防层面有效性要求。其二,应当从主要依靠知情同意机制,转变到主要依靠对数据处理者合规的转变上,法律层面关注的重心应当转而放在如何合理设定数据处理者的法律义务,以及如何实施合规上。知情同意的获得当然还有一定的法律意义,但是它只构成数据处理者众多的合规义务之一。其三,应当从注重收集获取环节的规制到收集和使用环节并重的转变,一旦数据被加以收集,个人就会丧失对其个人信息的控制,包括被谁使用以及数据如何使用,在个人数据二次利用无法避免的情况下,对滥用信息的各种行为进行惩治尤其必要。我认为应该在此基础上对部门法中相关问题展开思考,包括《刑法》当中侵犯公民个人信息罪的法益和构成要件如何解释的问题。

耿林:感谢劳东燕教授。虽然我们主题的学者们大部分是从事民法研究的,但是劳老师是刑法专业的。今天从她的演讲中,我们也可以看出,她讲的并不是简单的刑法问题,而是从公私界分角度、规则构建角度、价值取向角度谈她对个人信息保护的认识。还有最后一位主题报告人,这位报告人是奥地利维也纳大学的 Christiane Wendehorst 教授。

Christiane Wendehorst:我们希望能够站在强有力维护公民权利的角度,来思考人工智能的技术责任问题,思考使用人工智能时是否会产生危害。我这里希望就欧盟的一些最新的进展给大家做一个简单的介绍。我们目前面对着的是从 2022 年 9 月以来一直在持续讨论的两项新的立法建议,一项是关于《产品责任指令》(Product Liability Directive,PLD)的修改提案,另一项则关于人工智能责任指令的提案(《人工智能责任指令》,AI Liability Directive,AILD)。

这里我首先从缺陷产品责任的指令提案开始。该指令的老版本是1985年的《产品责任指令》(PLD),该版本存在以下主要问题:第一,并未将人工智能驱动的产品和软件纳入其应用范畴;第二,对有缺陷的软件更新、机器学习算法、数字服务等负有责任的个人或实体方面没有提供明确的说明;第三,没有给难以证明缺陷和损害存在因果关系的受害者提供足够的救济;第四,没有包括数据损害等新型损害形式;第五,没有涉及经济运营商的相关规制。这些缺陷的存在迫切要求修订产品责任制度。

我想特别提及欧洲法律研究所2021年的创新文件中所提到的两项倡议,通过比较新旧两个版本的立法,我们发现,在新版本当中包括了非常完整的产品责任的指令修订草案,其中就明确地将软件纳入了应用范畴。我们还看到软件及服务被包括在内,同时也包括两种类型的伤害,即对于数据的损失和心理损害,但该法案选择将商业财产损害排除在外,这是一个非常值得争论的问题。

另外,立法中一个非常重要的创新部分是关于证据披露规则,即索赔人在某些条件下可以要求被告披露证据,如果被告选择不披露证据或者无法提交证据,可能需要承担推定产品有缺陷的不利后果。之所以确立这样的规则,是希望索赔人在无法获取数字产品关键信息的情况下,能够获得举证的便利,以便进行实质意义上的索赔,而这在过去的规则中往往难以实现。这实际上就是关于产品责任指令的核心内容。

下面我们简单讲一下人工智能责任方面的建议书,这个方面相对来说更具有争议性,因为它被认为是对于责任挑战的一种回应。在人工智能挑战方面,很多学者认为基于人工智能的自主性、透明性和复杂性的特征,有必要规划新的责任法案。欧盟委员会早在2018年就成立了责任和新技术专家组,并在2019年作了一份报告,而我本身也是当时的报告作者之一。

委员会迈出了新的一步,即与《人工智能法案》进行了衔接和结合。《人工智能法案》提案是针对如人工智能专业用户或者授权代表的专业用户提出的,是一部典型的产品安全法,其中介绍了人工智能提供者或者生产者等责任各方需要承担的特殊义务。它对于人工智能系统根据风险程度进行划分级别,比如公共机构使用的人工智能系统,如医疗设备或者招聘软件等,这些相对来说都是属于比较高风险的软件,而人工智能是被归类为高风险的类别,因此也需要适用高风险类别的法案。

在我们真正进行委员会专家组讨论之前,欧盟议会已经在2020年提出了一项关于人工智能责任的法规,其中包含了高风险人工智能系统须承担严格责任的规定,并对高风险责任中的责任概念进行了界定,这其实就是欧盟议会的最初提案。但是议会提案并没有按照我们刚才讲的风险级别方式进行划分,界定比较模糊,也没有提及高风险系统,但却提到了未来的《人工智能法案》。

在该法案中,所有其他人工智能系统故障责任都得到了加强,同时关于证据披露和举证责任方面的规则也比较复杂,这里主要是有两项条款,一个是第3条,另外一个是第4条,第4条是属于信用推定联系方面的,第3条属于证据披露方面。这两条本身就比较复杂和艰涩的,而且对于被告来讲,其中也会有一条规则是关于过错责任的,即他们仍然属于比较传统的过错责任,并不属于议会所设想的这种严格的责任制度。

举证披露规则方面有三个主要选项,对于索赔人来说,可以自身举证,或者在第3条规定下要求被告披露证据进行举证,又或者在第3条的基础上重新考虑第3条和第4条之间的互相联系。我知道这其实是一个比较复杂的过程,甚至太过于复杂了。第3条实际上只针对人工智能方面,尤其伴有特殊规则的人工智能系统,而第4条则是针对任何类型的人工智能系统。对于不同的被告所适用的规则不同,我们简单一看就知道它是非常复杂的。

我再总结一下,1985年就提出的PLD,经历这么长时间的发展,如果用一个比喻来形容的话,人工智能只是我们冰山一角的问题。因此,我们2020年所提出的PLD修改应当被视为非常积极的信号,这也意味着我们将会有更多的设计和思考更加完善的立法。

除此之外,我们还有目前在人工智能安全性上的讨论,长期的技术讨论上并没有得到比较公认的结果,但是我们目前也有一些积极的信号显示表明AILD会进行联合和统一。欧盟的指令也可能会意味着未来需要进行更多的修正,不管是在PLD或是在人工智能方面。我们现在最需要的是法治治理,即对于使用AI的人,以及对AI成果也要进行同样程度上的规则,目前这个方面是缺失的,因此我们还需要进行更多的立法。

我就讲到这里,接下来有提问的话我非常愿意回答大家的问题,谢谢。

耿林:非常感谢您的报告。Christiane Wendehorst教授向我们介绍了欧洲的人工智能方面的安全责任问题。欧洲在数据信息方面的规范一直走在前面,大家熟知的 GDPR 是我们学习和研究的重要文件,现在又在产品责任的指令基础上进一步探讨制定人工智能方面的责任规范。他们这些有益的讨论对我们眼下所关注的智能驾驶等人工智能领域法律规范的完善一定会有很大帮助,感谢！下面请两位与谈环节评议人发表见解,第一位是来自南京大学的叶金强教授。

叶金强:刚才听了几位老师的精彩报告非常有启发,下面就我刚才听到的、想到的给大家做个简短的分享。

首先是梅夏英教授做的报告数字化思维方面的,我在想数字化思维怎么把握？是不是该更多地倾向于强调它的公共性、流动性等,是不是强调数字经济本身或者数字社会本身的特质,类似于我们对物理世界的认识特征。如果不是的话,是不是我们要倒向公共性安排或者更多地考虑公共利益的维护,压缩个人的空间？从这个角度来讲,可能对数字经济的法律规制有一个应对因素,类似于我们所讲的事物本质,我们需要服从物理世界的一些特征,充分了解物理世界特征之后才能很好地建构规则。

第二位姚佳教授所作的报告谈了公私法的问题,其展示的"鱼骨图"(见图 1),非常好地展现了个人信息保护领域公私融合的现实。公私法协同论这两年是个热点,对传统的公法和私法划分带来了很大的挑战,但现在我想有一个基本问题,是我们有新法律覆盖它们,还是既有法律之内同时思考另外一个法律的规范和效果。比如民法制定的时候如何实现所谓公法、私法的跨法律的思考,包括侵权法当中侵权效果是不是要考虑构成犯罪之后可能的刑事责任承担。跨部门法的思维非常重要,但如何实现则需要进一步思考,比如说具体在既有公法和私法当中,规则和效果如何相互影响。这点来讲,像在《个人信息保护法》单行法模式下更好处理,立法者是在一次性通过单行法解决这个领域内的调整问题,这时候同时在制定公法规范和私法规范,相互的协调或者融合更容易达成。当然也存在一个问题就是,传统在私法手段和私法工具、公法手段和公法工具之外,能不能发展出一个新东西来应对这种变化和需求。

第三位周学峰老师讨论的平台权力问题,他想主张第三条道路,其实第三条道路也存在同一个问题,就是有没有一个跨越公私法的调整手段和调整工具。有关平台责任问题,周学峰老师似乎有些疑问,我的感觉是《个人信息保护法》第 58 条可以成为平台民事责任的规范基础,是有解释空间的。

第四位劳东燕教授作的报告,这个报告非常具有冲击力,她从非常基本的层面进行思考,包括传统社会和数字社会物理上的差异,我个人也是倾向于认为目前的变化更多的是物理属性的变化,我们的社会在价值层面并没有根本性的改变。我们既有的价值如何在新的物理世界当中实现,劳东燕教授做了很多思考,包括匿名性存在的问题。我倾向认为也许可以从匿名性安排作为一个原点出发,在什么样的情况下不得不让他显名,在没有正当理由让他显名的情况下,要维持他的匿名性,维持人基本独处的需求,维持内心的安宁。劳老师也提到了三个理念、三个转变,我非常赞同。三个理念中的第一个理念,私人领域确实在传统社会包括近现代社会里面发挥着非常重大的功能,对于公共领域和国家权力形成一种对抗。其中,私人领域和公共领域关系的更原初状态是,私人领域本身的价值使得私人领域得以存在,公共领域本来建立就为了服务私人领域,因此逻辑上本身就可以允许有新的视角或者新的考量。

最后是 Christiane Wendehorst 教授所作的报告给我们提供了一些关于 2022 年 9 月欧盟立法动态的消息。人工智能责任这方面国内有很多讨论,南京大学曾经有关于自动驾驶汽车的专门讨论会,发出的大量文章是有关自动驾驶汽车这方面的。Christiane Wendehorst 教授的报告表明欧盟现在基本上采取的是产品责任法路径,这和我们之前的认识基本一致。此前我们国内有过人工智能是不是主体的讨论,但是现阶段我们更多地从产品责任角度出发进行讨论。这对中国法律具有一定意义,可以引发我们对产品责任法应当如何跟进,如何反映数字时代,尤其是人工智能产品出现之后,对产品责任法如何进行调整等问题的思考。因为她讲了两个指令,缺陷产品指令和人工智能指令,第二个指令仍然是在产品责任范围内进行讨论的,但还是有一些新的内容。

耿林:与谈环节最后隆重请出中国人民大学法学院的朱虎教授,请他发表一下自己的高见。

朱虎:非常感谢清华大学法学院的邀请,也非常感谢主持人和发言人的精彩发言和评议人的精彩评议。我想从三个角度谈一下我个人学习报告和评议之后的体会。

个人信息保护之所以成为问题,一方面是因为信息技术的发展,另一方面则是因为其中蕴含着个人信息保护和数据流动共享、个人尊严和科技发展之间的矛盾。对此,梅夏英教授、Christiane Wendehorst 教授的报告均有提及。事实上,上述矛盾可以还原为基本价值之间的矛盾,那就是个人的自由和安全与整体的自由、效率和发展,这两对基本价值的矛盾是人类社会永恒的价值矛盾。当然,既然是永恒的矛盾,就意味着没有一个适用于所有时间和空间的最优解,只能是此时此地的动态协调。美国和欧盟之间对于刚才所提到过的个人信息保护和数据流动之间的制度规则差异,就可以理解为不同地域的信息数据产业的国际影响差异,毕竟数据无国界,但是数据产业有国家。就此,个人信息保护和数据流动之间的矛盾协调在规则上可以体现为多个层面,目前当然很多观点是着眼于个人信息保护的定性,究竟是权利还是利益,所隐含的观点一般是权利意味着保护程度更高,利益就意味着保护程度要弱一些,与其他价值之间的协调要强一些。但是这些并非都是必然的,性质仅仅是解决具体问题的具体规则的一种凝聚,更为重要的是具体规则的构建。就具体规则来说,以下几个方面需要重点关注。

第一,为了协调价值矛盾,应当在规则构建的过程中进行必要的类型区分。首先是"处理主体"的区分,要区分商业处理者和政府处理者。其次是"客体类型"的区分,比如公共数据和非公共数据的区分,匿名信息和非匿名信息的区分,敏感信息和一般信息的区分。再次是"行为方式"的区分,这个区分涉及信息处理究竟是采取自动处理方式还是非自动处理方式。最后是"处理阶段"的区分,要区分信息处理的收集、存储、使用、流转等不同阶段。个人信息保护和数据流动以及数据产业发展之间的矛盾处理,是一种更为场景化的处理方式,这是我想说的第一点。

第二,信息技术的发展给人类带来利益的同时,也会带来巨大的大规模风险。正如德国社会学家乌尔里希·贝克提到过的那样,当代的风险已经超越民族国家、超越经济意义上的阶级。如果大规模的风险涉及现在经常所提到的整体安全观,这必然是立法、司法、执法这些国家机关以及社团、个人所要共同处理的一个问题,是法律和其他行业标准、技术标准等软法所要同时处理的问题。法律中公法和私法的截然两分也由此受到了挑战,《个人信息保护法》必然是公私兼备的领域性法律,对此姚佳教授给我们做了非常好的揭示,当然宪法上在这个方面也会提出"数字人权"的问题。就姚佳教授的报告来说,可以看出,针对信息产业的发展所带来的风险预防和控制,私法手段是必要的,也是有限的,因为私法手段一方面鼓励私人参与治理,另一方面由于私法手段的成本较高、效率较低、预防效能不足,所以存在有限性。由于这种私法手段的力量,所以其在整体治理之中不可或缺;恰恰是由于私法手段的限度,所以需要增强法秩序的整体性、协同性,也就是姚佳教授所提到的公私协同。

当然如果我们进一步延伸,现在的风险已经并不是工业革命的风险,而是一种当代的风险,这种风险就意味着我们始终生活在文明和科技发展带来的"火山"之上,所以从风险的预防、风险现实化的后果分配角度来思考法律就非常重要。劳东燕教授所提到的从风险的角度思考归责的问题,从风险的决策、制造、受益和预防主体等角度考虑责任主体的问题,从风险的控制能力思考责任的程度高低问题,这些观点都是我极为赞同的,这是我想说的第二点。

第三,与上一点相关,在19世纪工业革命时期,刚才劳东燕教授所提到的,由于权力来源的集中和物理属性的限制等原因,维护公共领域和私人领域的区分较为容易。但是在信息革命时代,信息技术的发展使得这种物理性界分不太可能,所以要寻找其他界分方式,最为重要的就是法律方面的界分。同时,技术带来权力,权力的来源不仅仅是政治权力而是更为多元化的权力,例如刚才周学峰教授所提到的平台权力,这些平台、大型科技企业凭借其技术垄断地位和市场垄断地位享有社会性权力,甚至在政治、经济、科学等各种权力之间会相互结盟,形成一种集体不负责。所以在当代社会中对于个体的压制可能就会更大、更隐蔽甚至更为全景化,这个时候我个人的想法是,要超越在工业革命所带来的法律分析范式,即国家—社会—个人—共同体、公共领域—私人领域的截然对立,而是认为,所有对立的两面都是相互构成、互为形成前提的。但是我特别想强调的是,超越上述简单的截然对立,并不意味着反对上述对立所想要维护的自主、尊严、自我发展这些价值。恰恰相反,这些价值在信息时代更为重要,之所以超越这种对立也是为了更好地维护上述的价值,这点上无论是从五位报告人哪位角度都可以清楚地看出。

耿林:特别感谢每一位主题报告人,还有两位与谈人那么认真地给我们准备报告,把自己在这个领域做的深入研究言简意赅地在这么紧张的时间里和我们做了交流。感谢各位对世界法治论坛的支持,对清华大学法学院的支持,期待以后有机会再请大家一起继续交流,谢谢!

第三单元 隐私、信息与数据的公私法规制

汪洋：尊敬的各位老师，大家下午好！下面进入到平行论坛二的第三单元。首先感谢各位老师能够拨冗出席参加清华大学法学院主办的世界法治论坛。我看了论坛参会的各位老师以及与谈老师的发言题目，都是在个人信息保护和数字经济发展领域国内最权威的，以及研究最深入的一些学者。而且我注意到论坛的发言人和与谈人都来自不同的学科，希望这次对于隐私信息和数据的公私法规制探讨能够达到非常深入的水平。

首先有请第一位发言人，中国人民大学未来法治研究院副院长丁晓东教授。众所周知，丁晓东教授现在是国内研究个人信息领域高产高智的代表性学者。今天丁晓东教授带来的发言题目是“个人信息公私法融合保护的误解与澄清”，之前我也有幸学习过丁晓东教授的大作，今天特别期待您带来的报告。

丁晓东：个人信息保护公私法虽然是一个领域法，但是涉及方方面面法律，既涉及公法、私法也涉及法理。今天我将通过一些不同的方面和侧面，和大家报告通过个人信息保护领域法公法和私法都在介入的领域，如何看公私法融合问题。

我们先提出一个最核心的老生常谈问题，《个人信息保护法》到底是公法还是私法？该问题在过去几年当中受到了较大关注。目前有一个可接受的结论，它既包含公法层面也有私法层面的内容，但能否据此得出《个人信息保护法》就是公法和私法的叠加？今天我想重点谈的问题是，《个人信息保护法》很可能不是公法与私法叠加的关系，而是融合的关系。在此意义上说，公法和私法的二元划分的方式本身可以做一个反思。

报告将从不同角度分成七个方面对《个人信息保护法》进行解释，为什

么说它是公私法融合,以及它的融合与传统的叠加有什么不同。这七个方面分别是:法律渊源、调整关系、保护群体、保护法益、告知同意、损害救济和监管制度。

第一,法律渊源。这是一个很复杂的问题。当一部法律说它是宪法渊源或者民事法渊源,既来自宪法同时又和《民法典》里面的很多条款,特别是人格权条款密切相连,该如何理解它?在此,存在一些比较法上的思路可供借鉴。在欧盟,该种融合法律可以视为公法的私法化,它的法律渊源是一种宪法的基本权利在第三领域通过私人效益在私人领域的应用,它具有比较显著的公法渊源。在美国,它与市场调整法一样,其私法渊源更为明显。我把它概括成上述两种模式,在欧盟是公法私法化,在美国是私法公法化。这样的特征反映在我们国家的法律中更加复杂,我们国家的《个人信息保护法》在文本上来说,特别是在实际法上来说更贴近欧盟的"公法的私法化",也是将其理解为作为基本权利在私人领域的应用。但我国《个人信息保护法》实质上与美国的实践也有一些相似性,会比较偏重市场当中调整权利义务关系,主要针对对象也是来自互联网企业等个人信息保护。从这方面来说,它的公法私法化呈现出非常复杂的特征。还有一点历来是公法和私法交融方面的难点问题,当某部法律同时成为一种公法和私法法律框架,它什么时候是公法什么时候是私法?该问题较为复杂,由于时间的限制在此不展开论述。

第二,调整关系。从调整关系上来说,可以发现《个人信息保护法》与传统公法存在不同。传统上,公法被认为调整的是公民个人和国家的纵向关系,私法则被认为调整的是民事主体或商事主体之间的横向关系。但在《个人信息保护法》里面调整的其实是处理关系,一方面,可能是比较偏重具有一定民事特征的主体,在这方面来说即使是国家机关处理个人信息,它和传统上的公法也不一样。国家处理的个人信息并不一定都以个人信息为由受保护,可能会以隐私为由受保护。另一方面,受《个人信息保护法》调整的关系和私法的也是不同的,因为它是不平等关系。我个人也是把它归纳成和消费者保护、劳动者保护更进一步的权利。公私法融合在调整关系上非常显著。

第三,保护群体。《个人信息保护法》是保护个体还是保护群体?有关《个人信息保护法》的这个话题在过去许多年中一直饱受争议。《个人信息保护法》当然既保护个体也保护集体，因为个人信息具有双重属性，既和个人权益相关，也有公共流通属性。

第四，保护法益。它和保护群体有一定的相似性但是又不尽相同。因为保护个人利益可能也是保护公益，比如保护公民个体的投票权；有时候保护公益可能是为了保护私益。在个人信息保护领域中，大量的文献集中讨论了公益和私益保护，既包括了个人自主意义，同时也包括参与公共生活、民主自治、保护社会信任、社会不平等、社会分配等一系列的问题。

第五，告知同意制度。告知同意从传统上来说具备一些民法上合同的特征，在《个人信息保护法》立法时，立法者也一度认为告知同意制度包含意思表示。但二审稿中很快将该观点修改了过来。其中有一个重要原因，即告知同意与合同存在较大的区别。告知同意是个体的许可，而且它的整个运作机制很大程度上要依赖执法，而且很多时候可能会充当企业内部的合规治理章程，充当社会的信誉机制抓手，所以它和传统的合同机制并不太一样。相较而言，合同一般会被认为是当事人之间的意思表示，而意思表示在告知同意制度里面是非常不同的。

第六，损害救济。在《个人信息保护法》中既具有公益的救济渠道，又有私益的。而且更为重要的是，许多保护机制看似为保护私益，但实际是保护公益的。例如，个人提起救济的权利，假如我发现哪个企业没有隐私政策，这时候对其提起诉讼虽然看起来是私益的，但其实该行为类似于一种执法举报。其他的公益诉讼无须多言，公法和私法的融合特征特别明显。

第七，监管制度。《个人信息保护法》中的监管既包括公权力的监管又包括私人企业的自我监管，而且这两种监管方式很多时候融合在一起。很大程度上，监管已经从行政命令式的监管变成了合作治理监管。

反思与澄清个人信息的公私法融合保护到底可以给我们提供哪些启示？首先，公私法融合保护的研究和国际前沿研究有一定呼应，今年有很多学者提出合同侵权本身可能就是一种带有公法制度的制度。比如前述提到的隐私政策，告知同意和合同法。现在有一些研究指出合同法到底是写给谁看的？传统上认为是写给当事人看的，其实未必，可能最主要的读者是社会和政府、企业内部。合同的救济方式中包含许多公法因素。侵权法也一样，例如卡拉布雷西（Guido Calabresi），还有沙克（Catherine Sharkey），许多学者提出侵权法在现代社会中承担越来越多的规制功能。其次，行政监管以往会被认为是公法制度，但越来越多人认为其是宪法权利在私法领域的应用。以及在行政监管制度上来说，很大程度上不是依靠公权力进行执法，而是依靠企业的自治进行。在这样的背景下，公私法融合本身就说明了部门法不是二元完全界限清晰的，可能仅具有类型学上的划分必要性；另外部门法本身就是人为建构和拟制的制度，可以对它进行重新反思。

汪洋：谢谢丁晓东教授！丁晓东教授在多个层面上向我们呈现了个人信息保护如何体现公私法融合特征，包括像刚刚讲到的法律渊源、调整关系、保护群体、保护法益等。我特别赞同个人信息领域中，传统合同法层面的告知同意规则基本上已经被架空了。这个时候如何进行处理，包括对损害救济方面需要面对的大规模微型不确定的伤害怎么处理，监管层面政府监管和自我规制之间到底如何分工等。最后丁晓东教授的结论我特别赞同，公私法融合不等同于公法和私法的叠加，这可能也涉及今天在法学大专业下的二级学科人为的割裂，使得我们的研究有一种割裂感。这点上公私法融合不仅有利于深化对《个人信息保护法》的研究——就像丁晓东老师刚才讲的，也为传统公法和私法二元划分提供新的反思，非常感谢丁晓东教授。

接下来有请清华大学吴伟光老师。很多年前有一次清华大学教师中午盒饭沙龙，吴伟光老师给我们做了一个关于数据和代码的沙龙，这可能是我第一次真正意识到数字代码在我们法律角度的重要性。从那之后我感觉法学界对数据的研究开始进入到非常蓬勃的状态中。今天，吴伟光老师给我们带来的主题是涉及隐私的，他也专门写过相关的大作。期待吴伟光老师给我们带来的精彩报告。

吴伟光：谈到隐私话题时，首先我们要达成几个共识，隐私到底是个什么东西，隐私被讨论了很多年，但隐私是什么？由于时间有限，本次报告我仅讨论结论。

第一，隐私是个独占信息利益，我们对隐私感兴趣是因为我们对信息里边的信息利益感兴趣，这是第一个结论。

第二，当我们人和人之间竞争的时候特别关注隐私，当我们人和人之间合作的时候，相互之间就要共享信息，隐私的保护和关切就比较弱。

第三，人类整个社会发展过程应该是不断地扩大自己的组织规模性的过程，也就意味着整个社会的进步应该是不断地放弃自己的隐私，尽量和更多人尤其是陌生人进行大规模合作的过程。如果我们接受这三个前提,我们在讨论网络时代政策问题时就有了判断的大致起点。

整个人类进步的过程是不断地扩大组织规模和组织效率的过程,也就是需要人和人之间不断信息共享的过程,是事实性隐私减弱的过程。比如家庭是个高度合作的社会,家庭内部对隐私的关切比较弱。在完全合作和互信的社会中,隐私是没有意义的。在生活的体验中可以发现整个社会发展的过程应该是减弱隐私冲突的过程,这是第一个前提。这点我们可能受到了现代西方理论的误导,现代西方理论把隐私当成绝对的人权,必须要保护,总是假想外部有个敌人要伤害个人的隐私,这个敌人就是政府等。西方社会总存在一种"受害人心理",这与西方人历史上的隐私缺失有关系。

为什么中国和西方对隐私会有不同的感觉?中西方的起点不同,西方现代化的前提是"黑暗中世纪",中世纪是一个"高度紧密型的社会组织"。有一个强大的教会,一部法律,每个人要么是基督徒要么是异教徒。在教会组织里,西方人的自由和隐私受到了极大限缩,在西方社会,家庭被教会穿透,每个人都要向教会坦白自己的一切,要忏悔和祈祷,这是西方社会的事实。但是大致同一时期的中国社会跟西方恰恰相反,中国古代社会是一种高度自治的"松散型的社会组织",皇帝是不管老百姓的,所谓"皇权不下县"。家庭把人组织起来,但是家族之间根本不来往,鸡犬之声相闻,老死不相往来。所以事实上中国古代民众的隐私是受到极大保护的,家庭把我们的隐私保护起来了,因此中国人在古代社会不缺乏隐私,没有强迫地泄露隐私的所谓忏悔或者祈祷的要求,女孩子还有闺房来保护隐私。这是两个完全不同起点的社会,近代西方社会是从失去自由、失去隐私的高度组织型社会向现代国家转变的过程,而中国则是从松散型的、以家庭为单位的社会向现代社会转变的过程。

我们可以看到中西方的隐私保护发展路径是不一样的。西方社会的主流政治话语是争取个人权利,争取自由,争取隐私,就是从当时的罗马教会中争取。当个人获得的隐私、自由和个人权利的时候,又将隐私和个人权利交给了谁?大家都知道,他交给了企业。企业代替了教会成了新的组织形式,产生了现代国家。其他的法治、私权利、民主都是为企业家服务的。在西方,个人隐私就是这样的转移过程,西方人经常是把隐私、自由和个人权利放在口头的,那是因为背后有强大的、一千多年的组织确实在剥夺他们这些东西。

但是中国不一样,近现代的中国大变革是要把人从家庭中解放出来,依靠强大的革命力量把个人从家庭中解放出来形成更大的合作组织即企业。这跟西方的路径相比是完全不一样的。

从梁漱溟先生的图(见图2)中可以看到,西方团体原来指的是教会,现在是企业。原来的基督徒现在变成了雇员,可以看到家庭的力量是很弱的,而且箭头是实箭头,说明当时的教会、企业都可以穿透家庭。在西方社会中,家庭已经被企业冲击得七零八落了,正常的家庭几乎没有多少了。但中国社会不是这样的,中国社会中团体很小,个人也很小,家庭非常庞大,而且其中的虚线表明家庭是庞大的"保护伞"。这就是两个社会不同的结局,西方社会是用教会和教会法把人标准化后大规模集体组织起来,因此近现代西方国家像企业代替教会成为社会基本组织的过程难度比较低;而中国社会则同时要干两件事,一件事是先把家庭打破,即反封建,另一件事是同时将人大规模地组织起来,因此从隐私角度来看,是打破家庭对个人隐私的保护,将个人交给集体组织的过程。

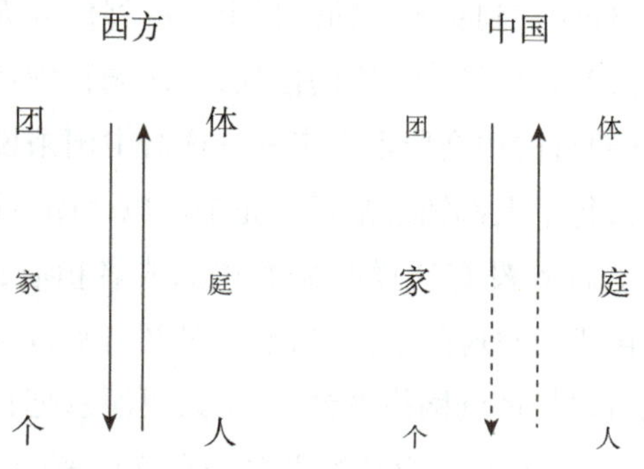

图2　中国和西方对照

近现代西方社会从中世纪向现代国家转变的过程是个人争自由、争隐私、争个人权利的过程,是把人从教会中向企业转移的过程。而中国则是把人从家庭中解放出来,形成更大规模的集体组织的过程,是向集体组织交出自由、隐私的过程,这样才能跟陌生人合作。中西方的两个路径几乎是相反的,所以当西方人的自由、隐私、自治这样的概念用在中国人身上的时候就特别不适应,中国人不知道他在说什么,因为双方的历史起点是完全不同的。

在这样的情况下我们可以看到，中国和西方在隐私发展路径上方向几乎是不同的。历史上，西方社会是事实性隐私很少，所以法律上需要保护和救济，对隐私权要求特别高。历史上的中国社会是事实性隐私很多，没有隐私缺失的需求，对于隐私权的诉求上也比较弱。中国公民也有这样的特征，表面上我们好像很在乎隐私，但只要有一点点小的利益马上就会把隐私交出去，因为历史上没有隐私被剥夺后所产生的强烈的受害心理。在这种情况下中国社会和西方社会就有不同的隐私价值观，中国社会依靠公民对政府和企业的信任感，形成庞大的社会组织，就是今天的网络社会，网络社会可以形成比企业和国家更加庞大的可信任组织。这是中国社会很大的优点，中国人对隐私的出让没有特别大的阻碍、抵触和关切。而西方人由于历史上有阴影，所以在这个方面有比较大的抵触，更加强调个人的隐私和权利。

现在我们的任务是什么？中国老百姓对中国政府比较信任，这是历史学传承过来的，中国政府应该保护老百姓的信任感，把信任感传递给平台组织，政府需要对平台组织有比较强大的规范。当这种规范形成的时候，老百姓会把对政府的信任转移到对平台的信任上。就好像今天中国人为什么对国有银行特别信任，其背后是对政府的信任，中国老百姓从来不会想象到银行会倒闭、破产，在银行的钱会取不出来——这对中国来说是不可想象的事情。而在美国社会，每个人都知道银行是完全可以倒闭，钱是完全可以拿不出来的，但是中国老百姓没有这样明显的焦虑或者担心，这是对政府的信任。同样的逻辑，由于对政府的信任，当政府对网络平台有比较强大监管的时候，这种信任就可以扩展到网络平台上，个人更愿意把自己的隐私和个人信息交给平台组织。当个人把隐私和平台信息交给平台组织的时候，平台组织因为有足够的信息而可以形成更有效率的社会组织。这种基于网络的社会组织，其规模和效率性都会超越西方工业社会中的企业组织，中国社会因此有可能形成超越西方的新制度。

汪洋：谢谢吴伟光老师带来的精彩报告。我觉得吴伟光老师的这篇报告不单单是法学作品，是深入到中西方社会异质性讨论，出发点隐私利益的产生与竞争有直接关联性，但是考虑到中国和西方的不同，中国的隐私政策或者说中国设立隐私制度的目的是提高整个社会的整合程度和治理效率，所以在这点上，今后在进行制度设计的时候，跟西方整个隐私保护模式当然要进行一定区分。当然我们讲西方包括美国和欧洲内部也确实仍然存在很多的不同，感谢吴伟光老师给我们带来的非常精彩的报告。

接下来有请北京大学法学院胡凌教授，给我们带来有关“平台发包制：理解平台主体责任的制度结构”的讨论，胡凌老师这些年对平台问题发表了很多大作，也期待胡凌教授给我们带来精彩的演讲。

胡凌：本次报告的主题为“平台发包制”。“发包”是比较常见的概念，在政治学等学科中有关于行政发包的理论探讨，政府行政体制也涉及发包过程。我将运用上述概念，对当前较为热门的“平台主体责任”进行解释。

我们过去可能认为主体责任非常严厉，具有兜底性和不确定性。但今天的研究旨在重新解释为什么会发生这种情况，以及在接下来的治理结构中它可能发生什么变化。

关于平台治理已经有很多研究，我刚才谈到的主体责任也是其中的一部分。大家关心的是平台治理模式，例如其他学者谈到的“合作治理”，或平台可能作为准公共机构来承担代理角色等——存在各种各样的观点。此外，还有人谈到法律责任问题，认为平台责任可能会逐渐加重，这其中可能包含公私法的演变过程，从偏向私法到逐渐趋向公法等。还有人讨论说平台主体责任的来源和合法性等问题。此外，执法监管水平、颗粒度，无论是事后的私法还是事前的行政执法都存在一些问题，这也都是热议的话题之一。

我想换一个角度看待这个问题。平台责任看上去是加重了，但是否真的加重在于我们如何理解平台责任。如果单从法律教义角度来讲，平台承担哪种类型的责任，是不是属于法律类型。如果要从历史演变过程来看，需要探究这个逻辑到底是怎样的，是不是一定会变成这样，还是只要提出一些批评或者认为这个东西有问题，只要改过来就行了？我们需要把责任问题放在更大范围内讨论。平台治理是个老问题，涉及政企关系、国家市场关系，具体来说就是政府、平台企业的关系如何理解。今天我主要想谈政企关系在什么意义上可以成为结构性问题。换句话说，我们看到互联网有“大厂”巨头企业，有一般的平台企业，也有小型的平台企业；市场也是分层的，政府也是分层的，从这个意义上讲，怎么理解政府和企业打交道的方式，放在什么样的结构理论模型下去看这种关系以何种方式出现是极为重要的。这个结构是不是经过多次博弈后会稳定下来，以及如果这个结构稳定了它是内生性结构，还是在外部国家治理更一般性的道理下理解的结构，这是我的研究问题。如果承认这个结构的话，我们看这个结构里面所有的——不管是政府还是平台企业，还是更一般的主体要怎么行动。

前面提的框架有一些受发包制理论影响，中国国家结构形式从古代到现代因为属于单一制结构以及存在中央和地方的分层，因此，它实际上不是一个绝对意义上的科层制，而是发包制。中央的事务作为一个整体包给省，省包给市，市再包给县，这是一个逐级发包过程。这是我们非常熟悉的，例如疫情期间非常明显的发包过程。一方面，它可以有很多经验，可以做很多，包括从改革开放以来看到这个过程能够推动一些开放或者经济发展、本地公共服务。另一方面，这可能也会走极端，如层层加码等。这个理论是用来解释在行政权内部或者政府内部经常讨论的，中央有什么权威，给地方什么激励，以及有怎样的考核。

我想用“平台发包制”这个词来讨论这个现象，不是简单运用这个词，这个词本身无所谓，也可以用别的词替代。但是，我希望用这个词来讨论，是因为重点是看其过程是怎样的，要看哪一级政府，中央政府还是地方政府是怎么样对平台企业提出要求的，对谁提出要求，是对“大厂”一般的企业，还是普通的企业。我这里用发包制解释政府到底希望平台能做什么，这样的讨论实际主要也是跟西方的监管理论进行对话。西方监管理论常常强调国家市场关系的明晰性，以及按照程序进行的重要性，许多人已经在讨论这个问题了。但我认为在中国治理环境下，这些理论并不完全适用，因为我们发现整个治理模式在中国语境下具有自己的逻辑。我们需要探讨这个逻辑是什么。

在这个理论框架中，我简单归纳了几个规范性过程：首先，政府可以将事务委托平台企业管理，也可以收回这个事务。其次，平台企业需要满足一定的要求，之前我们对平台企业持相对包容的态度，例如在2020年以前是相对包容审慎，意味着平台可以发展壮大，也可以进行经营者集中。但是从2020年开始，在某些领域政府收紧权力，但本质上是为了提供激励。我可以让你扩张，但一旦产生风险可能就要自己承担。而且我们要看后果，不是说不出问题，平台企业就可以一直经营下去。在这个过程中更多的是要看能力问题，很多时候因为政府能力有限而无法管理，所以才委托他人管理；也有时候是因为平台企业没有足够的执法权力和能力，需要政府来协助。平台责任制会随着时间演进，我们可以看到从早期像避风港的责任制到现在特别强调主体责任这一演进过程。我认为我们对主体责任的问题应该更加细化，考虑到规则的颗粒度。很多时候，主体责任并不意味着一切都听该主体的，它可以进行不同层面的讨论。有时候政府干预很多，告诉你应该做什么。还有一种情况是给你一个目标，剩下的就由你自己去决定怎么做，这是非常不同的。企业本身可以从中获得很多好处，在这个意义上，我认为如果讨论主体责任，我们需要更细致地考虑一些问题，而不仅仅是问主体责任是什么。

那么主体责任到底是怎么形成的？为什么不是一开始就有主体责任，而是逐渐产生的？平台愿意或有动力去承担责任，是为什么？收紧和放松责任的时机是结构性问题，而不是随机或偶然的。回到前文所述，为什么主体责任不是从一开始就存在呢？最开始互联网根本不存在这个概念，虽然会有一些理论，比如网络主权问题，互联网应该受到管控，而不是法外之地。此外，基础设施的建设也逐渐完善了，生产方式也得到了稳定等。实际上是这么一个渐进的过程。因此才出现了我所理解的平台发包制这一概念。但是与行政发包不同，首先平台发包制的对象是平台企业，激励手段也不同，其能管的范围比一般的地方企业要宽泛很多，管理的市场体量也巨大。它跟行政发包也有一定关系，在目前我们熟悉的行政发包结构里，只有参与各方都有动力，这个结构才能稳定。当然，影响结构还有其他因素，比如说能力变化以及统治风险，即有风险则会收回不予执行。还存在合法性问题，如果平台扩大太大的话，可能会对政府权威产生威胁；还存在专项整治行为，如果企业做的工作不尽如人意，可能通过专项整治和改进。

如图 3 所示，我将平台发包制进行了分类。主体责任并非绝对的，不同领域的情况也有所不同。我将其分为四个象限，基本上是按照政府何时愿意委托给平台企业而分类的。另一个标准是横向的企业在何时特别有意愿承担或相互竞争，以及何时无所谓，只需一般性承担。第一象限非常简单，即政府有意愿委托，大型企业也必须要做好。为什么要做好？因为委托涉及安全问题，我们国家最典型的例子就是与言论、网络安全和算法有关的领域，它们是紧密相关的。我们需要投入大量资源来管理这些事务，问题是，这是否能带来回报？我理解还有个业务准入问题，这是一个渐进的过程，而非直接的。第二象限则不同，它涉及的事务不是那么重要，市场秩序和保护固然是重要问题，但不需要立即解决，或者出现问题时平台企业可以自行解决；第四象限是政府对委托没有太大意愿，但是企业愿意承担，比如基础设施领域，有的时候政府会选择自行完成；公共事业不用说了，大家都没有动力去转让。

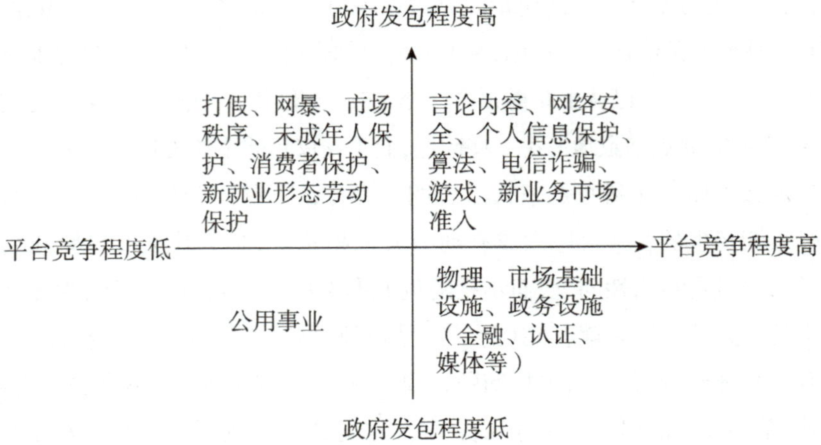

图 3　平台主体责任与政府发包程度对照

接下来，我们可以进一步讨论平台企业是如何承包的。为什么要问这个问题？平台企业的组织方式和政府是非常不一样的，它不是按科层制组织，内部的层级划分非常有限，而是网络化组织。了解网络化组织如何承接任务是个有意义的问题，由于时间有限，我不展开解释为什么组织结构存在不同形态的问题，但是我会讨论它们如何承担任务。在政府委托过程中，有些事务会在不同象限之间流动，随着环境变化而变化，有的时候可能被再次委托出去，这种周期性是很正常的。

我为什么提出平台发包制这个概念？主要是为了和行政发包系统进行对比，因为行政发包系统目前看起来相对成熟，而且有“大厂”的能力和地位。我们经常问“大厂”的法律地位是什么，它与地方政府有什么关系，如果这些不清楚会很麻烦。我认为，如果按照这个思路，很可能需要进一步明确巨头企业的地位，即它们与中央政府的直接联系。如果是这样，将形成与行政发包系统相互平行、相互制约的治理体系。问题在于，这个概念还没有完全成形，只是初步阶段，如果该理论成立，未来可能需要进一步研究平台分级分类等问题。此外，还会涉及一些特殊情况，比如“大厂”出现“垄断”，将会引发一系列问题。当然，我这里并非进行规范性讨论。我认为一旦这个结构形成，它不会轻易改变，它可以用来解释在这个结构内部发生的许多法律问题。因此,未来研究可以进一步探讨这个结构。

汪洋:非常感谢胡凌教授给我们带来精彩的报告,我特别受启发。胡教授非常巧妙地借用行政发包制概念,这个概念很有意思。我是研究民法的,我当初在理解行政发包制的时候是从民法的角度,一开始总觉得它是不是更像合同的结果之债,后来感觉又有一些委托合同的行为之债的特点,最后我自己理解行政发包制是不是有一种对事承揽、对人委托的特征?这是我个人的理解。今天听了胡教授把这个概念借用到整个大数据和个人信息保护这块来说,感觉深受启发。胡教授通过平台发包制描述了互联网平台和政府的关系,各级政府要求平台企业作为一个整体对平台上的行为如何落实。我看那个图也很激动。胡教授通过平台竞争意愿高低和政府发包意愿高低做了个图,非常有利于我们理解今天的大数据,包括这方面很多问题,非常感谢胡凌教授带来的精彩报告。

接下来有请北京航空航天大学法学院余成峰教授。余成峰教授这些年也是在大数据、全球化治理这块有很多重磅作品,今天给我们带来的是"范式与悖论:数字时代的隐私保护"。

余成峰:数字时代面临的一个核心问题是隐私保护和数据利用的二元矛盾。在隐私保护和数据流通、信息保护和数据利用之间形成了一系列二元的张力关系。不同法律部门都试图通过在各自的范围内使二者达到相对合理和均衡的规范状态。传统法律在处理这一系列二元张力的过程中,主要形成了三种范式。

第一,控制范式。控制范式以知情同意原则和告知选择原则为中心,假定个人在知情状态下可以做出理性的自主决策,从而解决个人隐私保护和数据利用的冲突问题。通过考察可以发现,在20世纪60年代之后,不管是美国、欧洲、OECD(经济合作与发展组织)及APEC(亚太经济合作组织)成员,都是采纳隐私控制范式来处理个人信息保护问题,核心即知情同意原则。控制范式主要因应"二战"之后大型计算机和数据库时代的技术背景而产生。因为此时个人信息开始被政府大量储存和处理,因此率先在美国发展出新的公平信息实践原则来解决个人隐私保护问题,通过赋予个人各种知情权、同意权、控制权、删除权等,来处理前述的二元矛盾。

第二,匿名化范式。匿名化范式在促进数据流通的同时,又把数据可能指向的特定个人和主体隐藏起来,类似穿上一件隐身衣。这样既能解决数据流通和利用的问题,又能解决个人隐私保护的问题,以达到一种“既要……又要……”的理想状态。数据匿名化和假名化等一系列概念,其核心逻辑都是要把特定个人隐藏起来,通过戴上一个面具藏匿起来。

第三,PII(Personally Identifiable Information,个人识别信息)范式,当代隐私法包括《个人信息保护法》,都是基于个人信息和非个人信息的系列区分进行运作。不同阶段为了扩大或限制隐私保护的范围,会不断重新解释个人信息的定义和概念。可识别或已识别概念作为隐私司法和隐私监管的核心,其背后假设则是 PII 之外的非个人信息作为公共信息和数据,可以被平台企业作为合法收集和处理的对象。通过划出一条边界,边界一侧作为隐私进行保护,边界另一侧则作为非隐私信息和数据,是可自由处理的数据。

传统法律主要是立足这三种范式的结合来解决隐私和数据利用的两难问题。第一种范式把权利赋予主体,从数据主体出发,将控制决策权交给主体。第二种范式从数据传播方式出发,通过匿名化方式处理两难问题。范式三则是从数据内容出发,通过 PII 和非 PII 的划分来处理数据利用和隐私保护的矛盾。通过这三种范式的配合使用,来解决数字时代隐私保护和数据利用的两难问题。

而在进入到大数据和算法时代以后,这三种范式遭遇非常严峻的挑战,进而形成系列悖论。

其一,控制范式的悖论,控制范式假定个人拥有自主的理性判断能力。大数据时代之前,因为数据收集、处理和利用的方式比较明确,因果关系、利害关系清晰可辨,个人可以有效完成自主决策的工作。但当前由于大数据技术的复杂性,以及一系列数据利用方式的复杂化,导致个人根本没有办法实现完全理性的自主决策。知情同意变成了知情放弃,往往是“告知很多”,而“选择很少”。

其二,去匿名化范式的悖论。过去通过匿名化的技术处理,就很难再把个人挖掘、识别出来,但是当前的数字平台很容易利用网络现存的各种数据与信息,通过大数据技术的挖掘整合,把隐匿的个人重新“识别”出来,完成再识别和去匿名化。

其三,PII 范式的悖论。PII 和非 PII 的划分本身就是建构性的,包含法律层面人为的诠释性过程,二者之间实际并不存在确定的自然边界。特别在进入数字时代之后,理论上而言,任何信息都有可能转变为可识别个人信息。这就颠覆了在 PII 和非 PII 之间可以划分清晰边界的假定。

其四,隐私法未来有没有可能转变为万物法,即所有的公共信息都成为可识别信息,搜集、处理任何非个人信息都可能定位到具体个人,所有数据都可能转变成可识别的个人数据。在这种情况下,理论上来说,利用和处理一切信息和数据都有可能侵犯到隐私。如果继续坚持对隐私采取强保护策略,隐私法就有可能渗透侵入到所有的部门法领域,因为社会层面的所有事务都有可能与个人信息产生关联,一切信息都可能被用来识别个人信息。如果这样的话,所有社会领域是不是都需要接受隐私法的管制?隐私法有没有可能在未来变成无所不包、执法成本畸高的领域?如此,则是否只能抛弃严格的隐私权概念,将其变成一种修辞性的法律价值?

其五,数据涉他悖论。控制范式假定每个人可以为自己的隐私决策负责,假定这一决策只会影响本人利益,不会伤害到他人权益,这样的假设在今天也面临失效。大数据时代的个人决策和个人知情同意,不再是传统自由主义假设的涉己行为,而是变成了涉他行为。

当代数字法面临经济基础和法律上层建筑的根本性矛盾。在经济基础层面,市场经济正转向平台经济,生产资料、核心战略资产大量无形化,包括生产方式有了深刻转变,与工业时代发生了结构性的变化。但是在法律层面,以《个人信息保护法》为例,还是立足于 20 世纪 60、70 年代大型数据库时代的技术假设,未能有真正回应平台经济时代的技术范式。

整个经济生产方式转向数字化、平台化、规模化,而法律救济主要立足于个人主义的系列原则,这就出现了社会化大生产和法律救济个人化之间的深刻矛盾。片面强调个人自主权、控制权、知情同意权,与数字时代的结构转型产生了巨大冲突。无论是法律的保护过度,还是法律的保护不足,问题的背后其实是法律与社会之间发生严重错位。

商业互联网平台正在生成自己的商人法与习惯法,它们运用一系列法律工具创设自主的法律权利、权力和特权,并灵活地规避各类正式法,进而形成数字领域的非正式法律,由此实现监管套利。这形成了阴阳两套法律体系,商业习惯法与数字商人法,作为实践领域实际发挥作用的法律规则,与表达层面的国家正式法形成了巨大的错位,由此通过表面的企业合规,来掩盖事实的监管套利。

这似乎又回到波兰尼在《大转型》中提出的核心命题。工业时代的土地、劳动力与资本实现了社会脱钩,完成资本主义转型,由此导致一系列社会问题,进而引发20世纪的革命与战争,形成一种历史性的“双向运动”。而这样一个双向运动的历史逻辑,也正在延伸向数字时代的转轨过程。隐私与数据的商品化类似于土地与劳动力的商品化进程,当它们成为资本支配和交易的对象,也可能引发相应的系统性社会风险,而由此也会催生反向的社会保护运动。

工业时代经历了两个阶段的制度建构,一方面是市场建构性制度的生成,另一方面是社会保护性制度的发育,由此实现了自由法和社会法的范式综合。从上述逻辑出发可以判断,数字时代目前正在经历自由法的范式化过程。建立各类数字市场的制度体系,主要是通过商业实践的自发秩序演进。可以预测在未来不长的时间内,社会法范式,即社会自我保护性制度的演化也会被提上日程,数字时代各种新的社会法理念将会不断涌现。

最后是一个脑洞式的想象,即从工业时代的碳中和概念可以推演出未来数字时代的“隐私中和”概念。从20世纪以来的法律全球化发展逻辑可以发现,全球贸易、投资与金融,始终是与社会保护性议题协同演进。比如性别、劳工、知识产权、环保等议题,都是与贸易、投资与金融自由化议题紧密捆绑。当前阶段,最核心的议题是绿色议题、环保议题与碳议题,因为工业时代的核心生产资源是石化能源,产生的最大社会风险是石化污染和温室效应。与之对应,数字时代的核心生产资源是数据,产生的最大社会风险是隐私污染和透明化效应,所以从历史的平行比较,我们或许可以做一个大胆的预测,即未来全球法的核心议题乃是隐私和个人信息保护的议题。

在未来20年左右的时间内,我们可能会经历并完成从碳中和到隐私中和的历史性转变。未来中国如何参与并主导新的贸易规则和法律全球化议程设定,这需要激发新的战略视野和法律想象力。

汪洋:非常感谢余成峰老师带来的精彩报告。余老师在报告中间介绍了在数字时代隐私保护三种解决范式,包括控制范式、匿名化范式、PII范式。但同时每种范式也都面临着问题,比如说控制范式中间的“告知很多但是选择很少”的悖论;匿名化范式中间“大数据技术可以再识别”的悖论;“PII范式中间所有的公共信息都是可以还原为可识别信息”的悖论;还提到信息的涉他悖论中间的涉己行为,同时也会产生涉他的效率。在此基础上余成峰教授又提出了解决之道。

下一位发言人是沈健州老师,他是上海交通大学副教授,同时也是我们清华大学法学院的博士后同事。沈健州老师今天带来的题目是“数据财产的权利架构和规则展开”,这也是发表在《中国法学》上的一篇大作。

沈健州:大家好,我今天报告的题目是“数据财产的权利架构与规则展开”。

首先需要明确问题的提出和起源:当数据成为一种生产要素,为人类贡献特有价值的时候,数据本身就有了财产化趋势。在这样的情况下,要不要确定数据的财产性权利?如果确定了这种财产性权利,这种权利的存在对权利人和义务人而言有何种意义?在我看来,解决上述问题的“破题思路”应当遵循三个层次。第一,所有权利设立的目的都是为了解决平等民事主体之间的利益冲突,如果没有平等主体之间的利益冲突,则不需要“权利”这个概念的存在。比如,鲁滨逊一个人在荒岛上生活,没有和其他民事主体产生利益冲突的可能,他也就不需要权利,甚至不需要法律。第二,当民事利益主体之间发生冲突,如何协调利益冲突,如何有先后、有取舍地实现不同民事主体的利益,这其实是一个价值判断问题。第三,当我们识别到了利益冲突,作出了价值判断,就需要构建一套逻辑融贯、简明精当的理论体系,来承载和固化这样的价值判断。

要构建这样的数据财产权理论体系,首先需要把数据之上的利益冲突进行类型化,在此基础上将其体系化。权利体系用于承载权利规则,权利规则又是用来解决利益冲突的,所以不妨以利益冲突的形态作为将数据进行分类的标准,将数据根据利益冲突的形态分类的同时,无形中也完成了对数据权利规则的分类。因此,构建数据财产理论体系,本质上就是要以数据利益冲突为逻辑起点,进行数据的类型化和体系化。

数据的利益冲突应当去数据在商业模式当中发生数据变现的过程当中去找。考察现有的数据商业模式,也就是数据变现的方法大致有三种。第一,以数据帮助宏观商业决策。比如一个厂家去统计这个月某一样产品的销量,以决定下一个季度如何抉择。因为这种数据目的在于获取人无我有的竞争优势,所以这个数据通常是不公开的,厂家只要知道一个宏观的统计数据即可,并不需要知道具体的张三还是李四到底买没买这个产品,所以这个数据通常也是不承载个人信息的。第二,利用数据进行具体的商业营销。

比如，我们想要搜集一个人一系列的交易习惯，一系列的个人信息，如收入和活动场所、性别、年龄、偏好等，我们会对他进行用户画像构建，用户画像的结果越准，精准营销越有效，这类数据必然承载个人信息，并且天然地有承载更多个人信息的趋势。同理，因为要获取人无我有的竞争优势，这类数据通常也不公开。第三，用数据引导流量变现。新浪微博的盈利方式就是一种典型模式，每个用户可以免费使用这个社交软件，在上面发图片、文字、视频、音频都可以，但是不需要花钱。微博的盈利方式是用户流量达到一定程度之后往里面加载广告。换句话说，“流量”越大收益越大，要让用户能够互相访问才能够有“流量”，因此这类数据必然是公开的。除此之外，需要注意的是部分数据公开而不承载个人信息，但同样通过流量变现的方式盈利，如地图软件、天气软件等。

综上，数据至上利益冲突的影响因素有两个：一是数据是否承载个人信息，这就涉及数据企业和用户；二是数据是否公开，公开的数据会涉及数据企业的同业竞争者，非公开数据可能就不涉及。根据这两个标准最终可以把数据按照排列组合分为四类：第一类是不承载个人信息的非公开数据，这类数据既不承载个人信息也不公开，没有用户的利益期待，也没有数据企业同业竞争者的利益期待，通常只有数据企业自身的利益期待；第二类是承载个人信息的非公开数据，承载了个人信息会涉及用户的利益期待，但不公开则不会涉及企业同业竞争者的问题；第三类是不承载个人信息的公开数据，不承载个人信息就没有用户问题，但是公开涉及同业竞争者；第四类最为复杂，即承载个人信息的公开数据，这种数据会同时涉及用户、数据企业和数据企业的同业竞争者三方之间的利益期待。

我们再来对比一下数据之上的利益冲突和传统有体物利益冲突之间的区别。第一，数据的生产过程可能会涉及在先权利，一个非常典型的例子就是上面提到的个人信息，这类数据初始权利归属会有争议，而有体物通常没有这样的问题。第二，数据可以无损耗无限复制，天然地存在流通客观属性，有体物则不涉及自由流通的问题。但是这两种利益之间的冲突并不是一成不变的，而是时有时无的，这就呈现了数据利益冲突形态的多元化。我们要怎么样在利益冲突多元数据之上构建财产权，在我看来可以通过“绝对权附加上绝对权利限制”的逻辑进行构建。最终要达到的效果是：如果存在不同于有体物上面的利益冲突，我们就适用特别的权利限制规则；如果不存在特殊的利益冲突就各行其是,没有其他的问题。在这样的情况下,数据财产权可能要固定地赋予三方主体中的一方,但是这并不意味着权利人会永远受到优待——在没有利益冲突的时候,权利人才会享有饱满的绝对权,但在面临特殊利益冲突的时候,也有屡战屡败的可能性。此外,考虑到数据企业对于数据的利益期待贯穿了数据的全生命周期,但用户和数据企业的同业竞争者的利益期待却未必总是存在的情况,我认为数据财产权的底层逻辑应当是:将完整的数据财产权赋予数据企业,有用户和数据企业同业竞争者利益期待的时候,通过特别规则解决。

具体而言,对于承载个人信息的数据,可以明确个人信息权益优先的规则。首先是个人信息的防御性保护,需要解决如何让个人信息和数据两个权利同时作用在数据之上的问题。可能会有学者认为这属于一种理论障碍,怎么让一个客体存在一个客体之上呢?既有的情形可以回应这一问题,比如一本承载作品的纸质书,这本纸质书毫无疑问是有物质所有权的,但是书上面还承载了一部作品,作品有著作权,这个时候这本纸册子和上面作品的著作权同样作用于这本书之上,这两个权利怎么办?我们既有的共识是发生冲突的时候著作权优先,此时纸质书出租、展览的权能可能会受到限制,但是在没有利益冲突的时候,所有人对这本书的支配是完整的,可以拿这本书垫桌子、挡太阳、用于阅读。著作财产权和个人信息权的问题同理,均可用这样的逻辑解决。其次,个人信息除了消极防御性保护之外还有积极利用,这一问题可以同样通过类型化进行判断。我们先把个人信息的积极利用分为“要求数据企业提供额外积极服务”与“不要求数据企业提供额外积极服务”两类。一方面,如果要求数据企业提供额外积极服务,也并不意味着数据企业永远要提供这样的积极服务,企业是否提供服务仍取决于服务协议,依照服务协定中的约定解决问题。另一方面,如果不要求数据企业提供额外的积极服务,同时用户也不需要他人的帮助就可以自行利用数据,这种情况下可以通过查阅权和复制权解决;如果不要求数据企业提供额外积极服务,但用户需要在第三方协助下利用数据,这种情况下可以用个人信息中的可携带权来解决。由此,个人信息的积极利用和消极保护完全都可以通过个人信息的规则优先于数据财产权的规则解决,完整的数据财产权并不因个人信息权益的存在而受到逻辑之内的减损。

另外,数据企业的同业竞争者可能对数据有合理利用的期待。可以借鉴既有的公开数据合理使用规则,通过合理使用来承载数据自由流通,实现数据财产权的边界限缩。就如知识产权并不能够被任何人自由利用一样,公开数据也不能被他人无自由地利用。评判他人利用公开数据是否具有正当性的基本判断标准是,数据信息自由流动能否带来信息社会进步与社会福利提升等公共利益。在具体规则方面,不承载个人信息的非公开数据上面承载的利益冲突最为简单,可以作为数据财产权利的基本规则的基础版本。与之相比,最为复杂的是承载个人信息的公开数据的情形,例如,如果同业竞争者经过用户同意爬取数据,但是数据企业不同意应当如何处理?我认为,此时可以考虑判断它是否落入了个人信息可携带权的范围。

经过上述讨论,总体上可以得出方法论层面的启示,以利益冲突的形态作为出发点,以类型化和体系化的思维方式构建数据财产权理论体系,这样的方法方式对于新兴事物的研究有很大的助益和启发,可以让我们更富灼见地回应数字经济发展所提出的时代之问。

汪洋:感谢我们的杰出校友沈健州老师带来非常精彩的报告。报告中提到了根据数据是否承载个人信息以及是否公开,可以将数据分为不承载个人信息的非公开数据、承载个人信息的非公开数据、不承载个人信息的公开数据以及承载个人信息的公开数据。在这四类中间通过确立个人信息的权益优先,包括公开数据的合理使用等规则,完整地构架出一个数据财产的权利架构和相应规则。如果各位感兴趣的话,还可以通过阅读沈健州老师在《中国法学》上的文章详细地了解他的想法。

最后一位报告人也是清华大学的杰出校友杨旭老师,报告的题目是"正当利益条款的中国法构造:基于《民法典》第 998 条"。

杨旭:《欧盟通用数据保护条例》(以下简称 GDPR)第 6 条为正当利益条款,规定了合法性基础的各种处理情况,其中(f)项处理是"为控制者或者第三人追求的正当利益之目的所必需,除非此种利益被要求保护个人数据的利益或基本权利与自由压倒"。这个条文从内容看是对私人领域个人信息处理合法性基础的概括性规定,从结构上看是一种权衡条款,能够为数字经济中纷纭复杂的价值和利益冲突留下必要的缓和空间。要讨论的问题是,我国立法有没有必要规定正当利益条款?目前有肯定和否定的观点。立法者的决定始终如一,从《民法典》到《个人信息保护法》一审稿、二审稿和最终的《个人信息保护法》都坚持不规定正当利益条款的立场。然而,立法者主观上不规定并不代表我国法治在客观上不承认。我的观点是：我国需要确立正当利益条款，但不必在立法上作出增补或修改，而是通过解释《民法典》第998条规定实现该条款的确立。《民法典》第998条是关于侵害非物质性人格权的一般规定，这个规定完全可以被《个人信息保护法》第13条第7项兜底条款包含。

为了论证和展开观点，以下我将从三个方面进行论述：第一，为什么有必要确立正当利益条款；第二，《民法典》第998条为何以及如何成为正当利益条款；第三，确立正当利益条款之后如何在个案中进行裁判。

首先，我国有必要确立正当利益条款。"抖音案"是一个典型的案例，这个案子涉及三方主体，被告北京微播视界有限公司是抖音APP的运营者，第二方主体是其他手机用户，这些用户已经成功注册，意味着他们对平台用户协议和隐私政策表示同意。本案中，被告对手机用户手机通讯录信息进行了处理和商业化利用，这个案件的特殊之处在于，手机通讯录信息包含了联系人姓名、手机号码和社交关系信息。这样的信息具有双重归属特性，一方面归属于其他手机用户，另一方面又归属于手机联系人，于是就引出了第三方主体——手机联系人，本案的原告凌某某就属于联系人之一。

对案件进行具体分析，我们能够将被告处理凌某某个人信息的行为归纳成"三个阶段，四种行为"。第一阶段是原告最初并没有注册APP，被告通过向其他手机用户申请授权的方式收集并存储了手机通讯录信息；第二个阶段是被告获取信息的行为经过了原告的同意，这种情形并无讨论必要，不在考虑之列；第三阶段是被告使用原告在上一阶段（第二阶段）注册使用的手机号码，将其与第一阶段从其他手机用户通讯录收集的信息进行匹配然后推荐。对应上述三个阶段的四种行为是收集、存储、匹配和推荐。问题在于，这些行为合法性基础何在？当然，信息主体同意是最重要的合法性基础，但在本案情形中，要求APP运营者既征得手机用户的同意，又征得每一位手机联系人同意的要求是不现实和不合适的。因此，正如法院判决观点：如果严格遵循双重同意原则，将造成具体场景下的利益失衡，所以要进一步对合理使用进行考察。合理使用本质上是一种法益权衡，但是本案的特殊之处在于被告是商业性APP运营者，其实施使用行为是为了实现个体性商业利益。然而，《个人信息保护法》第13条第1款下关于合理使用的规定，无法为这样一种利益形式提供合法性基础。因此，我国关于合法性基础的直接规定具有明显的封闭性,有必要确立正当利益条款。

其次,我们再看《民法典》第 998 条如何通过法律解释成为正当利益条款。先需要说明为什么第 998 条能成为合法性基础？在适用范围方面,第 998 条位于《民法典》人格权编的一般规定部分,应当适用于调整个人信息关系。有学者可能认为个人信息未必属于人格权的范畴,但是我认为个人信息上能够成立既包含人格又包含财产内容的框架性权利。因此,本条规定能够适用于个人信息。在规范内容方面,第 998 条所列各种要素中除了过错程度以外,其他各个要素都指向对侵害行为的违法性判断。我们进行一个简单的逻辑转换,不违法即为合法,两个概念是同一个问题的两个方面。因此,《民法典》第 998 条可以作为合法性基础。在此基础上,将第 998 条与正当利益条款进行比较,我认为二者“层次有别,功能一致”。GDPR 正当利益条款强调内在体系层次中价值和利益之间的冲突;而《民法典》第 998 条所列的各种具体考量因素属于外在体系层次。尽管层次有别,但二者都具有充分的开放性,能够发挥容纳个体性商业利益的相同功能。基于上述分析,可以对正当利益条款分为两个层次在中国法上进行表达:在价值层面,要确定各方的价值和利益。一方面是信息主体,另一方面是私人处理者和第三人,利益确定之后对其进行必要性审查,即处理行为是否为实现处理者或者第三人的利益所必需。如果得出肯定的答案,则进入第二个层次,对各种考量因素进行具体化,把第 998 条落实到《个人信息保护法》领域。相关考量因素包括个人信息的重要性、对各方当事人的影响、处理过程的安全性与保密性、信息主体的合理预期,以及当事人是否属于未成年人等。

最后,由于第 998 条是动态规范,引入正当利益条款会引起双重的适用难题。一方面,原价值层面将面临实质正义和法安定性之间的冲突;另一方面,就个人信息处理而言,这种开放结果可能会造成条款滥用的危险。为了解决这个问题,我认为有必要引入权衡的方法。一方面,权衡方法的适用范围具有广泛性,能够适用于一切包含弹性要素的动态规范。另一方面,权衡方法本身具有合乎理性的结构,具体能够分为三个阶段:第一阶段是衡量单个要素的抽象权重与具体权重,当然这种衡量只能够借助粗略的技术刻度进行;第二阶段是对各个要素的综合权重进行评价、比较得出初步结论,得出的结论往往不是确定的,因此还需要进入下一阶段;第三阶段,如果发生悬而不决,类似于证据法上所说的案件事实真伪不明的情况,需要诉诸权衡负担分配规则得出最终的结论。

基于上述框架对“抖音案”的具体情况进行分析之后,我的结论是赞同法院的判决。本案中的读取和匹配行为仅仅是对手机用户的信息进行商业化利用,属于合理使用。但是后续的存储和推荐并不具备合法性基础,因为这些行为已经直接将原告的个人信息进行了商业化利用。原审判决是通过合法、正当、必要三原则展开的,但是如前所述,我的观点是应当权衡适用《民法典》第998条解决问题。

对上述内容进行简要的总结:第一,法律的生命在于体系,这体现为《民法典》第998条能够弥补正当利益条款的缺失;第二,正义的实现有赖于方法,体现于通过权衡解决《民法典》第998条的适用难题;第三,《民法典》第998条在《个人信息保护法》中的应用绝不限于实现正当利益条款,而是有更为广阔的适用空间。

汪洋:非常感谢杨旭老师。杨旭老师给我们讲了如何通过《民法典》第998条,将它作为侵害非物质性人格权责任认定上的一般规定,从而试图通过确立一个正当利益的条款容纳个体性的商业利益,而且在这个过程中所提到的权衡方法等也能体现出杨旭老师在法学方法论上非常深厚的功底。

接下来非常荣幸地请到两位法学院同事与谈,第一位与谈人是清华大学法学院副教授刘晗老师。

刘晗:本单元的几个话题之间有内在关联,共同指向了平台权力问题。

丁晓东教授阐述的公法私法化和私法公法化的双重过程,有助于我们跳出学科思维,解决真实世界那些不分学科的问题。在我看来,丁老师指出了非常关键的一点:互联网平台已经开始承担某种公共属性,但在法律上的属性仍然是私主体。这是为什么要公私法结合予以处理的关键所在。

吴伟光教授的讲述,帮助我们理解了平台权力在中国迅速崛起的原因。在他看来,这可能与我国传统的隐私观念有关。这里我想补充一点,无论是中国还是西方隐私观念的发展,都有一种“旧时王谢堂前燕,飞入寻常百姓家”的过程:隐私观念主体的范围从王室贵族、君子士大夫逐渐扩张至普通大众。事实上,正是大众贡献出来的数据和隐私为平台权力的崛起奠定了资源基础。

胡凌教授讨论的平台发包制让我们明白了一件事情:平台权力可能不仅源于用户授权,也来自政府委托。在某些情形中,政府部门为了实现有效管理和及时规制，会把内容管理权包给平台。胡老师创造性地运用政治学、行政学中描述央地关系的“行政发包制”概念，将其概念运用到描述政府和企业的关系上。

余盛峰教授提出，平台权力还包括“立法权”，即平台创造了所谓“数字商人法”“数字建构性法律”等，其实都属于平台为了发展而扫清法律障碍的情况，有点类似于胡凌教授提到的互联网“非法兴起”，背后的原因在于数字技术日益复杂化。在此基础上，我们需要等待一段时间，观察博弈的过程和结果：互联网产业的发展能否像工业社会的社会法发展历史一般，最终构建出一套社会权利体系和社会法体系？在我看来，这个类比非常具有创造性。

最后，两位老师从民法教义学角度构建数据财产权和正当利益条款。沈健州老师对于数据的四种划分特别有启发性，比如承载个人信息的公开数据涉及平台用户以及其他平台，能够解释为什么可携带权不仅是用户权利，也涉及企业之间的竞争法关系。关于这个问题，我想提出一个小小的评论：如果用绝对权加特别限制的逻辑构建数据财产权体系，原则上就把财产权赋予了数据企业。问题是，如果按照余盛峰老师的观点，我们现在是否需要等待社会数字法再发展一段时间——在此基础上再重新构建财产权，而不必急于现在就定下来？杨旭教授讲的问题也是一样的逻辑：现在要确立正当利益作为合理使用个人信息的原则，实质上也在促进某种数字商人法或者数据建构法的产生。我们是否也需要等待数字社会法进一步发展，再来思考具体的数据财产和利用的规则？这是值得我们思考的。

汪洋：非常感谢刘晗老师非常精辟、有启发性的与谈，我们把接下来的时间交给清华大学法学院鲁楠教授。

鲁楠：听完各位老师的讲解之后，我有很多新收获，感想主要有以下三点。

第一，政府和平台的关系实际上是国家权力与社会权力之间的关系问题。在我国语境中，公众更担心平台政府化，即作为私主体的平台承担越来越多的公共职能，获得政府曾拥有的公共权力，这会引起大家的疑虑。这几年出现了大量围绕平台政府化趋势所形成的监管性、约束性甚至是处罚性的法律。但值得注意的是，我国社会发展过程中存在另外一个趋势——政府的平台化。公共权力借助新技术发展以及平台的便利，使行政权力得到更大范围的扩展。与平台的政府化相比，社会公众对于政府的平台化不敏感，而且二者的诸多表象还有交叠之处。一方面，政府的平台化确实增加了行政效能，但另一方面，这会使政治权力和官僚体系的运作规则渗透进平台，带来相当大的副作用，尤其是影响和限制数字经济的快速发展与颠覆性创新。为此，理论研究在最近一至两年间开始出现一定程度回调。在学术话语上表现为，寻求政府与平台之间新的合作模式，或者是重新划定二者之间的权力边界。刚才听胡凌老师讲平台发包制的时候，这是否也是对寻求新的合作模式和划定新的权力边界的探索。

第二，财产权和人格权的关系。在信息时代，无论是财产性权利还是人格性权利，其内涵和外延都发生显著变化。财产权的对象已经由过去的实体意义上的财产，过渡到虚拟意义上的财产；人格权方面，除了近年来引起广泛关注的隐私权问题，财产权和人格权彼此交互渗透、紧密关联的有趣情形也不断涌现。在关于个人信息权益问题的讨论当中，经常能看到私法学者和公法学者一起讨论得热火朝天。

几位老师的介绍都涉及隐私权的各个层面，包括沈健州老师、吴伟光老师、余盛峰老师对隐私权的讨论。但我自己有一个不同体会，我觉得现在对于财产权和人格权的讨论是“表面繁荣”，在《个人信息保护法》制定过程当中尤为明显。法律看起来提供了细密保护，提供了各种救济措施，但是在实际生活中，普通公众对于这部法律以及它所提供的救济措施有效性反应颇为冷淡。一部分原因可能与余老师所说的，中国固有的文化传统以及社会变迁的独特路径有一定关系，而在我看来还有一个更直接的原因，也许《个人信息保护法》的主要目的不在于个人信息保护，而是以信息权益作为抓手，去加强政府对平台的控制，实际上它与政府平台化的总体趋势紧密关联在一起。换言之，这部法律的成效和其目的之间不一定完全一致。

第三，法范式重构问题。余盛峰老师、丁晓东老师和杨旭老师所写的文章和提供的报告中，都涉及该问题。大家从不同角度谈到，信息社会是一个不同于农业社会和工业社会的崭新社会阶段，它的基本社会结构和社会运行方式发生变化，法律整体思维方式和运作模式也相应会发生重大变化，这些变化可能会有很多表现形式，包括余老师对于隐私权保护范式的梳理和重构，丁老师在法律形式上谈论的公私法融合问题，也包括杨旭老师谈到的法典化思维当中的条款在私法当中的应用，以及如何使立法和司法贯通起来等问题。但是我想提出一种反向思维,当今在世界范围内(尤其是西方国家)出现的社会变迁和法范式重构,能否意味着中国社会也发生类似的变迁？我认为不一定。实际上,我们仍是在用相当古老的社会想象和法律想象处理相当先进的社会模式。我们的社会想象和即将出现的社会模式之间的不对称,这是个棘手问题。这种信息不对称导致社会当中先知先觉的精英集团与普罗大众之间,经济区块化与政治权力的统合模式之间,形成日益凸显的冲突。如何在既有法律框架之下处理这些冲突和对立,恐怕成为当下需要关注的问题。

汪洋:非常感谢鲁楠老师给我们提供的富有逻辑性的、非常精彩的评论。特别感谢今天的各位报告人和评议人,我们这个环节圆满结束,感谢各位老师!

闭 幕 式

龙俊:尊敬的各位老师,大家晚上好！感谢大家参加世界法治论坛。今天一天的会听下来,我的感受是收获满满。我在两个平行论坛间来回穿梭,只感觉分身乏术,生怕错过了每一个精彩的发言。在教育论坛中,我看到了各高校在信息化时代,都在解决教育手段的多样化以及教学内容跨学科交叉化的问题,我之前也管过教学,所以今天学到了很多经验。在科研论坛中,我听到了各种观点的碰撞,包括法律技术层面的,比如数据是否应该财产权化,平台的内涵以及外延如何确定等。也包括理念层面的,在这样一个信息化的时代,个人的隐私、信息与企业的数据财产之间不可避免地会产生一系列冲突,法律制度设计应该如何协调这种冲突等。这些观点的碰撞给我带来了非常多的启发。我想各位听众肯定也有相似的感受。再次感谢各位领导、各位专家来清华大学传经送宝！

接下来,我们正式进入闭幕式的致辞环节,有请清华大学法学院党委书记邓海峰老师和盈科律师事务所创始合伙人、全国专业委员会主任李华女士分别致闭幕词。

闭幕式致辞

邓海峰(清华大学法学院党委书记)

经过热烈交流,为期一天的第五届清华大学世界法治论坛即将落下帷幕。在此我谨代表本次会议的承办方——清华大学法学院,向出席论坛的各位领导、海内外60余位嘉宾和云端的各位观众表示由衷的感谢,向龙俊老师及为本次论坛顺利举办付出不懈努力的会务团队、志愿者团队和我院的战略合作伙伴、论坛的共同承办方——北京盈科律师事务所致以诚挚的谢意。

党的二十大明确要求要加快发展数字经济,在数字经济勃兴的过程中,传统的法律关系面临深刻的数字化、信息化挑战,一系列新型法律问题随之产生。为此,清华大学法学院与北京盈科律师事务所,共同邀约海内外50余家机构的专家学者和业界精英,以“信息化时代法治建设”为主题,共同探讨数字经济的良治路径。在两个平行论坛中,无论是“信息化时代的法学教育和法律实践”议题,还是“个人信息保护与数字经济发展”议题,都深刻揭示了法学学科发展和法治路径选择所面临的机遇与挑战。而各位专家学者以极高的法治智慧与独到的学术见解,为我们奉献了一场丰盛的学术盛宴,为信息化时代法律制度的建构和法学教育的进路指明了方向。

构建日臻完善的法律治理体系始终是清华大学法学院全体师生的共同追求。一直以来,我院紧随时代步伐,密切关注信息技术的新发展,在诸多领域开展多项具有前瞻性的法律研究。近年来,清华大学法学院将目光聚焦在当前法治发展所关切的重大议题上,以举办世界法治论坛的形式,邀请海内外专家学者和业内同仁,以求凝练出不负时代使命的一流学术成果,培育出具备全球胜任力的优秀法治人才。在此意义上,本次论坛的成果必将进一步助推我们的学术努力,坚定我们的人才培养步伐,通过对信息化时代法治争议的探讨,推动中国式法治现代化的进程。

最后,衷心祝贺本次世界法治论坛取得圆满成功。在此我代表主办方诚邀各位嘉宾明年再次相聚在美丽的清华园,共话法治建设的新篇章。谢谢大家!

闭幕式致辞

李　华(盈科律师事务所创始合伙人、全国专业委员会主任)

本次论坛时间虽然短,但是主题明确,内容充实,议程紧凑,成果显著。诚如彭刚副校长在论坛开幕时所说,信息技术的飞速发展在改善人们生活的同时也带来了新的挑战,如何应对信息技术所带来的一系列挑战,发挥其巨大的正面效应,遏制其负面影响,需要我们拥有更强大的治理能力,更高超的法律智慧。因此,本次信息化时代法治建设论坛的成功举办具有重要意义。今天,来自理论界、实务界的法学专家、学者汇聚一堂,共商信息化时代的法治建设。新冠疫情对社会生产生活方式各个方面都造成了巨大冲击,使我们越来越意识到信息化时代法治建设的重要性,这也为法治建设的信息化发展提供了难得的机遇。在短短的一天中,各位专家学者妙语连珠,发言高瞻远瞩,内容丰富且发人深省,各种全新的思想和理念交流碰撞,融合交互,令人受益匪浅。

我也想借此机会和大家分享一些感悟:

一是信息化时代的法治建设首要任务是做好信息化时代的法学人才培养。2017年5月3日,习近平总书记在中国政法大学考察时强调:立德树人,德法兼修,培养大批高素质法治人才。[1] 高素质法治人才首先是德法兼修的人才,同时也是能够适应时代需求的人才。在信息化时代如何培养德法兼修的高素质法治人才,既是各个高校所面临的新任务、新课题,也是我们律师行业所面临的新问题。关于信息化时代的法学教育,综观各高校的"计算机+法学""信息+法学""人工智能+法学"等人才培养的新模式,

[1] 《习近平在中国政法大学考察:立德树人德法兼修抓好法治人才培养 励志勤学刻苦磨炼促进青年成长进步》,载《人民日报》2017年5月4日,第1版。

与会各位专家高屋建瓴、各抒己见，给出了不同的解决方案，但都指向了同一个目标：培养德法兼修的高素质法治人才。信息化时代人才培养需要与时代特征相适应，与培养对象的特点相适应。现在的大学生已经是“00后”，被称为“互联网原住民”的一代人，他们对信息化和互联网的理解和应用远超以往。因此，法学人才的培养需要充分利用互联网资源做好信息化建设，加大对复合型法学人才的培养力度。

二是信息化时代的法学教育离不开实践教育的协同。习近平总书记强调法学学科是实践性很强的学科，法学教育要处理好知识教学和实践教学的关系。[1] 北京市盈科律师事务所有幸与全国各大知名法学院校展开深度合作，在实践教学领域共同探索新方式、新方法。正如梅向荣主任在开幕式致辞中提到的，盈科律师事务所特别重视信息化建设，在坚持专业化建设的同时于2021年开启数字化高质量发展新阶段。同时着力打造云端办公系统，以便更好地服务于盈科当前中国区的107家盈科分所，同时服务覆盖了89个国家、158个国际城市的盈科全球法律服务网络。通过“物联网+新媒体+视频+AI”的方式，赋能法律服务，提供“一站式”自助法律服务，为人民群众解答法律疑惑，破解律师资源匮乏与法律服务区域发展不均衡的问题，促进公共法律服务体系更加完善。

三是信息化时代法治建设的另一项重要任务是处理好数字经济发展与个人信息保护之间的矛盾。习近平总书记专门对网络安全工作作出指示，强调坚持促进发展和依法管理相统一，既大力培育人工智能、物联网、下一代通信网络等新技术新应用，又积极利用法律法规和标准规范引导新技术应用。[2] 促进发展和依法管理相统一，不仅是我们本次论坛的重要指导精神，也是各位专家学者在讨论中一直坚持的核心要旨。各位专家学者在如何积极利用法律法规、标准规范引导新技术应用方面提出了很多富有建设性的意见，为法律实践工作提供了有益的理论指导。

盈科作为一家负责任、严守职业操守的律师事务所，历来重视客户个人

[1] 《习近平在中国政法大学考察：立德树人德法兼修抓好法治人才培养 励志勤学刻苦磨炼促进青年成长进步》，载《人民日报》2017年5月4日，第1版。

[2] 《习近平对国家网络安全宣传周作出重要指示强调：坚持安全可控和开放创新并重 提升广大人民群众在网络空间的获得感、幸福感、安全感》，载《人民日报》2019年9月17日，第1版。

信息保护工作，今后也将在信息化建设的同时，把客户个人信息保护作为头等工作对待。本次论坛在各位领导的指导下，在各位嘉宾、高朋的支持下圆满闭幕，为我国信息化时代的法治建设出谋划策，以理论引领航向，以实践求真知。在此，我谨代表北京市盈科律师事务所的全体同仁，向为论坛成功举办作出积极贡献的各位嘉宾和各位专家学者们，向一直以来默默奉献以保证本次论坛顺利举办的论坛共同承办方——清华大学法学院致以最诚挚的感谢和最衷心的祝福。期待今后与各位重聚，下次论坛再见，谢谢！

下 篇

第五届清华大学世界法治论坛会议论文

涉人脸识别犯罪的关键问题*

周光权

摘　要：《个人信息保护法》第28条将人脸识别等包含个人生物识别特征在内的信息作为敏感个人信息加以特别保护极有必要，除此之外，应针对实践中涉人脸识别犯罪频发的现状，有效运用刑法手段精准打击，以全面保护人格权。获得个人知情同意的信息取得、利用行为，排除侵犯公民个人信息罪的客观构成要件，而非阻却违法性。网络放贷平台APP等擅自抓取贷款申请人的人脸识别数据，当然违反知情同意规则；即便征得该申请人同意，但读取其通讯录以及手机中储存的照片的，由于该申请人对于涉及他人的信息无权同意，获取行为也违背知情同意规则，有可能构成本罪。行为人未经允许，将他人的肖像加工成人脸识别数据，破解人脸识别安全验证，解除网络支付平台账户限制等，属于非法控制计算机信息系统的行为，不构成破坏计算机信息系统罪，也不宜认定为非法获取计算机信息系统数据罪。欺骗被害人"刷脸"后冒用其名义贷款的，构成盗窃罪而非诈骗罪。行为人同时实施非法控制计算机信息系统行为以及获取账户资金、个人信息等行为的，应当数罪并罚。准确认定涉人脸识别犯罪，需要坚持构成要件的观念，考虑刑法上所固有的违法性判断，并兼顾《民法典》及《个人信息保护法》的立场。

关键词：人脸识别　侵犯公民个人信息罪　非法控制计算机信息系统罪　盗窃罪　犯罪竞合

* 原文发表于《比较法研究》2021年第6期，收入本书时略有修改。

当前,随着人工智能技术的不断成熟,人脸识别所取得的数据、信息[1]作为身份识别的一种方式,被广泛运用于交通出行(如地铁安检、动车检票等)、小区进出门禁、单位考勤、网上银行及移动支付等诸多领域。人脸识别,主要是基于人的面部特征信息来进行身份识别,以判断图片和视频中人脸对应的个人身份,其具体应用是通过视频采集设备扫描获取识别人的脸部图像信息,并通过人脸识别算法计算获取人脸的面部特征信息,与人脸识别系统中的人脸样本数据库进行比对,最后判断出用户的真实身份。一般而言,在人脸识别应用中还会对被识别人进行活体检测,即要求被识别人进行眨眼、张嘴、点头等组合动作,以验证被识别人是真实本人在操作。人脸识别还涉及对人脸进行属性识别、聚类识别等一些技术应用场景,如人脸属性识别即是根据人脸展现出的特征检测出与人脸相关联的属性,包括年龄、性别等。

人脸识别技术为相关管理活动的开展以及个人生活带来了很多便利,借助于这一技术,验证、识别特定自然人以及对个人行动的观察和分析都变得十分容易。但是,人脸识别的大量使用也对个人数据保护带来了新的挑战。人脸识别信息被大数据公司或各种金融平台 APP 过度收集、随意共享的现象广泛存在;人脸识别技术在应用中存在不少安全漏洞,具有“易破解”的很多薄弱环节,相关技术及数据被滥用的情形屡见不鲜。人脸识别的相关数据、信息一旦被不法分子获得,会给个人带来各种风险。人脸数据属于公民的生物信息,[2]其和指纹、声纹、掌纹、基因、虹膜、耳廓等生物识别信息一样,[3]与信息主体人格尊严之间联系密切,能够反映自然人独一无二、不可替代的身体特征,具有高度的人身依附性、专属性等一般信息所不具备的信息特质,对这种信息的特殊保护历来受到关注。[4]《民法典》第 1034

---

[1] 关于数据和信息的关系,在理论上存在争议。由于本文主要讨论滥用人脸识别技术所引发的犯罪认定问题,数据和信息之间虽有一定差别,但是,对于回应笔者的问题意识而言,这种差别不是实质性的,因此,本文对这两个概念即便混用也不会影响主要观点的展开。

[2] 参见蔡雄山、袁俊:《如何应对人脸识别技术的安全隐忧》,载《光明日报》2019 年 12 月 26 日,第 14 版。

[3] 最高人民法院《关于审理使用人脸识别技术处理个人信息相关民事案件适用法律若干问题的规定》第 1 条第 3 款规定:“本规定所称人脸信息属于民法典第一千零三十四条规定的‘生物识别信息’。”

[4] 参见刘忠炫:《个人信息处理的合理限度——基于必要性原则的场景化分析》,载《上海政法学院学报(法治论丛)》2021 年第 5 期。

条第1款规定，自然人的个人信息受法律保护；该条第2款个人信息的定义明确将生物识别信息列举为个人信息。《个人信息保护法》第28条则明确将人脸识别、指纹等包含个人生物识别特征在内的个人信息作为敏感个人信息加以规定，认为其一旦被泄露或者非法使用，容易导致自然人的人格尊严受到侵害或者人身、财产安全受到危害。如此一来，人脸识别信息就和宗教信仰、特定身份、医疗健康、金融账户、行踪轨迹等信息一样，成为法律重点保护的对象。只有在具有特定的目的和充分的必要性，并采取严格保护措施的情形下，个人信息处理者方可处理人脸识别信息等敏感个人信息。

在实务中，一方面，由于个人可能将足以识别个人的肖像、身份证图片以及其他具有人身关联性的人像或风景照片等都储存在云盘上，个人对其敏感信息的保护难度加大；另一方面，人脸识别技术极易被滥用，由此导致非法获取、提供、破解人脸识别数据及关联的电信网络诈骗、非法发放及催收贷款等犯罪案件层出不穷，有的案件在定性上存在一定争议。因此，从刑法角度思考人脸识别技术应用风险的规制问题，具有重大现实意义。也就是说，要全面保护敏感个人信息，《民法典》和《个人信息保护法》的作用不可低估，但刑法也一定不能缺位，尤其对涉人脸识别案件的定罪争议问题进行研究，对于统一刑事裁判尺度具有实际价值。

需要说明的是，本文对滥用人脸识别技术行为的刑法规制，不讨论如下两类案件：一方面，仅以“人脸识别”为噱头，但纯属传统犯罪类型的案件。例如，被告人麦某虚构其投资人脸识别门锁项目的事实，多次骗取他人财物14万余元，法院以诈骗罪判处其有期徒刑3年10个月。[1] 法院的判决是正确的，这类案件也与人脸识别无关。另一方面，实务中定罪并无争议的涉人脸识别情形。例如，《个人信息保护法》第10条规定，任何组织、个人不得非法收集、使用、加工、传输他人个人信息，不得非法买卖、提供或者公开他人个人信息；不得从事危害国家安全、公共利益的个人信息处理活动。此外，《个人信息保护法》第26条规定，在公共场所安装图像采集、个人身份识别设备，应当为维护公共安全所必需，遵守国家有关规定，并设置显著的提示标识。所收集的个人图像、身份识别信息只能用于维护公共安全的目的，不得用于其他目的。如果被告人侵入他人的计算机信息系统窃取大量身份

---

〔1〕 参见广东省江门市新会区人民法院刑事判决书，(2020)粤0705刑初667号。

证照片等，加工成人脸识别视频后非法出售的，以及为窃取个人信息而在隐秘场所安装图像采集、个人身份识别设备，并将所获取的人脸识别信息非法提供给他人的，无疑都构成侵犯公民个人信息罪。换言之，本文着力讨论的是在非法利用人脸识别技术获取数据，以及在个人信息处理过程中，滥用人脸识别技术或数据时所涉及的定罪争议问题。

一、个人真实同意之有无与定罪争议

（一）知情同意规则在刑法上的体系定位

根据《刑法》第253条之一的规定，违反国家有关规定，向他人出售或者提供公民个人信息情节严重的，以及窃取或者以其他方法非法获取公民个人信息的，构成侵犯公民个人信息罪。与此相关联的前置法即《个人信息保护法》第13条规定，处理个人信息应当取得个人同意。据此，知情同意成为信息处理规则。我国《网络安全法》第42条规定，网络运营者不得泄露、篡改、毁损其收集的个人信息；未经被收集者同意，不得向他人提供个人信息。《网络安全法》第44条规定，任何个人和组织不得窃取或者以其他非法方式获取个人信息，不得非法出售或者非法向他人提供个人信息。

据此，为平衡数据利用和个人权益保护之间的关系，我国并不禁止企业从事涉及他人个人信息的相关业务，法律禁止的仅是违反国家规定，未取得个人同意，非法获取、出售、提供公民个人信息的行为，并不是只要从事与个人信息相关的业务就涉嫌犯罪。由于本罪是以归属于个人的信息权益为保护对象的，因此，无论对于本罪的保护法益持个人法益说、社会法益说还是双重法益说的见解，[1]都应该认为本罪中的违反国家有关规定一般仍应以是否经过信息主体同意为标准，也就是说，取得特定信息主体同意后，对其人脸识别信息进行验证，并不属于违反国家有关规定的情况。归结起来，就刑事领域而言，个人是否知情同意就是涉及罪与非罪的重要判断规则。在大数据时代，个人信息流程多元复杂，“海量的数据收集、多元化的数据利用和复杂的同意条款使得建立在信息主体充分知情基础上的明示同意更加难

〔1〕　关于本罪保护法益的争论，可参见曲新久：《论侵犯公民个人信息犯罪的超个人法益属性》，载《人民检察》2015年第11期；于冲：《侵犯公民个人信息罪中“公民个人信息”的法益属性与入罪边界》，载《政治与法律》2018年第4期。

以实现”,[1]但即便如此,也需要强化这一规则,由此才能赋予公民对其个人信息的有效控制,从源头上保护个人信息,减少后续违法处理个人信息的行为,减轻监管压力,降低法律实施成本,明确侵权者承担责任的标准。[2]

在利用人脸识别技术侵犯个人信息的场合,控辩双方容易发生的争议是:被告人是否有真实、有效的同意。有的辩护人明确提出,本案的个人信息都是公民自愿提供的,且被告人没有采用窃取等非法手段获取个人信息,也没有转卖涉案的个人信息。[3] 在多数判决中,对于这一辩解未作回应,法官潜意识里可能认为这一辩解不值一驳——在有的案件里,被告人非法加工、处理的人脸识别信息数量巨大,显然没有也不可能取得所有个人的同意,因此法官的直觉无可厚非。但在有的案件中,确实存在部分人脸识别信息的获取得到了个人的同意。因此,对涉人脸识别刑事案件的处理背后,有一个“知情同意”是阻却构成要件还是阻却违法的问题。

对于被害人同意的体系定位,第一种观点认为,需要区分同意和承诺,二者的含义不同,被害人的同意阻却构成要件,但承诺只能阻却违法。第二种观点认为,即便区分同意和承诺,也应该认为其承诺阻却构成要件,因为《刑法》对人身、财产法益的保护,是防止他人的攻击,不是禁止权利人的自我处分。当权利人通过有效的同意允许行为人对相应的法益客体进行损害时,行为人的行为就只是权利人对于自身法益进行支配和使用的外在表现,其并不违反权利人的自主意志,不能被视为《刑法》意义上的实行行为。因此,基于被害人的有效承诺而实施的行为自始不具有法益侵害性,也不符合构成要件所表征的不法类型。被害人在没有违背自己意愿的情况下面对危险,对其提供保护只不过是在贯彻刑法家长主义。[4] 第三种观点认为,被害人同意与承诺无法区分,只承认承诺这一概念即可。对于被害人承诺,合适的处理方式是区分法益的性质,区别性地予以考察。在侵犯自由以及侵犯财产的相关犯罪中,因为财产法益、自由法益和被害人的处分权之间容易作一体评价,对此可以赞成被害人承诺排除构成要件的主张;而在与人身伤

[1] 储陈城:《大数据时代个人信息保护与利用的刑法立场转换——基于比较法视野的考察》,载《中国刑事法杂志》2019 年第 5 期。

[2] 参见程啸:《个人信息保护法理解与适用》,中国法制出版社 2021 年版,第 122 页。

[3] 参见安徽省明光市人民法院刑事判决书,(2020)皖 1182 刑初 115 号。

[4] 参见王钢:《被害人承诺的体系定位》,载《比较法研究》2019 年第 4 期。

害相关的犯罪中，也可以认为法益和对法益的处分权应当分开评价，从而支持被害人承诺阻却违法性说。在人身伤害犯罪中，持阻却违法这一主张的好处在于其与国民的一般性常识判断保持一致，尊重了国民规范意识。例如，在为拯救亲人生命而承诺的活体肾脏移植事例中，甲是脏器提供者，由于要向近亲属移植器官的一部分，承诺摘除并失去部分器官，即便有甲的承诺，但其遭受损害、法益受损的事实，仍然无法否定。换言之，虽然有被害人承诺，但对其身体机能的伤害（例如，被摘取一个肾脏）是存在的，与此同时，在构成要件定型化的判断中，这种得到被害人承诺的行为在公众（理性一般人）看来确实会造成法益伤害。只不过在此后继续进行的违法性判断中，可以立足于整体法规范所确立的法秩序进行比对，认为这一损害法益的行为会拯救他人的生命，因此被害人基于其承诺的身体健康权缺乏“要保护性”，即在处分身体法益的相关主体的自由（自我决定权）被尊重的范围内，出于法益保护目的具体性地去禁止伤害行为这一必要性应被否定。换言之，在自我决定权所覆盖的范围内，由于法益的“要保护性”被否定，违法性就被阻却。这样一来，身体法益以及与身体法益有关的处分权就是两个层面的问题，不应当混同在一个层面当中予以讨论。〔1〕

事实上，无论对被害人同意与被害人承诺之间的关系持何种主张，在侵犯公民个人信息的场合，都应该认为被害人的知情同意阻却构成要件该当性。赞成第一种观点的学者会将信息处理者充分告知后个人所作出的同意解释为有别于被害人承诺的“被害人同意”，从而得出这种同意阻却构成要件该当性的结论。赞成第二种观点的人会认为，即便将这里的知情同意说成是被害人承诺，其也属于阻却构成要件的情形。持第三种观点的学者会主张，本罪属于侵犯自由的犯罪，因为自由法益和被害人的处分权之间具有一体性，因此，可以得出承诺排除构成要件的结论。笔者原则上同意前述第三种主张，承认被害人知情同意阻却构成要件。例如，行为人以蝇头小利诱骗他人提供人脸识别信息，然后由行为人独立完成大额电信诈骗资金转移手续等，个人提供信息时如果是基于自身利益诉求，在明知他人可能将自己的人脸识别信息用于多种用途（包括极有可能用于违法用途）的情况下，仍自愿出售身份信息，甚至在对方明确告知将使用其人脸识别信息用于申领

〔1〕 井田良『講義刑法学・総論』（有斐阁，2018 年）319 頁参照。

银行卡等场景下,仍自愿提供照片及其他信息的,其同意将阻却犯罪客观构成要件的成立。[1]

(二)违背知情同意规则的人脸识别数据滥用行为

从民事法律的角度看,知情同意规则由告知规则和同意规则两部分组成。对于告知义务的履行方式、告知内容,《个人信息保护法》作出了详细规定,其第 17 条明确指出,个人信息处理者在处理个人信息前,应当以显著方式、清晰易懂的语言真实、准确、完整地向个人告知下列事项:(1)个人信息处理者的名称或者姓名和联系方式;(2)个人信息的处理目的、处理方式,处理的个人信息种类、保存期限;(3)个人行使本法规定权利的方式和程序;(4)法律、行政法规规定应当告知的其他事项。结合上述规定可以看出,无论个人信息处理行为是否基于个人的同意,处理者原则上都有告知义务(除非法律规定了可以免于告知),未进行告知或告知的内容有瑕疵,未取得信息主体同意而处理其个人信息的,应当承担民事侵权责任。[2]

从实务的角度看,由于人脸识别信息不同于一般个人信息,甚至其作为生物信息与指纹等其他生物信息之间也有较大区别。因此,人脸识别信息的处理应坚持特别规制即差异化规制,应坚持更强的知情同意原则。[3] 也正是考虑到这一点,《个人信息保护法》第 29 条规定,处理敏感个人信息应当取得个人的单独同意;法律、行政法规规定处理敏感个人信息应当取得书面同意的,从其规定。实务中,行为人虽不是在隐秘场所擅自安装摄像头非法抓取人脸识别数据,但是,其并未将获取、处理敏感个人信息的真实目的告知被害人,或者被害人的同意明显存在瑕疵,以及 APP 过度读取、抓取人脸识别等信息的,个人真实、有效的同意并不存在,行为人有成立侵犯公民个人信息罪的余地。

结合近年来已经作出的裁判观察,违背知情同意规则的人脸识别数据滥用行为大致有以下类型。

---

〔1〕 此处的人脸识别信息提供者视情形还有成立帮助信息网络犯罪活动罪的余地。

〔2〕 参见程啸:《论个人信息处理者的告知义务》,载《上海政法学院学报(法治论丛)》2021 年第 5 期。

〔3〕 参见包晓丽:《数据共享的风险与应对——以网络借贷平台为例》,载《上海政法学院学报(法治论丛)》2021 年第 5 期。

1. 欺骗他人取得人脸识别信息

行为人在未告知被害人可能获取其人脸识别信息的情况下，违法采集、获取公民个人信息的，当然违背知情同意原则。比如，曾经流行的许多“AI换脸游戏”APP，就是利用用户乐于参与游戏、毫不防备的心理，在未告知的情形下，非法采集人脸识别信息。实务中，违背知情同意原则，欺骗他人获取人脸识别信息的案件突出表现为行为人针对中老年人对信息的鉴别能力较弱这一现实，通过拍照等方式收集人脸识别信息的情形，使中老年人成为人脸识别信息被非法获取的一个特殊被害群体。不法分子往往以“发福利”或者“发赠品”的名义，诱惑被害人参与拍照、提供照片等个人信息。例如，有的被告人在超市内，以顾客购物满一定金额可获赠洗衣液等礼品为名，并要求顾客在领取礼品时提供姓名、身份证号码，并用手机拍照、录制视频等方式采集被害人的肖像信息。再如，被告人走乡串户到农村举办各种名目的活动，要求达到一定年龄以上的老年人持本人身份证参加，给参加者赠送价值很低的副食品，然后对领取者的身份证及本人进行拍照，获取人脸识别数据。在被害人提出疑问时，对方谎称拍照或录像的目的是“为避免重复领取”。被告人向被害人获取的个人信息，极有可能后续被用于办理开通实名认证的移动通信卡、银行卡，或者注册网络账户，以及注册某些公司开发运营的放贷 APP 用户等，待实名认证通过，有关申请办理成功后，被告人从移动代理商、电信网络诈骗犯罪团伙成员处领取佣金。

显而易见，上述隐瞒获取个人信息的真实意图，滥用人脸识别技术，在被害人对信息处理行为不知情的情况下，欺骗他人同意拍照非法获取公民个人信息的行为，与《个人信息保护法》第 13 条所规定的“知情同意”规则相抵触，明显具有违法性，能够为犯罪的成立奠定规范基础。

2. 非法抓取通讯录及人脸识别信息

近年来发案率较高的情形是，网络放贷平台 APP 借助于技术手段非法获取公民人脸识别信息后，才予以放贷，并将人脸识别信息共享给催收公司，甚至将这些信息变卖获利。首先，上述平台在放贷时事先未告知，但抓取个人信息的行为侵犯个人信息，即使用 APP 等应用软件通过隐瞒方式取得用户同意，实际收集的信息超过其提供产品及服务的必要范围，与知情同意条款中的约定明显不符。例如，【例 1，催贷案】2018 年 10 月，董某（另案处理）通过“救急白卡”APP 在网络上非法从事高利放贷业务，并且在该

APP 软件中植入特定程序，以便在不特定借款人申请借款时获取借款人手机通讯录和地理位置等个人信息。2019 年 3 月起，被告人焦某涛在明知上述 APP 为非法网络高利贷软件的情况下，先后两次以其设立的“武汉简雍”公司的名义从董某处接收高利贷催收业务，同时非法接受由董某提供的相关借款人个人信息，并按照贷款的不同逾期阶段获得佣金。“救急白卡”APP 系统集成外挂的杭州有盾科技有限公司还会抓取用户的人脸识别活体信息与身份证信息进行比对。“救急白卡”APP 经贷款申请人授权允许后，获取用户的手机通讯录信息和 GPS 地理位置信息。被告人焦某涛等人供述：“甲方会提供催收系统的链接，我们（催收公司）登录上去后就能看见欠债客户的姓名、手机号、借款金额和实到金额、应还款金额，能够看到人脸识别信息，然后我们就会通过打电话、加微信（的方式催收），如果电话不通，就联系他通讯录里的人，把他现在用的手机号要出来然后再跟他联系，让他还钱。”法院认为，被告人焦某涛非法获取公民个人信息，构成侵犯公民个人信息罪。[1]

在本案中，“救急白卡”APP 经借款人授权后，获取用户的手机 GPS 地理位置信息，符合知情同意规则。但是，对于经过借款人同意后，获取该申请人的手机通讯录以及抓取用户的人脸识别活体信息的行为是否具有非法性，实务中认识不一。第一种观点认为，APP 读取、抓取信息的行为不属于侵犯公民个人信息，因为其取得该类信息系业已经过用户同意，仅用于行为人所在公司催收债务等经营活动，并没有将信息转手提供其他第三人。这种观点很有市场，在个案中，很多辩护人也以此作为辩护理由。第二种观点认为，APP 用户的同意并非真实的用户意思表示，用户如果不同意就无法使用 APP，难以抗拒非法信息收集，其只能被动接受；行为人虽然没有导致信息泄露，但是其通过读取的手机通讯录并给亲友打电话催债的行为，影响了用户的正常生活，因此，行为人构成本罪。第三种观点认为，行为人所使用的 APP 如果明示了信息用途，如告知用户（贷款申请人）其手机通讯录、人脸识别信息可能被用于验证诚信度以及后续的催收债务，其行为就不违法；如果事前没有明示，但在收集后将其用于催收等活动的，属于非法获取他人信息。

笔者认为，上述主张都难言合理。行为人通过 APP 发放贷款，在发放贷款前，要求贷款申请人必须提供其亲友的手机号、通信地址，以及抓取人脸

---

〔1〕 参见安徽省明光市人民法院刑事判决书，(2020) 皖 1182 刑初 115 号。

识别信息等,以便于后期催讨债务的,都属于过度读取个人信息,也是侵犯公民个人信息的犯罪行为。首先,任何一个手机号码的所有人的个人隐私权、个人信息权益都受法律保护,对此实行实名制也有这方面的考虑,手机主人将其告知贷款申请人,是基于日常生活交往需要的一种个人信息许可、同意。但是,其并未事前“一揽子”授权贷款申请人可以把这个电话号码转让给包括APP开发者在内的所有人。因此,APP开发者在经营活动(而不是日常生活交往)中,要取得他人通讯录内储存的大量手机号码,仅获得借款申请人的授权是不够的,而应当取得通讯录中每一个手机号码所有人的单独同意。其次,APP读取数据的目的具有非法性(一旦追讨欠债不能成功,便要对无关第三人进行滋扰、纠缠,通过干扰第三人的私生活来实现自己的债权),这更容易使其行为难以阻却构成要件该当性。最后,个人的人脸识别信息属于生物识别信息,是比一般个人信息更为重要的敏感个人信息,未经个人同意,违背知情同意规则的抓取及向第三方提供的行为明显具有违法性。[1]

3.行为人将其控制的照片加工成人脸验证视频

例如,【例2,制作动态视频案】被告人赖某全应客户(信息不详)要求,将其所得知的居民身份证号码、姓名等发送给同伙“曹操”“大佬”(另案处理)等人帮忙查询上述公民的对应照片,再将上述照片通过“三色技术”制作成动态人脸验证视频后出售给客户从中获利,共获利约达2.3万元。法院认为,被告人赖某全违反国家规定,向他人出售公民个人信息,情节严重,其行为已构成了侵犯公民个人信息罪,判处其有期徒刑1年2个月。[2]

再如,【例3,制作3D头像案】张某雇用姚某萍,并指使余某飞使用大量公民个人身份信息注册某宝账号,再使用软件将公民头像照片制作成公民3D头像,从而通过某宝(第三方支付平台)人脸识别认证。张某、姚某萍等人通过这种方式来获取某宝提供的邀请注册新某宝用户的相应红包奖励(每新注册某宝账号一个,行为人至少可以获取28元收益)。案发后,警方从张某处查扣近2000万条公民个人信息。从2018年7月至案发,张某共使用他人个人身份信息注册成功至少547个通过人脸识别认证的实名某宝账户,从中非法获利15,316元。2019年11月18日,浙江省江山市人民法院

---

〔1〕 参见张红:《大数据时代日本个人信息保护法探究》,载《财经法学》2020年第3期。
〔2〕 广东省东莞市第二人民法院刑事判决书,(2020)粤1972刑初4287号。

作出一审判决，认定张某犯侵犯公民个人信息罪和诈骗罪。[1]

在上述“例2，制作动态视频案”和“例3，制作3D头像案”中，被告人都辩解其将照片加工为动态人脸验证视频、公民3D头像等行为不属于侵犯个人信息。但是，照片是个人肖像的载体，是特定自然人可被识别的外部特征，属于敏感个人信息，对包含个人生物识别特征的肖像的使用和处理，根据《个人信息保护法》第29条的规定，应当取得个人的单独同意或者授权。行为人未经同意加工人脸识别数据，侵犯了被害人的肖像权和个人信息权益。被告人即便辩解其所获取的照片信息系他人真实提供，自己对照片的来源不知情，甚至辩解其照片的取得经过权利人同意，其加工个人照片的行为仍然具有侵犯个人信息的性质。换言之，对于个人生物识别信息的使用，以及未经同意加工人脸识别数据的，都违背了知情同意规则，侵犯了他人的肖像权和个人信息权益，对网络时代下的数据安全、个人信息和财产安全均造成了严重危害，行为人难以主张其行为阻却构成要件该当性。

二、破解人脸识别侵害的是系统而非数据

目前，制作模拟人脸模型以破解人脸识别验证的黑色产业链已相当“成熟”，而且许多软件代码已经开源，用身份证照片就可以从技术上模拟张嘴、眨眼等动作，仿真效果很高，可以骗过许多人脸识别平台。2021年2月，清华大学Real AI研究团队利用对抗样本干扰技术，在短短15分钟时间内就成功破解了19款国内主流手机的人脸识别系统，人脸识别“易破解”的安全隐患暴露无遗。该团队破解人脸识别的过程是，先将测试人员A的人脸信息录入手机，随后测试人员B利用A的照片通过“对抗样本攻击算法”在眼部区域生成一个最佳的干扰图案，最后将干扰图案打印出来贴在镜框上并戴上眼镜，即可对着手机屏幕完成人脸识别破解解锁。[2] 人脸识别验证防破解能力弱，既暴露了日常应用程序在人脸识别技术方面所存在的漏洞，也给准确定罪带来了一定争议。

（一）破解人脸识别验证的定罪差异

1. 以非法获取计算机信息系统数据罪定罪的情形

【例4，破解某宝系统案】2018年8月，被告人唐某通过他人介绍先后两

---

〔1〕 参见浙江省江山市人民法院刑事判决书，(2019)浙0881刑初10号。

〔2〕 参见苗杰：《人脸识别“易破解”面临的风险挑战及监管研究》，载《信息安全研究》2021年第10期。

次前往山东省菏泽市被告人李某安处学习制作用以破解某宝人脸识别认证系统的3D人脸动态图，并从被告人李某安处购买了相关设备，支付被告人李某安人民币2.3万元。后被告人唐某在网络上发布信息称能够提供破解某宝人脸识别认证的服务。2018年9月，被告人唐某从“半边天”（另案处理）处获得唐甲的某宝账户信息，受“半边天”委托破解某宝对唐甲账号的限制，被告人唐某采用制作唐甲3D人脸动态图的方式突破了某宝人脸识别认证系统，解除了某宝对唐甲账号的限制登录，后被告人唐某将唐甲某宝账户信息提供给被告人张某，被告人张某通过伪造唐甲手持身份证、同意（承诺）函的照片并拨打某宝客服电话的方式解除了某宝对唐甲账户的资金冻结，后被告人张某采用购买话费的形式将唐甲某宝账户内的人民币2.4万余元转移。

对于本案，侦查机关以唐某涉嫌侵犯公民个人信息罪、破坏计算机信息系统罪提请检察机关批准逮捕。检察机关以破坏计算机信息系统罪对唐某批准逮捕。起诉时，公诉机关改变了罪名，认为唐某非法侵入网络支付平台计算机系统，系通过采取加工人脸识别数据等方法，使其与系统安全验证预设数据相匹配而实现的，并没有对计算机系统原数据删除、修改、增加、干扰，其行为不符合破坏计算机信息系统罪的构成要件，唐某实施的加工人脸识别数据、破解系统安全验证、非法解除账户限制、非法获取交易许可数据等行为，危害了计算机信息系统安全，扰乱了社会管理秩序，应以非法获取计算机信息系统数据罪定罪处罚。

四川省成都市郫都区人民法院审理后认为，照片是特定自然人可被识别的外部特征，使用时需经本人同意或者授权。行为人未经同意或者授权非法利用他人肖像，加工人脸识别数据后破解安全验证，是利用了计算机系统运行数据的基本原理。以此侵入计算机系统控制或转移账户资金的，是获取并运行数据的结果。行为人主观上没有非法占有账户资金的目的，但未经肖像权人同意，实施上述行为，构成犯罪的，应以非法获取计算机信息系统数据罪定罪处罚。据此，判处被告人唐某有期徒刑1年10个月。[1]

2.以破坏计算机信息系统罪定罪的情形

【例5，破解“渝快办”平台案】2019年12月以来，被告人祁某利用FD

---

〔1〕 参见四川省成都市郫都区人民法院刑事判决书，（2019）川0124刑初610号。

软件，通过对计算机信息系统中传输的人脸比对数据进行替换的方式，帮助单某、朱某、龚某、熊某等人（均另案处理）在重庆市政府APP“渝快办”政务服务平台及重庆税务微信公众号上以他人的身份信息进行公司注册登记和电子税务注册，以此方式违规办理了165家公司的营业执照和18家公司的电子税务账号，从中非法获利人民币2.8万余元。检察机关认为，被告人祁某违反国家规定，对计算机信息系统中传输的数据进行修改的操作，构成破坏计算机信息系统罪。[1]

3. 仅以侵犯公民个人信息罪定罪的情形

【例6，破解“一窗通”平台案】被告人吴某兵自2020年4月起，明知他人利用公民个人信息实施非法侵入计算机信息系统、虚开发票等违法犯罪行为，仍利用非法获取的身份证照片等公民个人信息，采用不法技术手段单独或与被告人周某甲等人分别结伙，帮助朱某某、梁某某（均另案处理）等人破解上海“一窗通”“电子营业执照”“登记注册身份验证”“上海电子税务局”“交管12123”等计算机信息系统的人脸识别认证程序，从中违法所得人民币6万余元。检察机关认为，被告人吴某兵和周某甲单独、结伙或分别结伙，违反国家有关规定，利用非法获取的公民个人信息从事违法犯罪活动并从中牟利，情节特别严重，应以侵犯公民个人信息罪追究其刑事责任。[2]

与此大致类似，在“例3，制作3D头像案”中，被告人张某伙同他人使用软件将公民头像照片制作成公民3D头像，从而通过某宝人脸识别认证，骗取某宝奖励，法院也是将破解人脸识别验证系统的行为认定为侵犯公民个人信息罪。

上述案件，无论是用虚假的身份证照片还是非法制作的3D头像获取系统验证，其实质都是破解人脸识别验证系统的行为。但是，实务中对此的定罪并不相同。由于被告人实施类似行为很可能同时构成侵犯公民个人信息罪，因此，以该罪对被告人定罪处刑的做法原则上是没有问题的（但是，实践中可能忽略了其和计算机犯罪的竞合问题。对此，在后文中会作进一步分析）。在这里，真正有争议的是这种破解人脸识别验证系统的行为究竟应该构成非法获取计算机信息系统数据罪、破坏计算机信息系统罪还是其他

---

〔1〕 参见重庆市渝中区人民检察院渝中检刑诉（2020）1171号起诉书（本案判决书尚无法查询）。

〔2〕 参见上海市虹口区人民检察院沪虹检刑诉（2020）32号起诉书（本案判决书尚无法查询）。

犯罪。

（二）破解人脸识别验证系统以破坏计算机信息系统罪定罪的疑问

根据《刑法》第286条的规定，破坏计算机信息系统罪是指违反国家规定，对计算机信息系统功能进行删除、修改、增加、干扰，造成计算机信息系统不能正常运行，后果严重的行为，或者违反国家规定，对计算机信息系统中存储、处理或者传输的数据和应用程序进行删除、修改、增加的操作，后果严重的行为，以及故意制作、传播计算机病毒等破坏性程序，影响计算机系统正常运行，后果严重的行为。根据最高人民法院、最高人民检察院《关于办理危害计算机信息系统安全刑事案件应用法律若干问题的解释》（2011年8月1日）第4条的规定，破坏计算机信息系统功能、数据或者应用程序，具有下列情形之一的，应当认定为《刑法》第286条第1款和第2款规定的"后果严重"：（1）造成10台以上计算机信息系统的主要软件或者硬件不能正常运行的；（2）对20台以上计算机信息系统中存储、处理或者传输的数据进行删除、修改、增加操作的；（3）违法所得5000元以上或者造成经济损失1万元以上的；（4）造成为100台以上计算机信息系统提供域名解析、身份认证、计费等基础服务或者为1万以上用户提供服务的计算机信息系统不能正常运行累计1小时以上的；（5）造成其他严重后果的。

由于《刑法》第286条第2款仅规定"违反国家规定，对计算机信息系统中存储、处理或者传输的数据和应用程序进行删除、修改、增加的操作，后果严重的，依照前款的规定处罚"，其中并未像第1款那样规定"造成计算机信息系统不能正常运行"，因此，无论是司法解释还是实务上，对于这种情形下的破坏计算机信息系统罪的认定都存在一定的误解。在上述司法解释第4条的第1项、第4项规定中，都有行为造成计算机信息系统不能正常运行的内容，但是，其第2项"对二十台以上计算机信息系统中存储、处理或者传输的数据进行删除、修改、增加操作的"，以及第3项"违法所得五千元以上或者造成经济损失一万元以上的"，都单纯指行为样态或行为人的获利，并不要求行为必须导致计算机信息系统不能正常运行才达到定罪门槛。这种司法解释规定极易导致实务陷入误区。

【例7，删除"恶评"案】对于被告人李某杰冒用买家身份，骗取电商平台客服审核通过后重置账号密码，登录该购物网站内部评价系统，删改买家的中差评347个，获利9万余元的行为，检察机关以被告人李某杰犯破坏计算机信息系统罪提起公诉。一审法院认为，冒用购物网站买家身份进入网站内部评价系统删改购物评价，属于对计算机信息系统内存储数据进行修改操作，危害计算机信息系统数据采集和流量分配体系运行，使网站注册商户及其商品、服务的搜索受到影响，导致网站商品、服务评价功能无法正常运作，侵害了购物网站所属公司的信息系统安全和消费者的知情权，行为人因删除、修改某购物网站中差评数据违法所得25,000元以上，构成破坏计算机信息系统罪，属于“后果特别严重”的情形，由此人民法院以破坏计算机信息系统罪判处被告人李某杰有期徒刑5年，二审维持原判。[1]

但是，上述司法解释和实务运作对《刑法》第286条第2款的理解都存在疑问。理由在于：(1)判断《刑法》第286条第2款所规定犯罪的客观构成要件时，需要进行体系思考。体系思考“并不是单纯地孤立观察某个法规范，而是要观察这个规范和其他规范的关联，这个规范和其他法律规范都是共同被规定在某个特定法领域中，就此而言，它们共同形成一个‘体系’”。[2] 由于《刑法》第286条第3款文字所规定的罪名都是破坏计算机信息系统罪，其第1款、第3款都要求“造成计算机信息系统不能正常运行”，如果对第2款不作类似要求，其就与体系思考的逻辑不符。(2)从刑罚均衡的角度看，如果《刑法》第286条第1款、第3款的危害性相同，第2款可以与之不同，即不需要“造成计算机信息系统不能正常运行”即可以构成犯罪，那么，第2款就仅体现为对数据和程序的侵害，其法定刑就应该更轻，否则就会出现量刑不均衡。但是，立法并未对《刑法》第286条第2款设置更轻的法定刑，而要求与第1款的犯罪同罚，这就说明第2款犯罪也需要对计算机信息系统功能有实质性破坏才符合定罪条件。(3)需要准确理解援引法定刑立法模式的特殊考虑。从立法技术上看，《刑法》第286条第2款的表述方式属于援引法定刑的规定。《刑法》第286条第1款规定“造成计算机信息系统不能正常运行”，而第2款并无相同字样，只是规定“依照前款的规定处罚”，第2款的表述方式有助于减少法条的重复表述，使法条更简洁，富有美感，不至于太烦琐、冗长，但其实质未必比第1款有所减损。换言之，在《刑法》分则条文规定援引法定刑时，只要就基本的行为模式作出表述

---

〔1〕 参见李骏杰等破坏计算机信息系统案，最高人民检察院指导性案例第34号(2017年)。

〔2〕 [德]普珀：《法律思维小学堂：法律人的6堂思维训练课》，蔡圣伟译，北京大学出版社2011年版，第56页。

即可，没有必要同时规定危害后果，否则就无法达到减少法条表述的目的。[1] 因此，适用《刑法》第 286 条第 2 款时，如果并未确定系统功能所受到的破坏，仅依据违法所得 25,000 元以上就认定为该罪的“后果特别严重”，进而予以定罪处罚，这一做法存在明显不足。(4) 可能有人会认为，“例 7，删除‘恶评’案”中行为人进入购物网站删改“差评”，使得这些数据消失，也是使系统所承载的与商品交易有关的某些功能受影响。但此时认为行为对系统功能有影响，就只是一个广义的关于功能的理解，也就是仅有平台网页上的评价功能受影响，但计算机信息系统自身的功能仍能正常发挥，顾客的知情权和计算机信息系统的保护法益之间没有关系，不能把公司商业性的权利解释成计算机犯罪的保护法益。如此说来，《刑法》第 286 条破坏计算机信息系统罪主要是针对系统本身的破坏，而非仅对数据完整性或数据效用的侵害。

前述“例 4，破解某宝系统案”中，被告人把自己加工过的照片放进去，似乎对系统有“增加”的操作，但是没有破坏计算机信息系统功能。认为行为在没有使系统功能受到破坏时也构成破坏计算机信息系统罪的这一观点，在最高人民法院发布的指导性案例中被纠正。【例 8，植入广告链接案】自 2017 年 7 月开始，被告人张某杰、彭某珑、祝某、姜某豪经事先共谋，为赚取赌博网站广告费用，在马来西亚吉隆坡市租住的 Trillion 公寓 B 幢 902 室内，相互配合，对存在防护漏洞的目标服务器进行检索、筛查后，向目标服务器植入木马程序（后门程序）进行控制，再使用“菜刀”等软件链接该木马程序，获取目标服务器后台浏览、增加、删除、修改等操作权限，将添加了赌博关键字并设置自动跳转功能的静态网页上传至目标服务器，提高赌博网站广告被搜索引擎命中的概率。截至 2017 年 9 月底，链接被植入木马程序的目标服务器共计 113 台，其中部分网站服务器还被植入了含有赌博关键词的广告网页。后公安机关将 4 名被告人抓获到案。对于本案，公诉机关以破坏计算机信息系统罪对 4 人提起公诉。江苏省南京市鼓楼区人民法院最后判决 4 被告人违反国家规定，对我国境内计算机信息系统实施非法控制，情节特别严重，构成非法控制计算机信息系统罪，系共同犯罪。公诉机关以

---

〔1〕 参见张明楷：《论援引法定刑的适用》，载《人民法院报》2014 年 11 月 12 日，第 6 版；周光权：《刑法各论》，中国人民大学出版社 2021 年版，第 4 页。

破坏计算机信息系统罪予以指控不当。在裁判理由中，法院认为，被告人虽对目标服务器的数据实施了修改、增加的侵犯行为，但未造成该信息系统功能实质性的损坏或不能正常运行，也未对该信息系统内有价值的数据进行增加、删改，其行为不属于破坏计算机信息系统犯罪中的对计算机信息系统中存储、处理或者传输的数据进行删除、修改、增加的行为，应认定为非法控制计算机信息系统罪。[1]

由此可知，对于破解人脸识别验证系统，通过修改、增加计算机信息系统数据，对该计算机信息系统实施非法控制，但未造成系统功能实质性损坏或者不能正常运行的，不应当认定为破坏计算机信息系统罪。不能认为《刑法》第286条第2款没有列明必须要“造成系统不能正常运行”等字样，那么，被告人把人脸识别信息替换，或者用加工的3D头像侵入他人计算机信息系统，该系统还在运行的，也还能够成立破坏计算机信息系统罪。构成该罪，要求其造成系统不能正常运行，且系统不能正常运行和后果严重必须同在。“例4，破解某宝系统案”中检察机关认为，唐某非法侵入网络支付平台计算机系统，系通过采取加工人脸识别数据等方法，使其与系统安全验证预设数据相匹配而实现的，并没有对计算机系统原数据删除、修改、增加、干扰，其行为不符合破坏计算机信息系统罪的构成要件。这一说法是有道理的，因为行为人仅替换人脸识别信息的行为，谈不上对计算机系统原有的数据作出实质意义上的删除、修改、增加、干扰，计算机系统功能也还能够正常发挥。

（三）破解人脸识别验证系统应当构成非法控制计算机信息系统罪

在前述“例4，破解某宝系统案”中，法院对唐某以非法获取计算机信息系统数据罪定罪，这一罪名适用是否妥当，还值得研究。

根据《刑法》第285条第2款的规定，非法获取计算机信息系统数据罪，是指违反国家规定，侵入计算机信息系统或者采用其他技术手段，获取该计算机信息系统中存储、处理或者传输的数据的行为。在“例4，破解某宝系统案”中，法院认为，行为人未经同意或者授权非法利用他人肖像，加工人脸识别数据后破解安全验证，是利用了计算机系统运行数据的基本原理，以此侵入计算机系统控制或转移账户资金，这是获取并运行数据的结果。法院的

---

〔1〕 参见张竣杰等非法控制计算机信息系统案，最高人民法院指导案例145号（2019年）。

认定逻辑是,行为人加工人脸识别数据后破解安全验证,是采用技术手段侵入计算机系统,而转移账户资金就是获取有关数据。对此的质疑是:(1)非法获取计算机信息系统数据罪的成立,要求有具体的获取数据的行为,包括从他人计算机信息系统中窃取,如直接侵入他人计算机信息系统,秘密复制他人存储的信息;也包括骗取,如涉及假冒网站,在受骗用户登录时,要求用户输入账号、密码等信息。[1] 因此,获取行为是否存在,需要在侵入行为得以认定的情形下再作具体判断。对此更为严格限定的观点强调,"获取"应当理解为行为人在其主观意思支配下所实施的复制和创建数据的行为,只有通过下载、数据化方式存储等技术手段才能认定为获取。[2] 在破解人脸识别转账、获取奖励、侵入政务网站等犯罪中,行为人都并未针对系统中已存在的数据实施复制、下载、数据化方式存储等"获取"行为,而是非法侵入后控制该系统,并以系统数据为基础实现行为人的犯罪目标,行为的本质是对计算机信息系统的控制。如此区分非法控制计算机信息系统罪和非法获取计算机信息系统数据罪,符合有关指导性案例的精神。在"卫梦龙、龚旭、薛东东非法获取计算机信息系统数据案"中,最高人民检察院的指导意见强调:"侵入计算机信息系统后下载其储存的数据,可以认定为非法获取计算机信息系统数据。"[3] 因此,"下载其储存的数据"成为非法获取计算机信息系统数据罪能否成立的重要指标。这充分说明,非法获取计算机信息系统数据罪属于典型的数据犯罪,与破坏计算机信息系统罪、非法控制计算机信息系统罪等针对信息系统的犯罪存在重大差别。计算机信息系统代表着技术资源和计算能力,侧重于动态化的运作安全,而数据安全则指向静态的、作为被计算机处理的对象的安全。[4] 数据犯罪的保护法益是数据的秘密性、可用性与完整性,行为如果没有使系统内的数据被公开、丧失完整性或无法再使用,就不可能构成非法获取计算机信息系统数据罪。[5] (2)如果

---

〔1〕 参见王爱立主编:《中华人民共和国刑法释义》,法律出版社2021年版,第615页。

〔2〕 参见游涛、计莉卉:《使用网络爬虫获取数据行为的刑事责任认定——以"晟品公司"非法获取计算机信息系统数据罪为视角》,载《法律适用》2019年第10期。

〔3〕 参见卫梦龙、龚旭、薛东东非法获取计算机信息系统数据案,最高人民检察院指导性案例第36号(2017年)。

〔4〕 参见王倩云:《人工智能背景下数据安全犯罪的刑法规制思路》,载《法学论坛》2019年第2期。

〔5〕 参见郭旨龙:《非法获取计算机信息系统数据罪的规范结构与罪名功能——基于案例与比较法的反思》,载《政治与法律》2021年第1期。

认为数据犯罪保护的法益是数据的秘密性,那么,非法获取计算机信息系统数据罪的成立,要求行为人所获取的数据信息具有不为他人所知晓的特性。在“例4,破解某宝系统案”中,法院似乎认为,行为人非法侵入系统后获取的资金账户信息是本罪所要保护的数据。但是,在本案中,案发前开户名义人已将账户转让给“半边天”,并预留了开户名义人的个人信息,接收该账户者在账户交易异常后,还能够提供开户人的个人信息,就难以否定其可以获取系统内与该资金对应的数据,因此,该数据对于进入该系统的行为人而言其秘密性就不存在。既然接收账户者对系统内的资金可以转移,其获取相关数据只不过是为了与所获取账户的信息相互印证,其获取原本就可以取得的数据,就不是本案的评价重点。(3)“例4,破解某宝系统案”真正的评价重点应该是行为人控制计算机信息系统,并通过这种控制实现了数据的取得和资金的转移。判决书认可被告人“加工人脸识别数据后破解安全验证,是利用了计算机系统运行数据的基本原理,以此侵入计算机系统‘控制’或转移账户资金”,就是评价了行为人对于系统的非法控制行为,只有从行为人控制系统这一点切入,才能准确、全面、有重点地评价被告人的行为性质。(4)如果按照“例4,破解某宝系统案”的判决逻辑,“例7,删除‘恶评’案”中李某杰非法进入他人计算机系统里把“差评”删除,是对计算机信息系统中的数据有“删除”的操作;“例8,植入广告链接案”中张某杰让网页自动跳转或者把广告网页直接植入网站服务器,这样网页一打开就跳出赌博网站的广告,是对计算机信息系统中的数据有“增加”的操作。这两个案件的被告人都是进入他人的计算机系统以后有“多余”的动作,都需要先获取计算机信息系统中的数据,然后再进行操作,这与“例4,破解某宝系统案”获取个人账户数据的行为似乎没有差别,但是,“例7,删除‘恶评’案”与“例8,植入广告链接案”都未被人民法院认定为非法获取计算机信息系统数据罪。

基于上述分析,应当认为,直接破解人脸识别系统的行为更为符合《刑法》第285条第2款的规定,应当被认定为非法控制计算机信息系统罪。本罪重视的是行为人未经授权或者超越其权限,在非法侵入计算机信息系统后,虽并未破坏该系统的功能或数据,但通过控制计算机实施特定的操作,对该计算机信息系统不当地享有控制权限这一特质。[1] 在这里,基本不存

〔1〕 参见喻海松:《网络犯罪二十讲》,法律出版社2018年版,第32页。

在系统内的数据被他人非法获取的问题,《刑法》关注的是行为人对于计算机信息系统进行操控,使该系统按照行为人的意思对其开放这一侧面。因此,在侵入他人计算机信息系统,并未获取或者“下载”数据,而是实施个人肖像替换、载入经过加工的人脸识别视频等行为的,就难以认定为非法获取计算机信息系统数据,将其行为认定为非法控制计算机信息系统罪是妥当的。

三、涉人脸识别犯罪的竞合问题

(一)非法使用真实人脸识别数据取财的定性及罪数

通过非法手段,使用真实的人脸识别数据取财的案件,目前主要有强迫他人“刷脸”取财、欺骗他人“刷脸”后冒名取财这两种类型。对于后一种类型,实务中存在定罪争议。

强迫他人“刷脸”取财的发案率相对较低。例如,【例9,强行“刷脸”案】传销组织的骨干成员欺骗被害人进入该组织,并对被害人进行人身控制,其中,罗某学等人安排郝某和张某强迫被拘禁的王某进行了人脸识别。罗某学、郝某等人利用强行获取的密码和人脸识别信息等,用“蚂蚁借呗”贷款10,000元、某宝备付金套现500元及“微粒贷”贷款19,000元等。人民法院经审理后认为,被告人罗某学等人非法剥夺他人人身自由,其行为均已构成非法拘禁罪,且具有殴打情节,应从重处罚。被告人罗某学等人以非法占有为目的,伙同他人采取暴力等方法劫取财物,数额巨大,其行为构成抢劫罪。[1] 被告人强迫他人“刷脸”,利用他人的人脸识别信息的行为违反知情同意规则,属于对个人信息的侵害,但由于无法达到敏感信息侵害的定罪起点,无法定罪。法院将其强行取得财物的行为认定为抢劫罪是正确的。实务中,对于将强行“刷脸”取财认定为抢劫罪,争议极少。但是,对于欺骗后使用他人的人脸识别并取财的,在定性上存在诈骗罪说、盗窃罪说的争论,下文以实践中较为常见的欺骗他人“刷脸”后冒名贷款案件为例展开说明。

1. 欺骗他人“刷脸”冒名贷款案件的定罪分歧

(1)以诈骗罪定罪的情形。例如,【例10,陈某“刷脸”骗贷案】被告人陈某在骗取被害人的信任后,以生意周转、登录同花顺软件、刷单等理由骗取或偷拿被害人的银行卡、某宝账号、身份证,办理信用卡套现、信用卡分期贷

---

〔1〕 参见湖南省邵阳市北塔区人民法院刑事判决书,(2019)湘0511刑初75号。

款、网上平台贷款等,用于赌博、消费。其中,被告人使用被害人江某和赖某的身份信息、人脸识别信息从多个网贷平台贷款共计人民币 20 万余元尚未偿还,后被抓获归案。本案被害人陈述,有些平台贷款只需要身份信息,有些平台认证贷款需要“刷脸”识别,“被告人拿着手机对我拍照,我问他什么情况,他让我别管。对于用网贷平台贷款的事我是不清楚的,后来接到许多银行以及平台的电话说我欠款逾期,我才知道他用我的信息在 APP 网贷。我让他还款,他说有钱就转给我帮我还款,但至今大部分没有还款。许多网贷平台及信用卡还款马上逾期,所以报案”。关于本案定性,起诉和审判的罪名都是诈骗罪。法院认为,被告人陈某取得被害人信任后,以虚构刷单、生意周转等理由,在被害人不知情的情况下利用其身份信息或人脸识别进行贷款,骗取被害人款项,且在收取被害人款项后用于赌博等活动,客观上将款项占为己有。上述事实有网贷记录、微信转账记录、被害人陈述、证人证言、被告人供述等证据证实,现有证据足以证实被告人陈某主观上具有非法占有他人财物的故意,客观上实施了虚构事实骗取他人财物的行为,其行为符合诈骗罪的犯罪构成,应以诈骗罪追究其刑事责任,遂以诈骗罪判处其有期徒刑 2 年 10 个月。[1]

又如,【例 11,夏加某“刷脸”骗贷案】被告人夏加某与被害人张某 1 于 2020 年 1 月通过网络认识并成为朋友,之后被告人夏加某谎称自己系上海瑞士联合银行集团风控师,可以通过公司帮助张某 1 办理出国留学。张某 1 信以为真,后被告人夏加某以办理出国留学需要刷银行流水等理由为由骗取张某 1 微信、某宝账户信息,并以刷交易流水需要进行人脸识别为由骗取张某 1 进入人脸识别系统扫描获取贷款,骗取他人财物共计人民币 10 万余元。公诉机关指控被告人夏加某犯诈骗罪,法院对指控予以认可,以诈骗罪判处被告人有期徒刑 4 年 5 个月。[2]

(2)以盗窃罪定罪的情形。【例 12,邓某豪“刷脸”骗贷案】被告人邓某豪以帮助被害人查询征信信息为由欺骗伍某颖通过 APP 的人脸识别,在伍某颖不知情的情况下,以伍某颖的名义在借呗、京东商城 APP 白条、“分期乐”等平台借款,然后转到以被害人名义办理但实际为被告人使用的银行卡

---

〔1〕 参见广东省广州市增城区人民法院刑事判决书,(2019)粤 0118 刑初 1430 号。
〔2〕 参见贵州省铜仁市碧江区人民法院刑事判决书,(2020)黔 0602 刑初 363 号。

上用于被告人个人消费。对于本案，检察机关以盗窃罪起诉，法院也以盗窃罪判决，认定被告人邓某豪先以帮被害人伍某颖降低美团平台还款数额为由，取得伍某颖的手机卡、工商银行卡及银行卡密码，后多次以查询征信为由让被害人通过人脸识别，在被害人不知情的情况下以被害人名义在多个平台借贷，并将借贷后的款项占为己用，构成盗窃罪，判处其有期徒刑1年。[1]

再如，【例13，白某宽“刷脸”骗贷案】被告人白某宽以办理信用卡和贷款业务为由，帮助他人在手机上办理“飞贷”APP业务时，多次利用他人提供的身份证信息、手机号，欺骗他人通过人脸识别。在被害人不知情的情况下用被害人的手机另行操作“平安普惠”手机贷款，并将所贷款项共计14万元转入以自己及前妻曾某名义申请的“平安普惠”账户内，再将“平安普惠”APP卸载后把手机归还被害人，其后提取“平安普惠”现金用于本人消费。对于本案，侦查和起诉的罪名都是诈骗罪，但法院认为应以盗窃罪追究被告人白某宽的刑事责任，公诉机关指控罪名有误。判决的理由是：被告人白某宽以给他人办理信用卡提升额度和申请“飞贷”的业务为名，在操作过程中利用被害人的身份信息和人脸识别秘密下载“平安普惠”APP，并以被害人的名义申请贷款，贷款获批后立即将款项转入自己或前妻曾某的账户内，再通过提现来实现自己非法占有的目的。法院认为，“被害人对其财物失去控制并非基于受欺骗而主动交出财物，故本案应当依法认定为盗窃罪”。被告人白某宽盗窃被害人现金共计14万元，属数额巨大，遂决定对其判处有期徒刑3年。[2]

2. 欺骗他人“刷脸”冒名贷款的准确定罪及罪数

欺骗他人“刷脸”冒名贷款使发放贷款的平台丧失对财物的占有，对这种行为不宜认定为诈骗罪，应定性为盗窃罪。诈骗罪与盗窃罪的关键区别在于受骗人是否基于认识错误处分财产。诈骗罪的对象只能是人，机器不能被骗，机器因为没有意识而不会陷入认识错误，更不会基于认识错误处分财产。[3] 计算机被欺骗而发出错误指令的，也并不等于计算机本身陷入了认识错误，更不意味着机器背后的人被欺骗之后交付了财物。因此，所谓向

---

〔1〕 参见广东省肇庆市端州区人民法院刑事判决书，(2021)粤1202刑初75号。

〔2〕 参见贵州省遵义市红花岗区人民法院刑事判决书，(2018)黔0302刑初22号。

〔3〕 参见[日]桥爪隆：《论诈骗罪的交付行为》，王昭武译，载《法治现代化研究》2020年第3期。

机器“行骗”的行为，不可能成立诈骗罪，只能成立盗窃罪。即便智能机器人是按照人所设计的程式处理事务，也并不认为其就具有人的意思活动，因为机器人只能是工具，不可能被视为人，“无论机器人的行为多么复杂，其设计多么优雅，它始终是由人类行动者使用、部署和操纵的工具”。[1] 行为人向机器“行骗”的行为，即便因为符合计算机设定的程式而能取得其中的财物，这种行为也只是违反了计算机信息系统所有人的意志，而不是使财物的所有者陷入了认识错误。主张我国《刑法》规定的诈骗罪的受骗者必须是自然人，是体系解释的结论。因为如果没有自然人陷入或者继续维持错误，就不可能有基于认识错误的财产处分行为，也就没有诈骗可言。[2] 破解人脸识别验证程序之后，利用加工的人脸数据在贷款平台申请贷款，从被害人账户上盗转资金到其预先开设的账户上的，属于窃取他人财物，应当认定为盗窃罪。

欺骗他人“刷脸”冒名贷款的行为，在构成盗窃罪之外，是否同时构成侵犯公民个人信息罪或骗取贷款罪，需要略加讨论。首先，被告人欺骗他人“刷脸”，并利用他人的人脸识别数据的行为违反知情同意规则，属于对个人信息的侵害，被害人受欺骗后的同意无效；同时，参照有关司法解释的规定，[3] 考虑到人脸识别信息特别重要，因此，出售或者提供人脸识别信息，被他人用于犯罪的，知道或者应当知道他人利用公民人脸识别信息实施犯罪，向其出售或者提供的，以及非法获取、出售或者提供人脸识别信息50条以上的，均应当认定为《刑法》第253条之一规定的“情节严重”，应当构成侵犯公民个人信息罪，与盗窃罪数罪并罚。如果相关行为无法达到敏感信息侵害的定罪起点，无法将其行为认定为侵犯公民个人信息罪的，只能对其盗窃行为定罪处罚。其次，冒用他人的人脸识别信息贷款，且没有归还意思的，并不类似于冒用他人信用卡的行为，不能构成信用卡诈骗罪，这一方面是因为在欺骗他人“刷脸”的场合，行为人取得和使用他人信用卡的行为是

---

〔1〕［美］大卫·J. 贡克尔：《机器人权利》，李奉栖等译，清华大学出版社2020年版，第95页。

〔2〕参见张明楷：《诈骗犯罪论》，法律出版社2021年版，第125页。

〔3〕最高人民法院、最高人民检察院《关于办理侵犯公民个人信息刑事案件适用法律若干问题的解释》（2017年5月8日）第5条并未对非法获取、出售或者提供人脸识别信息的定罪门槛作出规定，但其重要性显然并不低于行踪轨迹信息、通信内容、征信信息、财产信息等。在新的司法解释出台之前，对侵犯人脸识别信息行为情节严重的认定应该参照这一标准执行。

经过持卡人授权的，只是其取得贷款行为违背持卡人的意思；另一方面，即便是可以认定为冒用他人信用卡，但在通过人脸识别进入他人计算机信息系统进而取得财物的场合，仍然属于欺骗机器取得财物的情形，以盗窃罪处理即可。最后，利用他人的人脸识别信息，冒用他人名义贷款的，难以认定为骗取贷款罪，因为相关放贷平台能否被认定为金融机构，本身就是一个问题，此外，骗取贷款罪和贷款诈骗罪的客观行为是大致相同的，其差异主要体现在行为人是否具有非法占有目的这一点上，而贷款诈骗罪是诈骗罪的特别法条，如果认为机器不能被骗，在通过“刷脸”贷款的场合，骗取贷款罪的实行行为也难以认定。换言之，在欺骗他人“刷脸”冒名贷款的情形下，原则上不存在盗窃罪和其他犯罪之间的想象竞合关系。

前述“刷脸”欺骗机器、冒名贷款的情形，与获取人脸识别信息后对特定被害人所实施的电信网络诈骗犯罪存在差异。对于非法获取、出售、提供人脸识别信息且其行为与电信诈骗犯罪存在一定关联的犯罪嫌疑人，需要根据其对电信网络诈骗犯罪的参与程度，结合其认知能力、学历文化，以及相关聊天记录、通话频率、获取报酬情况（获取固定报酬还是参与电信网络诈骗犯罪的分成）等证据，分析判断其是否属于诈骗共同犯罪，以及是否应该数罪并罚。

（二）破解人脸识别系统的罪数问题

前已述及，破解人脸识别验证系统的行为构成非法控制计算机信息系统罪。此外，还需要考虑这类行为与其他犯罪之间的竞合关系，以充分发挥犯罪认定的评价功能。

行为人设立用于实施出售、提供或者非法获取人脸识别信息违法犯罪活动的网站、通讯群组，情节严重的，构成非法利用信息网络罪；由此非法获取人脸识别等个人信息的，构成侵犯公民个人信息罪，应当数罪并罚。

对于为他人实施破解人脸识别验证系统的犯罪行为而提供破解工具、程序的行为人，应当根据《刑法》第 285 条第 3 款的规定，以提供侵入、非法控制计算机信息系统程序、工具罪处理。最高人民法院、最高人民检察院《关于办理危害计算机信息系统安全刑事案件应用法律若干问题的解释》（2011 年 8 月 1 日）第 3 条规定，提供能够用于非法获取支付结算、证券交易、期货交易等网络金融服务“身份认证信息”的专门性程序、工具 5 人次以上的，应当认定为本罪的情节严重。对于这里的“身份认证信息”，该解释第

11 条规定为“用于确认用户在计算机信息系统上操作权限的数据，包括账号、口令、密码、数字证书等”，并未明确列举人脸识别信息。但是，为他人提供肖像、3D 人脸识别视频，使他人能够避开或者突破计算机信息系统安全保护措施，未经授权或者超越授权获取计算机信息系统数据，对计算机信息系统实施控制的，也应当构成本罪。因此，这里的“身份认证信息”应当包括人脸识别等个人生物识别信息。

行为人非法获取、购买、交换公民个人身份信息及头像照片，利用前述身份信息注册账号，再使用软件将公民头像照片制作成 3D 头像，加工人脸识别数据，从而破解第三方支付平台或政务平台的人脸识别认证，非法侵入计算机信息系统的，其行为构成非法控制计算机信息系统罪和侵犯公民个人信息罪，应当数罪并罚。不是非法获取、购买、交换个人信息，而是通过浏览各种信息公开平台，或者运用大数据爬取方式获得他人的身份信息及照片，并对照片进行人脸识别数据加工后破解人脸识别系统的，取得个人肖像并不违法。[1] 但由于该照片是敏感个人信息，对其进行加工属于对敏感个人信息的处理行为，应当取得个人的单独授权。因此，对于实务中以此为业的被告人，也应当以非法控制计算机信息系统罪和侵犯公民个人信息罪数罪并罚。

行为人虽经授权后取得他人的网络支付账户、密码，但又使用经过加工的虚假人脸识别信息非法侵入计算机信息系统，同时实施了非法控制、转移他人账户资金等行为，如果在案证据足以证明行为人具有非法占有目的的，应将其取得财物的行为评价为盗窃罪，并与非法控制计算机信息系统罪数罪并罚。行为人受他人委托后所实施的破解系统安全验证、解除账户限制等行为，如果其目的是帮助委托人控制、转移其本人事实上有权处置的财物的，只成立非法控制计算机信息系统罪一罪。

行为人为非法获取他人的人脸识别信息，通过破解人脸识别系统的方式非法侵入计算机信息系统，并实际取得相关个人信息的，如果该侵入行为针对国家事务、国防建设、尖端科学技术领域的计算机信息系统而实施，则同时构成非法侵入计算机信息系统罪和侵犯公民个人信息罪。由于侵入行

---

〔1〕 参见喻海松：《〈民法典〉视域下侵犯公民个人信息罪的司法适用》，载《北京航空航天大学学报（社会科学版）》2020 年第 6 期。

为本身就属于犯罪行为,因此对该行为人应当数罪并罚。对于违反国家有关规定,采用技术手段仅侵入前述重要信息系统之外合法存储公民个人信息的数据库获取个人信息数据的,由于单纯的侵入行为并不独立构成犯罪,只能将非法获取个人信息数据的行为评价为同时触犯侵犯公民个人信息罪和非法获取计算机信息系统数据罪,应当按照想象竞合犯的法理从一重罪论处。对于想象竞合,在一个说理充分的判决书中,应当分别列出罪名,然后从一重罪处断。这是因为想象竞合存在两个违法事实和责任,在判决宣告时,必须将这些事项逐一清晰地列举出来,以实现刑法的充分评价,并有效发挥想象竞合的澄清功能,实现积极一般预防的刑罚效果。就此而言,相关判决仅将侵入他人计算机信息系统下载通讯录及个人信息数据的行为认定为侵犯公民个人信息罪,对被告人同时触犯非法获取计算机信息系统数据罪的行为完全不予评价的做法,[1]与想象竞合犯的认定逻辑不符,因此具有改进的空间。

四、结语

在大数据时代,随着人工智能被广泛运用,人脸识别技术的频繁使用是不可阻挡的趋势。人脸识别技术安全漏洞的存在以及其"易破解"的特征,决定了涉人脸识别数据的犯罪今后很可能有增无减。技术的运用和相关的"黑灰产业"始终如影随形。直面这一现实,需要认真考虑《刑法》的准确规制问题。行为人获取他人电子设备通讯录及其中储存的大量照片,抓取个人的人脸识别数据的,因为违背知情同意规则,有成立侵犯公民个人信息罪的可能。行为人加工人脸识别数据,破解人脸识别安全验证的,属于非法控制计算机信息系统的行为,不构成破坏计算机信息系统罪,也不宜认定为非法获取计算机信息系统数据罪。欺骗被害人"刷脸"后冒用其名义贷款或转移其账户资金的,构成盗窃罪而非诈骗罪。行为人实施非法控制计算机信息系统的行为再转移账户资金、获取个人信息等行为的,原则上应当数罪并罚。准确认定涉人脸识别犯罪,需要坚持构成要件的观念,考虑刑法上所固有的违法性判断,并顾及《民法典》及《个人信息保护法》的相关规定对于侵犯公民个人信息等罪司法适用所产生的一定影响。

当然,由于以人脸识别为代表的人工智能技术发展日新月异,刑事司法

---

〔1〕 类似判决很多,例如福建省福州市中级人民法院刑事判决书,(2018)闽01刑终400号等。

一定是滞后于技术发展的“见招拆招”。“大数据还会带来更多的威胁，毕竟，大数据的核心思想就是用规模剧增来改变现状。”[1]对于个人信息、计算机信息系统安全和数据完整性与可用性等法益的保护而言，《刑法》只是“最后手段”。“最好的社会政策是最好的刑事政策。”对于人脸识别信息的保护，应该综合施策，尤其要加强对网络公司收集人脸数据的监管。对哪些机构可以处理人脸识别信息作出更为细化而明确规定，设计相应的安全等级要求，并督促其根据《个人信息保护法》第55条处理敏感个人信息。“个人信息处理者应当事前进行个人信息保护影响评估，并对处理情况进行记录。”建立、落实敏感个人信息保护的制度体系，特别是要确保云存储与云技术应用中用户数据的基本安全，防止人脸识别等敏感个人信息的泄露。大数据公司要加强行业自律，非必要不采集人脸识别信息，仅在符合事前明示且具有信息处理必要性的情形下，使用人脸识别数据。

总之，在现代信息社会，一方面，要增强个人的信息（尤其是人脸识别信息）保护意识，牢记“生物信息是个人信息安全的最后一道防线”，对个人照片、人脸视频等坚守“非必要不提供”的立场。另一方面，要大力推进司法机关与网络服务提供者、网络安全监管机关的协作共建，在普通场所禁止使用人脸识别技术，推进网络安全机制建设，对包括人脸识别信息在内的敏感个人信息给予强有力的特殊保护。唯其如此，才能维护网络安全秩序，进而实现对公民个人信息和财产安全的充分保护，同时促进大数据的运用，平衡好个人信息保护和数据自由流动、数据经济发展之间的关系。

---

〔1〕［英］维克托·迈尔－舍恩伯格、［英］肯尼思·库克耶：《大数据时代：生活、工作与思维的大变革》，盛杨燕、周涛译，浙江人民出版社2013年版，第195页。

论数据用益权*

申卫星

摘　要：数据权属及其分配规则不清，已成为数字经济发展的最大制度障碍。未来应根据数据要素市场对数据积极利用的巨大需求，借助“自物权—他物权”和“著作权—邻接权”的权利分割思想，容纳作为现代新兴权利客体的数据。根据不同主体对数据形成的贡献来源和程度的不同，应当设定数据原发者拥有数据所有权与数据处理者拥有数据用益权的二元权利结构，以实现数据财产权益分配的均衡。数据用益权既可以基于数据所有权人授权和数据采集、加工等事实行为取得，也可以通过共享、交易等方式继受取得。数据需要依托具有公信力的公共数据平台、数据中间商进行交易与共享。数据用益权包括控制、开发、许可、转让四项积极权能和相应的消极防御权能，在公平、合理、非歧视原则下行使各项权能可以平衡数据财产权保护与数据充分利用两种价值，推动数据要素市场快速、健康发展。

关键词：数据用益权　数据所有权　数据财产权　权利分割　数字经济

随着互联网技术的普及和新一代信息技术的发展，数字化和信息化成为当今最显著的全局变革。2019 年联合国贸易与发展会议《2019 年数字经济报告：价值创造和捕获，对发展中国家的影响》指出，作为数字经济得以扩张的驱动因素，数据已经成为创造和捕获价值的新经济资源，数据控制对于将数据转化为数字智能具有重要的战略意义。在此背景下，党的十九届四中全会决定首次将数据列为与土地、劳动力、资本、技术等并列的生产要素，

---

* 原文发表于《中国社会科学》2020 年第 11 期，收入本书时略有修改。

2020年3月30日通过的中共中央、国务院《关于构建更加完善的要素市场化配置体制机制的意见》,提出“加快培育数据要素市场”,其任务之一就是“研究根据数据性质完善产权性质”。

早在半个世纪前,就有学者试图探索“在个人数据中引入产权”,[1]但至今尚未形成妥当的权利定位。目前,社会各界普遍认可数据具有重要的财产价值,各个国家、企业均将其视为新时代的战略资源。然而,数据显然具有一些传统财产所不具备的特征:以不可见的形式存在,属于非消耗性资源,并且在一定程度上具有非竞争性。因这些特性而引发了数据产权保护模式的广泛争论。我国《民法典》第127条肯定了数据为财产权益,但对数据财产权及其具体形式和规则做了留白处理。[2] 科斯定律表明,市场均衡效率必须依靠明晰的产权制度。[3] 数据财产权的不确定状态将对数字经济的发展产生严重的负面影响。[4] 如何让客观存在的新兴数据财产转化为法律上认可的具体权利,已经成为新时代民法学亟待解决的基础性问题。

一、数据财产权命题的提出及其解决路径省察

数据之所以能够成为财产权的客体,是因为大数据技术和产业的发展均以数据为基础,从而使数据成为数字经济发展的核心要素。数据的获取和利用已成为技术突破和商业创新的源动力。数据能够提供数字经济各领域运行和技术创新所需的有益资源。

(一)数据作为财产权客体的内涵

讨论数据财产权首先需要界定数据的内涵,尤其是数据与信息、个人数据与个人信息之间的区别。我国国家标准参照国际标准化组织的定义认为,数据是指信息的可再解释的形式化表示,以适用于通信、解释或处

---

〔1〕 Alan F. Westin, *Privacy and Freedom*, Athenum Press, 1967, p. 324.

〔2〕 全国人大常委会法工委编写的《民法典》释义书中明确地表示,对于数据和虚拟财产的权利性质存在争议,且数据的保护需要一系列制度,未来需要进一步深入研究,由专门法律加以规定。参见黄薇主编:《中华人民共和国民法典释义·总则编》,法律出版社2020年版,第408~409页。

〔3〕 只要财产权是明晰的,并且交易成本为零或者很小,那么,无论在开始时将财产权赋予谁,市场均衡的最终结果都是有效率的,能实现资源配置的帕累托最优。

〔4〕 European Commission, *Study on Emerging Issues of Data Ownership, Interoperability, (Re-) usability and Access to Data, and Liability*, Publications Office of the European Union, 2018, p. 6.

理。[1]《数据安全法(草案)》第3条规定:数据,是指任何以电子或非电子形式对信息的记录。数据的本质是信息的载体,而信息是知识来源,知识则可以产生智慧能力。数字经济时代,数据应是对已知或者未知信息(连同元数据)的数字描述,且在技术上能够成为数字运算(处理、存储与传输)的对象,[2]是以可机读方式存在的电子化信息记录。

1. 与个人信息的概念区分

要正确讨论数据权属问题,必须从客体上严格区分数据和信息,将二者混为一谈会产生许多不必要的误解,以致否定个人数据财产权。基于概念的比较可以发现,欧洲地区流行的"数据保护",与在美国所使用的"隐私"或者"个人信息保护"具有基本相同的内涵。[3] 从概念发展史看,个人数据是从隐私权中发展而来。20世纪70年代在欧洲多次召开的人权会议就已经认识到计算机技术大规模处理数据所带来的隐私风险,[4]但数据不等于隐私或个人信息本身。在经济合作与发展组织(Organization for Economic Co-operation and Development,OECD)于1980年发布的《隐私保护和个人数据跨境流动指南》中,个人数据(personal data)被定义为"已经或者能够识别到特定个人的任何信息",然而其适用对象仅限于自动化处理的个人数据,其保护的目标是隐私和个人自由。据此,数据强调的是客观存储在计算机系统中的事物,而隐私和个人信息则是数据或者其他载体所揭示的人格内容。换言之,电子数据是人类发明的一种符号,不因人的认识不同而不同,因此客观性强;而信息则是符号所反映的内容,强调的是人对于数据的认识,因而具有一定的主观性。[5] 作为人格权客体的个人信息,其保护的内容是其所反映的与特定个人有关的人格利益,而作为财产权客体的(个人)数据所保护的,则是经过电子化设备采集而形成的客观存在物。

《欧盟通用数据保护条例》中的"个人数据"和"个人信息"(personal in-

---

[1] 参见国家技术监督局发布的国家标准《信息技术词汇第1部分:基本术语》(GB/T5271.1-2000)。

[2] Vgl. Marc Amstutz, Dateneigentum. Funktion und Form, AcP 218 (2018), S. 543f.

[3] Lee A. Bygrave, *Privacy and Data Protection in an International Perspective*, 56 Scandinavian Studies in Law 165 (2010).

[4] Gloria González Fuster, *The Emergence of Personal Data Protection as a Fundamental Right of the EU*, Springer Press, 2014, p. 45.

[5] 参见李建新:《两岸四地的个人信息保护与行政信息公开》,载《法学》2013年第7期。

formation)是互相证成的同一概念,二者不做区分,故而其规定中存在个人数据可携带权这类财产权能。但是个人信息和个人数据的混用会导致数据财产权制度的构建困难,这已经引发了一些欧洲学者的批评。[1] 我国《民法典》构建了个人信息与数据相区分的差序体系,在《民法典》第四编人格权编中,通过第1034条至第1039条6个条文对个人信息进行了较为详尽的人格法益保护体系构建;而数据则是在《民法典》第127条中与虚拟财产并列作为一种财产权确立下来。这一思想需要在《数据安全法》《个人信息保护法》等相关法律法规中进一步落实。

2. 个人数据可以成为财产权的客体

个人数据能否成为财产权的客体是数据财产权构建的关键问题。隐私权倡导者认为,对任何数据的控制都意味着存在对个人信息的控制风险,如果企业可以通过财产权来控制这些个人数据,则几乎不可能保护个人的隐私权。[2] 这种推理就会得出非常激进的结论:信息与数据是一体两面,以至于企业不能控制个人数据,控制数据就控制了隐私,个人数据不应该进行交易,交易个人数据就是交易个人信息。

新一代信息技术成果的落地主要是为了服务于人,所以与个人有关的数据利用、共享和交易普遍且必要。国际市场中数据交易中间商所处理的主流数据也大多是与个人有关的数据,美国联邦贸易委员会定义的"数据经纪人"(data broker)则专指收集消费者个人数据并转售或与他人共享该数据的公司。[3] 欧盟消费者保护专员梅格丽娜·库列娃也曾宣称,个人数据将成为新的"石油",它是21世纪的宝贵资源,将作为一种新的资产类别出现。[4] 与此同时,个人数据和非个人数据之间的界线并不清晰,现在被视

---

〔1〕 Václav Janeek, *Ownership of Personal Data in the Internet of Things*, 34 Computer Law & Security Review 1039(2018).

〔2〕 Nadezhda Purtova, *Do Property Rights in Personal Data Make Sense After the Big Data Turn? Individual Control and Transparency*, Tilburg Law School Research Paper, 2017, p. 13 – 17.

〔3〕 Federal Trade Commission, *Data Brokers: A Call for Transparency and Accountability*, May 2014, p. i.

〔4〕 Klaus Schwab et al., *Personal Data: The Emergence of a New Asset Class*, World Economic Forum, January 2011.

为非个人数据的数据可能会由于技术预判错误而可被追溯为个人数据。[1]随着数据处理技术的进步和可用于分析的数据量增加，绝对和不可逆的匿名化将不再可能，大数据分析技术会使可识别数据和不可识别数据之间非此即彼的区别变得毫无意义。因此，将个人数据排除在财产权的客体之外，不符合数据要素市场发展需求的实际情况。

显然，对个人数据和个人信息进行区别处理才是厘清数字权利体系的关键：个人信息属于人格权益的范畴，以人格属性的内容作为保护对象；而个人数据则是将个人信息以电子化形式记录的客观存在作为保护对象，属于财产权范畴。这一区分可以避免人格权和财产权之上不同价值的直接冲突，其中个人数据财产权侧重于静态固定下来的电子记录，而不是动态反映个人特征的信息内容。[2] 我国《民法典》立法者明确区分了个人信息和数据，将二者分置于第111条和第127条，从而将个人信息作为人格权益的客体加以保护，而数据则被划入了财产权的范畴。只不过，《民法典》在"人格权编"中对个人信息进行了专章规定，但是"物权编"对数据财产的保护却付之阙如。原《民法总则》之前的立法并未区分"数据"和"个人信息"，早期的数据财产经常被纳入个人信息类别中加以保护，但随着数字经济的迅猛发展，数据必然要与信息相分离并成为法律所关注的独立权利客体，类似载体与作品的区分。构建科学的数据权利体系，将个人信息列入人格权益保护，不仅在区分上具有逻辑基础，而且可以使两种权益在各自的轨道上都能得到充分保障，从而满足数字经济发展对个人信息和数据在不同层面的需求。

（二）从行为规制模式到赋权模式

回顾法律对于财产保护的历史，保护程度由低到高分别是行为自由、权益保护和权利确认。早期对于数据的保护主要是通过《刑法》《反不正当竞争法》等针对行为自由的规制模式，对数据进行享有安全的静态保护。目前，我国《民法典》已经将数据作为一类值得保护的新型权益确定下来。由此，如何将其上升为一项权利并进行合理的权属分配，成为数据财产权理论

---

〔1〕 2016年澳大利亚卫生部向研究人员发布了一个数据集，该数据集被认为是匿名的，但最终被成功用于识别特定的医生和患者。See Paul Farrell, *Research Work Could Be Criminalised Under George Brandis Data Changes*, The Guardian, September 28, 2016.

〔2〕 Vúclav Janeek, *Ownership of Personal Data in the Internet of Things*, 34 Computer Law & Security Review 1039(2018).

研究和司法实践的新方向。

1. 行为规制模式的类型及其不足

我国《刑法》对数据的保护始于2009年2月通过的《刑法修正案(七)》,在《刑法》第285条增设了非法获取计算机信息系统数据罪,反映了我国对网络犯罪的规制从计算机犯罪到互联网犯罪的递进。[1] 不过第285条属于"妨害社会管理秩序罪",并未列入"侵犯财产罪"之下,可见此罪名保护的核心并不是数据的财产价值,而是互联网的数据安全。随着个人信息相关数据的价值提升,最高人民法院和最高人民检察院在2017年颁布的司法解释中明确规定,以违法方式出售、提供、购买、收受、交换个人信息并达到一定额度的都构成犯罪。[2] 在个人信息人格权保护体系已基本建立的情况下,如果没有有关数据的财产权支撑,则个人数据的任何购买、开放、交换都将因失去法律保护而处于极大风险之中,显然不利于数字经济的发展。

在清晰的产权界定缺失的情况下,《反不正当竞争法》为数据有关的纠纷提供了经济赔偿的救济,具体包括"商业秘密"和"一般条款"两种保护途径。最高人民法院发布的多个典型案例确认了数据的商业秘密属性,[3] 商业秘密保护并不为其保护对象提供财产权,相关法律也仅仅是从行为规制的角度明确侵权责任,禁止非法获取、使用和披露商业秘密。也即,能够获得商业秘密保护的对象必须具有秘密性并且被采取了保密措施,在数字经济时代以此措施回应数据财产权保护显然是过时的,[4] 特别是对多方共享的数据、源于个人的数据、公共场所的传感器收集的数据,[5] 它们在秘密性

---

[1] 参见陈兴良:《网络犯罪的刑法应对》,载《中国法律评论》2020年第1期。

[2] 参见最高人民法院、最高人民检察院《关于办理侵犯公民个人信息刑事案件适用法律若干问题的解释》。

[3] 早在1998年"中锐文化诉零点公司案"中,法院就认定通过市场调查获取的数据属于商业秘密,对外泄露他人数据的行为构成不正当竞争行为。参见《最高人民法院公报》1999年第3期。在最高人民法院于2012年发布的"衢州万联网络技术有限公司与周慧民等侵害商业秘密纠纷案"中,法院认为,网站用户注册信息数据库是相关网站的核心资产,假如网站用户注册信息数据库符合"秘密性、实用性、保密性"等要件,就可作为商业秘密依法予以保护。参见上海市高级人民法院民事判决书,(2011)沪高民三(知)终字第100号。

[4] Josef Drexl, *Designing Competitive Markets for Industrial Data Between Propertisation and Access*, 8 Journal of Intellectual Property, Information Technology and Electronic Commerce Law 257(2017).

[5] Andreas Wiebe, *Protection of Industrial Data – A New Property Right for the Digital Economy?* 12 Journal of Intellectual Property Law & Practice 62(2017).

和保密措施上均不符合商业秘密的特征。

在欠缺数据作为财产权保护的规范依据以及商业秘密的保护门槛较高的情况下,许多企业开始援引《反不正当竞争法》的一般条款来对抗数据盗用行为。自"大众点评诉爱帮网案"[1]判决之后,2015 年到 2016 年的"大众点评诉百度案"[2]"新浪微博诉脉脉案"[3]以及 2017 年的"米谷诉元光案"[4]和"淘宝诉美景案"[5],均针对公开数据财产权益的救济问题,援引《反不正当竞争法》第 2 条的一般条款为原告收集处理的数据提供保护。[6]然而,《反不正当竞争法》主要是针对特定类型的市场失灵行为,即通过事后禁止可识别的不当竞争行为来维护市场秩序,仅可勉强提供财产损失救济,却无法为数据财产的积极利用提供充分依据。

随着数据系统安全和数字经济秩序重要程度的提升,《刑法》和《反不正当竞争法》确实发挥了一定的保护数据财产安全的功能,也以间接或直接的形式确认了数据财产权受法律保护的必要性。毕竟,行为规制模式主要以公共秩序为着眼点,并不直接关注数据本身的财产权地位。这种补救性治理通过被动应对的方式,实现对经济秩序的矫正。不足之处在于,其无法积极主动地促进数据要素市场的发展,无法满足数据流转的独立权利机能之需要。正因此,确认数据财产权性质与权属尤显必要且急迫。

2. 既有赋权模式的类型及其不足

通过具体民事权利对数据进行保护,始于著作权法。其典型体现是欧盟在 1996 年发布的《欧盟数据库保护指令》,采用两种方法保护数据财产:对原创型数据库给予完全的著作权保护;对非原创型数据库给予特殊的权利保护,且权利期限为 15 年。但是,完全的著作权保护不适用于数据库的内容(数据),仅适用于其数据库结构;非原创数据库仅在"获取、验证或表示

[1] 参见北京市第一中级人民法院民事判决书,(2011)一中民终字第 7512 号。

[2] 北京百度网讯科技有限公司与上海汉涛信息咨询有限公司等不正当竞争纠纷上诉案,参见上海市知识产权法院(2016)沪 73 民终 242 号民事判决书。

[3] "脉脉"非法抓取使用微博用户信息不正当竞争纠纷案,参见北京市知识产权法院(2016)京 73 民终 588 号民事判决书。

[4] 深圳市谷米科技有限公司诉武汉元光科技有限公司、邵凌霜、陈昴、刘江红、刘坤朋、张翔不正当竞争纠纷案,参见广东省深圳市中级人民法院(2017)粤 03 民初 822 号民事判决书。

[5] 淘宝(中国)软件有限公司诉安徽美景信息科技有限公司不正当竞争纠纷案,参见浙江省杭州市中级人民法院(2018)浙 01 民终 7312 号民事判决书。

[6] 参见杨翱宇:《数据财产权益的私法规范路径》,载《法律科学》2020 年第 2 期。

内容方面进行了定性和/或数量上的大量投资”时才适用。[1] 即便如此，欧洲法院于2005年在British Horseracing Board v. William Hill案[2]中大大缩小了数据库的权利范围，认为通过大量投资收集的数据不属于《欧盟数据库保护指令》的保护范围，只有数据库的原创性结构才是保护对象，所以部分调用数据库中数据的行为不构成侵权。在Feist v. Rural案中，美国联邦最高法院也驳回了对数据安排缺乏独创性的数据库的著作权保护请求，不承认建立数据库的投资是获得著作权保护的充分理由。[3] 据此，数据库的著作权不保护未经加工创造的原始数据，数据库的著作权保护模式也是基于静态的数据库加工技术，不再适应物联网时代的原始数据动态利用情况。[4] 我国《著作权法》并未将数据库作特殊对待，相关司法实践表明，原始数据因为不具有独创性而不受保护。[5] 2020年11月通过的《著作权法》修正案将“数字化”列入著作权的内容，[6]更加明确我国《著作权法》仅保护具有独创性作品的数字化形式，并不包括通过客观记录而获取的数据。

相较于此，合同权利的调整则具有极大灵活性。许多学者据此认为，提供数据服务或销售智能产品的公司可以通过合同安排，保护其商业模式以及在数据收集方面的投资，通过技术保护措施也可以排除未经授权的第三方数据访问。[7] 亦有观点主张通过信托机制以信义义务解决数据控制人与数据主体之间权利义务的不均衡配置，但同时也承认，受托人对财产的控制以及支配是信托存在和功能发挥的前提，[8]也即委托人必须对相应的数据具有财产权。其实，数据的长生命周期表明其产生过程涉及的主体数量

---

〔1〕 参见《欧盟数据库指令》第7条第1款。

〔2〕 British Horseracing Board v. William Hill Organization Ltd. Reference:［2005］C-203/02.

〔3〕 Feist Publications, Inc. v. Rural Telephone Service Co., 499 U.S. 340 (1991).

〔4〕 Nestor Duch-Brown, Bertin Martens & Frank Mueller-Langer, *The Economics of Ownership, Access and Trade in Digital Data*, JRC Digital Economy Working Paper, January 2017, p. 13.

〔5〕 北京精雕科技有限公司诉上海奈凯电子科技有限公司侵害计算机软件著作权纠纷案，上海市高级人民法院指导案例48号。

〔6〕 参见全国人民代表大会常务委员会关于修改《中华人民共和国著作权法》的决定之七。

〔7〕 Max Planck Institute for Innovation and Competition, *Arguments Against Data Ownership: Ten Questions and Answers*, August 2017, p. 1-4.

〔8〕 参见冯果、薛亦飒：《从“权利规范模式”走向“行为控制模式”的数据信托——数据主体权利保护机制构建的另一种思路》，载《法学评论》2020年第3期。

众多,指望签署多方一致认可的合同几乎无法实现,[1]一旦发生合同外的第三人对数据主张财产权,将产生难以解决的复杂问题。享有数据控制权的主体也无法对合同之外的人主张数据财产权,[2]这会抑制数据对外公开乃至交易的积极性。同时,在谈判权力不平等的情况下,基于市场自由谈判形成的数据权利分配结果无法确保公平和创新激励效果。[3] 最为重要的是,非财产制度不会创造普遍的权利,合同上的债权并不能完全取代数据的财产利益,因为合同的相对性导致其效力范围只能及于特定对象,而作为关系规范(Beziehungsnorm)[4]的合同债权无法实现普遍性的权利自由流转。

3. 现行数据财产保护模式的反思

在我国大力发展数据要素市场之际,数据财产权绝不能是一个模糊的灰色领域,有必要充分回应时代发展的需要,将其上升为一项独立的财产权进行保护。那种惧怕数据财产权形成数据垄断的观点忽略了现实情况:《反不正当竞争法》《刑法》等法律法规为数据财产的事后救济提供了强有力的保护,已经不可期待通过避免赋予财产权的方式为数据自由使用(包括公开爬取乃至秘密窃取)保留出路。不仅如此,在没有财产权制度的情况下,数据财产的分配规则只可能遵循弱肉强食的丛林法则,掌握实际数据控制权的主体相当于事实上的所有者。而这种事实的数据控制主体往往与技术创新主体并不一致,而且数据控制者在没有财产权依据的情况下往往不敢开展数据共享,遑论数据交易。此外,数据财产权的设立不仅是为了保护特定主体的权利,也是为了创造安全有序的商业环境,进而激励数据权利人积极地共享或者转让其合法占有的数据权利。《欧盟通用数据保护条例》的立法者认为,其创建严格的个人信息保护制度并不是禁止利用个人信息,而是创造安全的信息环境,最终增强消费者参与数字经济并共享个人信息的信

---

〔1〕 Benoit Van Asbroeck, Julien Debussche & Jasmien César, *Building the European Data Economy: Data Ownership*, Bird & Bird, January 2017, p. 120.

〔2〕 Wolfgang Kerber, *A New (Intellectual) Property Right for Non-Personal Data? An Economic Analysis*, Gewerblicher Rechtsschutz und Urheberrecht, Internationaler Teil, 2016, p. 994.

〔3〕 Benoit Van Asbroeck, Julien Debussche & Jasmien César, *Building the European Data Economy: Data Ownership*, Bird & Bird, January 2017.

〔4〕 Helmut Koziol, Grundiss des büirgerlichen Rechts I, Wien: Manzsche Verlagund Universitäts buchhandlung, 1. Aufl. 2000, S. 21.

心。[1] 这一宗旨同样适用于数据财产权制度的构建。

二、确立数据所有权与用益权二元结构的内在逻辑

围绕数据的产生有诸多参与者,特别是在作为数据原发者的用户和数据处理者的企业之间,如何设定不同的权利,并依据何种逻辑在这些数据形成的参与者之间分配权利,成为当下数据权利体系构建的焦点和难点。既有研究或赋予用户数据所有权,或将所有权给予数据集成的平台企业,这种单一赋权的思维模式造成了用户与企业的利益失衡,亟须调整思路以重构新的数据权利体系。

(一)所有权与用益权的协同格局

从数据的全生命周期来看,数据起源于用户的网络接入行为,对用户进行赋权应该成为数据权利配置的起点。数据处理企业,同样付出了大量的劳动和资金投入,赋予其相对稳定的财产权有利于数据资源的优化配置与激励机制的形成。但若赋予处理者以数据所有权,却违背了数据是由用户行为引发产生这一逻辑起点,也不利于构建共建共享的互联网。为此,笔者认为,可以借鉴自物权—他物权和著作权—邻接权的权利分割模式,在数据权利体系设计上,根据不同主体对数据形成的贡献来源和程度的不同,设定数据原发者拥有数据所有权与数据处理者拥有数据用益权的二元权利结构,以实现用户与企业之间数据财产权益的均衡配置。

1. 数据所有权一元结构的困境

所有权中心主义是大陆法系财产法的传统,也是跨越法律、哲学和历史的文明符号。然而,数据财产的特殊性正在促使人们打破所有权中心主义。德国马克斯·普朗克创新与竞争研究所曾经发表尖锐的立场,声明反对数据所有权,认为所有权会形成壁垒而阻碍数据的可获得性。[2] 因为完全所有权相当于授予对数据使用的专有垄断权,可能导致数据市场的扭曲。[3] 这种反对数据所有权的观点实际上是反对企业拥有数据所有权,担忧企

---

〔1〕 参见刘云:《欧洲个人信息保护法的发展历程及其改革创新》,载《暨南学报(哲学社会科学版)》2017 年第 2 期。

〔2〕 Josef Drexl & Reto M. Hilty, *Position Statement of the Max Planck Institute for Innovation and Competition on the European Commission's "Public Consultation on Building the European Data Economy"*, April 26. 2017.

〔3〕 Nestor Duch - Brown, Bertin Martens & Frank Mueller - Langer, *The Economics of Ownership, Access and Trade in Digital Data*, p. 20.

业获得一项具有极强排他性的数据所有权,从而妨碍数据的公平与自由利用。

为了强化个人数据所有权并摆脱企业的控制,互联网的发明者蒂姆·伯纳斯·李(Tim Berners - Lee)于2017年发起了名为Solid的软件开发项目,意图让用户将自身的个人数据存在个人的Solid POD盒子内,而不用像过去一样把数据储存于各家公司的数据中心内。[1] 这种技术和商业模式将为个人数据所有者创造更大的主动权。但是,单独赋予个人数据财产权会对企业的财产性权益造成冲击,而且会影响企业在合同法上的权利。[2] 与此同时,数据企业不可能凭空收集到个人数据,它们需要付出研发和服务成本,按照公平原则,理应产生相应的民事权利。[3] 将数据通过所有权这一排他性极强的方式完全赋予个人,可能会阻碍数字经济发展。所以,在数据所有权一元结构之下,将权利赋予企业或个人都不符合互联网的共享精神,这种独享权利的模式最终会阻碍技术创新和社会进步。

2. 基于权利分割思想形成权利二元结构

数据所有权与数据用益权协同的二元结构,其理论基础根植于财产法上的权利分割思想(Abspaltungsgedanke)。[4] 早在古罗马时期,就将"物"作为所有权的客体,同时将物之上的各种关系归入无体物之中,为了对重要的关系进行法律保护而创设了他物权。[5] 现代所有权理论关于其本质要素的讨论,[6]也表明所有权的权能是可以分割的。其实,权利分割思想是所有权以及债权、著作权等其他财产权上之定限权利的共同基础,即财产权

---

〔1〕 Raf Buyle et al. ,*Streamlining Governmental Processes by Putting Citizens in Control of Their Personal Data*, in Andrei Chugunov et al. , eds. , Electronic Governance and Open Society: Challenges in Eurasia, Springer Press, 2019, p. 346 - 359.

〔2〕 参见丁晓东:《论数据携带权的属性、影响与中国应用》,载《法商研究》2020年第1期。

〔3〕 参见程啸:《论大数据时代的个人数据权利》,载《中国社会科学》2019年第3期。

〔4〕 Vgl. Jürgen F. Baur/Rolf Stürner, Lehrbuch des Sachenrechts, 17. Aufl. , München: C. H. Beck, 1999, S. 773; Jan Wilhelm, Sachenrecht, 4. Aufl. , Berlin: Walter DeGruyter, 2010, Rn. 120ff; Ronny Hauck, Nieβbrauch an Rechten, Tübingen: Mohr Siebeck, 2015, S. 87ff.

〔5〕 参见陈健:《他物权研究》,载《法律科学(西北政法大学学报)》1996年第2期。

〔6〕 关于所有权的本质要素主要有三种判断标准,即多变量本质主义(Multiple Variable Essentialisms)、单变量本质主义(Single Variable Essentialisms)以及分析法学派的代表人物霍菲尔德主张的名义主义(Nominalism)。See Thomas W. Merrill, *Property and the Right to Exclude*, 77 Nebraska Law Review 730(1998).

的(完全)权利人可以从其权利中分离出用益权能与变价权能。[1] 以所有权为例,其为物上最初的全面权利,限定物权则是从所有权派生而来,因此让所有权承受负担(Belastung)。[2] 不过,负担尚不能完整把握定限物权的设立过程与存续状态,准确地说是从所有权分割出独立的权限(Befugnisse),也就是一种特殊的所有权之部分移转。因此,负担与分割共同描述了定限物权。[3] 作为定限物权之一种,以权利分割思想为基础的用益权制度为数据的权属分配和利用需求提供了恰当的路径。

值得注意的是,为了解决单一数据所有权的问题,有学者提出了企业与个人的双重数据所有权结构的观点,其中包括个人名义的数据所有权和企业的实际数据所有权。[4] 然而,我国现行法并不能容纳所谓的双重所有权结构,且双重所有权不仅没有清晰的权利归属,反而会制造权利纷争,进而影响数据效用的发挥。因此,为了平衡数据归属和数据利用需求之间的张力问题,更为妥当的方式是通过意思自治或者法定调整的方式分割数据所有权的权能,并将这些权能部分保留给数据原发者,部分分配给数据处理者,从而创建数据所有权—数据用益权的二元结构。

在权利实现实践中,财产所有权和财产的实际控制是两个不同的问题。近现代的社会化大生产已经导致财产所有权与实际控制权的分离,对于财产所有权归属的积极意义或弊端做过分解读,实际上都是落入了所有权神话的虚幻之中。[5] 在数字经济时代,数据获取的便利度提升导致了信息成本降低,由此催生了共享经济的发展。在此背景下,赋予数据原发者数据所有权并不会妨碍数据处理者通过意思自治或者法定规则取得数据用益权。

以所有权与他物权相区分为基础构建二元物权体系已在理论和立法上被承认,既是市场经济条件下他物权价值日益凸显的客观反映,也是对数据

---

〔1〕 Vgl. Jürgen F. Baur/Rolf Stürner, Lehrbuch des Sachenrechts, S. 773, 780. 742 - 743. 中译本参见[德]鲍尔/施蒂尔纳:《德国物权法》(下册),申卫星、王洪亮译,法律出版社2006年版,第663~666、717~718页。

〔2〕 正确理解"负担"需注意两个方面:其一,尽管限定物权减少了所有权,但所有权只是受有负担,其依然存在,而不只是部分所有权;其二,只有定限物权存续期间才有此负担,因而减少所有权,定限物权终止后所有权又回复其圆满状态。

〔3〕 Vgl. Jan Wilhelm, Sachenrecht. Rn. 120.

〔4〕 参见冯果、薛亦飒:《从"权利规范模式"走向"行为控制模式"的数据信托——数据主体权利保护机制构建的另一种思路》,载《法学评论》2020年第3期。

〔5〕 参见郑成良:《一个关于财产所有权的神话》,载《天津社会科学》1994年第2期。

有限排他性理论的印证。[1] 为实现这一目标有两种不同的路径:其一,单独创设一项具有限制性的数据财产权——数据生产者权,[2] 此权利是类似于著作权、专利权一样的新型独立财产权利,可以通过数据相关的专门立法予以实现,其权利本质可以完全根据数据要素市场的发展需求确定;其二,通过数据所有权—数据用益权的“两权分立”模式来协调多方利益诉求,此时的权利设计可以在传统物权法框架中实现,其中的数据用益权属于一种新型的“用益物权”。假如单纯着眼于数据市场的资源配置,为数据企业之间的自由竞争划定合理的界线,这两种方案均具有可行性。然而,数据生产者权在体系构建方面存在难点,与版权、数据库保护和商业秘密保护等现有知识产权制度产生重复保护的冲突。[3] 再进一步,考虑到数据原发者与数据生产者之间的权属分配规则构建的必要性,数据所有权与数据用益权结合的二元模式具有更强的解释力和更全的应用价值。

3. 数据所有权与数据用益权二元结构的正当性

数据的形成,除去自然资源数据外,首先都是由人类的网络活动所引发,再加上平台企业和数据公司的贡献和投入,方能使数据得以获取、存储以及再呈现。但是围绕着多数据形成的参与者进行数据权属的分配方式,既可以是非此即彼的单一赋权模式,也可以是符合数字经济分享本质的分割数据权利的模式。

单一赋权的模式,且不说其非此即彼的二难选择困境,也不必说它不符合数字经济以分享为本质的特点,关键在于,单一模式下究竟应当分配给用户还是平台企业的价值基础何在?是基于劳动,还是资本的投入?何种因素可以发挥权属配置的决定性作用?迄今为止尚未有令人满意的回答。不同于此,在笔者所倡导的权利分割模式下,数据所有权归属于作为数据原发者的用户,符合数据财产权缘起的客观事实。同时,对于为数据形成做出巨大投入和贡献的平台企业如何赋权这一难题,则完全可以类比著作权和邻接权。一部小说的写作自然是作品以及对作品进行演绎产生一系列作品权

---

〔1〕 参见崔国斌:《大数据有限排他权的基础理论》,载《法学研究》2019 年第 5 期。

〔2〕 Peter K. Yu, *Data Producer's Right and the Protection of Machine - Generated Data*, 93 Tulane Law Review 859(2019).

〔3〕 参见华劼:《欧盟数据生产者权利质疑——以知识产权制度安排为视角》,载《知识产权》2020 年第 1 期。

利最主要的缘起，其后以小说为基础而进行的再创作，如评书的表演、电影和电视剧的拍摄，都会使小说的影响力提升，甚至有时还会比原来的小说更有名气。即使如此，也不足以赋予评书的表演者或者导演以著作权，而只能赋予其邻接权，因为作品的原创是一切后续财产权产生的源泉（无论价值大小）。这样的思路同样适用于数据权属的分配问题。不论平台企业还是数据公司对数据的采集、存储、加工投入多少，都不足以使其超越数据的原发者——用户而成为数据所有权人，只能取得类似于邻接权的他物权。这符合数据产生的实际情况，也客观呈现了各方参与者对于数据形成所发挥的不同作用。

总之，对数据原发的用户赋予数据所有权是尊重数据权利源泉的表现，同时也要充分尊重对数据进行采集、加工的数据平台企业的投入，赋予其一项数据用益权。数据用益权给予平台企业以支配权，从而可以对数据进行处理、控制、研发、许可乃至转让。这样分配权利既尊重了权利的来源，又尊重了平台企业对数据的投入。事实上，有时邻接权的效力和价值未必低于著作权，只不过各自权利产生的根据不同。赋予平台企业以数据用益权，既使其获得了支配的效力，同时又产生了独立的财产权利机能，可以促进数据的充分利用，其法律地位既恰当又有力。于此，数据所有权和数据用益权也是各安其位、各守其界、各行其道。

（二）原发者的数据所有权

1. 数据所有权的内涵

数据的原发者，即数据得以产生的创造者。具体而言，如果所采集的数据源于自然人用户，如自然人的上网记录、行踪轨迹等，那么此时由该自然人用户享有数据所有权，合法的数据采集企业享有数据用益权。如果所采集的数据并非源于自然人，而是诸如气象信息、地理信息等公共信息，那么与无线电频谱类似，此时的数据所有权属于国家，而数据用益权依然归于合法的数据采集企业。

概而言之，数据所有权的对象包括已经取得的数据和未来取得的数据，但原发者所拥有的数据财产应当具备一定的条件，具体包括：相应的数据能够以较长的时间存储，在财产上具有可分割性，是基于原发者的身份、财产或者行为而产生的。数据财产权所保护的数据必须记录在存储设备之中，这样便可以长时间保存和再利用，那些无法长期保存或者没有保存的数据缓存副本不能成为数据用益权的客体。目前的数据存储介质主要是光存储的碟、磁存储的盘和 Flash 存储的半导体芯片。[1] 这些存储介质都是以机械或磁场的方式存储，但是其本身并不是数据财产权的客体。存储介质只是物权法上的一般动产，数据财产权的转让也不必以存储介质的转让为条件。

尽管传统学说认为物权的客体是有体物，但是越来越多的物权法理论认为，我国的物权客体应当扩大到一些无体物，磁、电、热、声、光以及空间等尽管是以无形的状态表现，但其仍然属于不以人的意志为转移的客观存在，而且能够为人力所支配。[2] 数据通过光、电、磁等物理方式存在，是肉眼不可见的一种客观存在物，客观存在性足以使其成为物权的客体。

相比于作为人格权的个人信息权益的商品化，以数据和信息的区分为基础，建立专门的个人数据财产权，除了不违背两种客体彼此独立的客观事实外，还有利于分离个人信息的人格属性和财产属性，通过细致的财产规范和自由的处理规则促进数据要素市场的发展，为个人数据的开发利用创造必要条件。目前，美国大部分州在隐私商品化的发展中已经形成了隐私人格保护和公开权的财产保护相分离的二元结构，[3] 欧盟也在 2020 年通过《欧洲数据战略》和配套研究项目为个人数据的财产利用创造更有利的条件。[4] 这些实践均表明个人数据的财产权具有独立的立法价值。

2. 数据所有权的行使方式

随着云存储等新兴技术的普及，数据的存储位置往往并不处于权利人所控制的物理空间之内。原发者的数据所有权需要依靠网络运营者的配合才能行使，此时存在数据毁损、丢失的风险，也存在数据被政府或者其他组织、个人合理或不合理利用的情形。为了平衡数据原发者和网络运营者的权益，网络运营者有义务提供获取数据到本地或者转存数据在其他地方的途径。再者，代为存储数据财产应当设置合理的保管期限，网络运营者履行

〔1〕 参见陈少春：《计算机存储技术与应用》，电子科技大学出版社 2014 年版，第 2～4 页。

〔2〕 参见王利明：《物权法立法的若干问题探讨》，载《政法论坛》2001 年第 4 期。

〔3〕 Rosina Zapparoni, *Propertising Identity: Understanding the United States Right of Publicity and Its Implications – Some Lessons for Australia*, 28 Melbourne University Law Review 690 (2004).

〔4〕 Anna Artyushina, *The EU Is Launching a Market for Personal Data: Here's What That Means for Privacy*, MIT Technology Review, August 11, 2020.

法律或者服务协议而对外提供数据的,列入合理使用的范围。

原发者的数据所有权有利于个人数据的有序流动。《民法典》确认的个人信息人格权无法保护个人数据的转移和其他积极利用的权能,导致记载信息的数据财产事实上只能归属于控制者。构建个人数据的财产权,自然人将有权按照一定的可机读格式获取、移转其数据,这种数据要素的流动不仅有利于数据要素市场的自由发展,同时也为个人的数字生活环境转移提供了极大的便利。

构建原发者的数据所有权也有利于保护国家和企业的数据权利。在数据采集普遍化的趋势下,国内外对于个人数据依靠个人信息进行了间接的保护,但是对于企业数据和国家数据却缺乏必要的保护。通过数据所有权的构建,可以弥补现行法律对于企业数据和国家数据保护的不足。例如,很多依赖财政经费采集的数据沦为各个单位控制的私有财产,而构建公共数据的国家所有权有利于数据的共享使用,[1]同时也可以为公共数据资源的共享和使用提供财产制度的支撑。我国正在推动工业数据全面采集,致力于推动工业数据汇聚共享、深化数据融合创新,只有明确各类企业数据的财产权归属和利用规则,才能为其开放共享提供合法性依据,[2]否则将为工业数据网络建设埋下数据安全隐患。此外,对于涉及国家秘密或者企业敏感信息的数据,也可以通过强化数据所有权的方式,禁止或者限定数据采集行为。

由于单个或者少量数据的经济价值并不高,数字经济时代的原发者的数据所有权之目标一般不是获取直接的经济回馈,而是将数据作为功能要素换取不同或者更好的智能化服务。目前存在一些个人数据换取经济价值的观点,如美国加利福尼亚州州长加文·纽瑟姆曾经提出所谓“新数据红利”计划,可以使消费者获得其个人数据被利用的报酬,要求 Facebook(脸书)和 Google(谷歌)这样的公司向消费者支付个人数据使用费。[3] 与此同

---

〔1〕 参见刘报:《向先进生产力集聚实现资源有效配置——中央文件将数据纳入生产要素有深意》,载《科技日报》2020 年 4 月 13 日,第 1 版。

〔2〕 工业和信息化部于 2020 年 5 月 13 日发布的《关于工业大数据发展的指导意见》解读,明确提出“企业普遍反映,因数据权属界定不清、规则不明、难以定价等基础性问题没有得到解决,跨企业、跨行业的数据共享流通难以开展”。

〔3〕 Jeff Daniels, *California Governor Proposes New Data Dividend That Could Call on Facebook and Google to Pay Users*, CNBC. com, February 12, 2019.

时，还有人对个人数据的价值进行了计算，他们得出单个普通人贡献的数据价值为0.007美元，而经常出差的富人贡献数据价值1.78美元。[1] 这些都表明承认个人数据所有权有着现实的基础。而且，随着数据要素市场和数据中间商主体的发展，特定小样本数据的重要意义会随着技术的进步而提升，个体和组织对于自身数据集中获取、存储和利用的能力也会提高，这将为数据所有权人创造更多的经济价值和其他价值。

（三）处理者的数据用益权

根据新一代信息技术的发展特点，各类原始数据采集已经成为数据要素市场的独立生产领域，[2] 数据的存储、使用、加工、传输、提供、共享等也会成为新需求。为此，有学者在数据确权困难的背景下提出，应搁置目前有关数据产权的相关争论，而构建数据的利用与分享制度。[3] 然而，确定处理者对数据享有的财产权利性质是数据利用、共享的前提，欧洲数字经济与社会事务专员 Günther Oettinger 在2016年公开呼吁制定一部数据民法典，其核心内容就是引入数据利用相关的财产权。[4] 由此可见，从积极利用的角度构建数据财产权实为迫切所需，也是当前数据保护相关制度上的空缺。

在财产权领域与“积极利用”最为相关的，莫过于前述以权利分割思想为基础的历史悠久的用益权制度。结合数据的特性创设数据用益权是一个直接契合数据要素市场发展需求的恰当路径。笔者将用益权的主体统称为广义的数据处理者。

1. 数据用益权的理论根据

用益权制度发端于罗马法。《学说汇纂》第7卷专门系统论述了用益权（De usufructu），明确其“乃在保持物的本质情况下对他人之物使用和收益的权利”。[5] 这一制度设立的目的主要是，能够供养某些有继承权的家庭成员，尤其是被剥夺继承权并且可以设立用益权遗赠的寡妇或者未结婚的

---

〔1〕 Cameron F. Kerry & John B. Morris, *Why Data Ownership Is the Wrong Approach to Protecting Privacy*, Brookings, June 26, 2019.

〔2〕 参见刘珂：《贵州大数据兴起》，电子科技大学出版社2017年版，第223页。

〔3〕 参见姚佳：《企业数据的利用准则》，载《清华法学》2019年第3期。

〔4〕 Francesco Banterle, *Data Ownership in the Digital Economy: A European Dilemma*, in Tatiana-Eleni Synodinou et al., eds., EU Internet Law in the Digital Era: Regulation and Enforcement, Springer Press, 2020, p. 202.

〔5〕 《民法大全·学说汇纂》（第7卷），米健译，法律出版社1999年版，第1页。

女儿。[1] 被继承人想要将其财产给予子女,但又要确保妻子获得安定的供养,为此,用益权便是个适当的工具。[2] 罗马法的用益权制度对后世民法典产生了重大影响,法国、意大利、德国、奥地利和瑞士等国家或地区的民法典均系统规定了用益权,我国澳门特别行政区《民法典》亦作此规定。

在法国,一般认为,用益权是所有权的派生权利,表现为所有权中的使用权和收益权被赋予了用益权人,而所有权的其他权利则属于虚有权人。所有权的权能在所有权人和用益权人之间重新分配。[3] 在德国,根据其《民法典》第 1030 条以下关于用益权(Nieβbrauch)的规定,其客体既可以是有体物即动产和不动产,又可以是权利以及整个集合性财产。与罗马法类似,用益权在德国的实践意义尤其是以赠与或者继承的方式向家庭成员分配财产为主。也就是说,出于税收优势的考虑,选择给予用益权或者以保留用益权的方式给予标的,此外还有供养用益权(Versorgungsnieβbrauch)。不仅如此,用益权还具有担保债权实现的功能,即所谓的担保用益权(Sicherungsnieβbrauch)。[4] 从罗马的农业社会到近现代的工业社会,用益权的制度传承表明其已然存在旺盛的生命力。

在数字经济背景下,用益权制度的核心结构为将其客体扩展至数据领域提供了坚实的基础。一方面,所有权表达人对物的最全面支配,包括占有、使用、收益、处分等,构成了用益权的源权利(Stammrecht/Quellrecht);用益权则分享所有权的使用和收益等内容,只有用益权消灭后,所有权才能回复其完满状态。[5] 不同于按份共有是在量上对所有权加以分割,用益权这种质的分割方案能够实现用益权人对标的的单独支配,从而大大提高物的利用效率。将这一思想扩展至数据领域便意味着,用益权所特有的"所有权—用益权"二元结构,能够让数据权益在原发者和处理者之间形成合理的分配。另一方面,用益权人对标的的利用还可以根据实际需要而灵活调整。表面看来,基于《德国民法典》第 130 条第 1 款关于用益权的法定内容之规定,与地役权和限制性人役权仅限于个别关系不同,用益权是对标的的全面

---

〔1〕 参见[德]马克斯·卡泽尔、[德]克尔夫·克努特尔:《罗马私法》,田士永译,法律出版社 2018 年版,第 300 页。

〔2〕 Heinrich Honsell, Römisches Recht, 8. Aufl. 2015, S. 74f.

〔3〕 参见尹田:《法国物权法》,法律出版社 1998 年版,第 340 页。

〔4〕 Vgl. Jan Wilhelm, Sachenrecht, Rn. 1914ff.

〔5〕 Vgl. Jan Wilhelm, Sachenrecht, Rn. 120ff. und 1911.

利用，尽管依该条第2款，特定的利用可以在物权效力上被排除。[1] 但其实，假如对用益权施加足够多的限制，就可以获得一种表现为用益权形式的役权；同样地，假如将役权扩张至完全利用的形式，就成为以役权形式体现的用益权。如此便突破了法定类型之间的界限，让不同类型之间具有可交换性（Austauschbarkeit）。[2] 那么，完全可能从同一个所有权分割出数个用益权，只要各个用益权在内容上不存在冲突。所以对数字领域而言，用益权提供了一种既具有直接支配性，又具有适度排他性的权利形式，恰好可以调和不同数据企业之间的利益冲突。

传统用益权制度对“用益”施加较为严格的限制。如前所述，罗马法要求用益权人应当“保持物的本质”，即用益权的行使不能改变标的物的外形或者用途。[3] 假如坚持如此严格的标准，将难以满足数据企业处理数据的实际需求。对此，《德国民法典》并未延续罗马法的传统，而是以第1036条第2款确立了“维持物原来的经济用途”和“依据适当的经营规则”两项新的标准。关于前者的确切含义，学说上存在主观标准（主要取决于所有权人的意思）与客观标准（以标的物性质为核心）的分歧，但至少可以确定，所有权人原本的利用方式既不能单独起决定作用，又具有一定的基准功能。[4] 就后者而言，学说上一致认为应遵循客观标准。但关于两个标准之间的关系，有部分观点认为，适当的经营标准应当其次取向经济用途，而反对观点则指出，适当经营标准应当较经济用途具有优先性。[5] 就数据用益权而言，数据处理平台对数据的“用益”明显具有特殊性。作为数据的所有权人，单个用户原本就只能直接支配其自身所产生的数据，尚不发生数字经济意义上的利用问题，所以纯粹的主观标准并无适用余地。进而，与个人数据相关的数据用益权产生，必然依托于数据处理者和原发者之间的格式合同约定。只要其中关于数据利用的条款能够订入合同并发生效力，自然应当成为数据用益权的内容，但是这种格式条款的公平、合理性需要受到《民法典》

---

〔1〕 Vgl. Hans Josef Wieling, Sachenrecht, 5. Aufl. 2007, S. 209.

〔2〕 Vgl. Rolf Sturner. Dienstbarkeit heute, in: AcP 194 (1994). S. 270.

〔3〕 参见肖俊：《大陆法系用益权概念解读：从罗马法到〈澳门民法典〉的考察》，载《澳门法学》2013年第7期。关于罗马法上的一些具体案例，参见［德］马克斯·卡泽尔、［德］克尔夫·克努特尔：《罗马私法》，田士永译，法律出版社2018年版，第301～302页。

〔4〕 Vgl. MüKoBGB/Pohlmann BGB § 1036 Rn. 10.

〔5〕 Vgl. MüKoBGB/Pohlmann BGB § 1036 Rn. 16.

的规制和合同行政监督的约束。同时,由于数据用益权还涉及不同数据企业之间的竞争问题,适当的经营规则理应作为客观标准而发挥用。

在大陆法系传统上,用益权属于人役权的范畴,而人役权是为特定人的利益而设立,在权利主体、权利行使等方面受到较多限制,尤其是所谓的人役权之"不可移转原则"(der Grundsatz der Nichtübertragbarkeit)。[1] 但笔者认为,数据用益权完全不必受此限制。《德国民法典》第1059条第1句规定"用益权不得转让"。但后续的发展清楚地表明,不可移转原则并非不可破除的金科玉律。此后新增第1059a条已明确承认不可移转的例外。更有学者进而指出,普遍的不可转让性并无令人信服的理由,应当在未来予以修正。[2] 既然用益权制度本身已不再固守不可移转的教条,那么作为数字经济的核心生产要素,数据用益权更不必重蹈覆辙。更重要的是,不可移转原则是从人役权的概念推出,严重忽视了生活的现实需求,犯下了概念法学循环论证的错误。[3] 相对于此,数据用益权的创设恰恰是为了满足数字经济发展的现实需求,既可以通过许可的形式转移其部分权利内容,又可以在必要情况下实现数据用益权的转让。概言之,数据用益权的关键在于权利分割思想以及区分所有权与用益权的二元结构,传统的不可移转原则应根据用益权的发展趋势做缓和处理。

2. 数据用益权的应用价值

除从外部划定数据权属的边界外,数据用益权还可以促进数据企业对数据的积极利用,以充分发挥和挖掘数据的经济价值。尽管用益权不属于我国《物权法》明文规定的用益物权,但以往的经验已然表明,它是解决市场资源配置需求的有效改革举措。早在国有企业改革之时,已有学者针对企业经营权的问题而倡导用益权说。[4] 为促进无线电频谱资源的有效利用,也有学者提议设立相应的用益权。[5] 在土地公有制的背景下,为解决我国土地资源的利用问题,物权法创设了建设用地使用权和土地承包经营权,并

---

〔1〕 参见申卫星、杨旭:《中国民法典应如何规定居住权?》,载《比较法研究》2019年第6期。

〔2〕 Vgl. Jens Füller, Eigenständiges Sachenrecht? Tübingen: Mohr Siebeck. 2006, S. 563 f.

〔3〕 Vgl. Klaus Ulrich Schmolke, Der Grundsatz der Nichtübertragbarkeit beschränkter persönlicher Dienstbarkeiten aus rechtsvergleichender und rechtsökonomischer, Persperktiv: Eine kritische Betrachtung der §1092, 1090 Abs. 2 i. V. m §1061 BGB, in: AcP 208 (2008), S. 527.

〔4〕 参见钱明星:《物权法原理》,北京大学出版社1994年版,第130页。

〔5〕 参见胡丽:《论无线电频谱资源用益权制度的构建》,载《河北法学》2017年第9期。

在农村土地上设立了所有权、承包权和经营权相分离的新型模式。这些建议或者改革措施均借用用益权制度，以实现多方主体之间的利益协调，并通过新的物权类型提升了其经济功能。

在数据要素市场发展中，不仅存在企业和个人的数据权利冲突，不同数据企业之间也存在数据竞争、数据壁垒、数据劫持、数据爬取等问题。引入用益权制度解决数据权属问题，不仅能够实现用户和企业之间的权限分配，而且能够调和不同数据企业之间的利益冲突，从而为数字经济的发展搭建清晰的权属框架。更重要的是，目前国内外均已出现数据交易市场和共享平台。为促进数据权益的通畅流转，并确保各方的交易安全，构建数据用益权以及相关的配套制度就变得更加重要。

数据之上相关主体的多样性特别类似于土地、水这类资源的主体性质。我国对国有财产和集体财产的权利设计也是通过所有权和他物权的多重安排实现利益平衡的。尽管很多主体由于各种原因参与了土地的利用，也可通过很多合理的形式取用水以及水中的资源，但立法者为了制度安全还是把土地和水的所有权赋予国家、集体，并且为了物尽其用，物权法领域及其配套规定都建立相应的用益物权来促进资源利用。例如，不仅可以在国家所有的同一片海域设立多个渔业权，甚至可以在公海领域设立渔业权。[1]

数据之上也有复杂的价值目标，特别是很多网络数据是众多网民通过平台共同参与形成，这些都无法采取简单意义的财产权构造，而是需要一种具有极强外部协同性的复杂财产权设计。[2] 数据用益权是围绕数据管理和利用所形成的一种具有兼容性的财产制度，对数字经济和数据共享、交易的未来具有重要意义。

三、数据用益权的取得与权能建构

按照"所有权＋用益权"的"两权分立"模式，数据用益权是从数据所有权派生而出，所以数据采集和处理等通常只涉及数据用益权，而数据所有权则归属于作为来源的用户等数据原发者。数据所有权是数据用益权的母权，数据用益权可以通过法定或者约定的方式产生，也可以通过有偿交易或者无偿授权的方式取得。法定取得的数据用益权，主要适用于自然环境相

---

〔1〕 参见崔建远：《论他物权的母权》，载《河南省政法管理干部学院学报》2006 年第 1 期。

〔2〕 参见龙卫球：《再论企业数据保护的财产权化路径》，载《东方法学》2018 年第 3 期。

关的数据采集，此类数据的所有权应归为国家所有，但数据采集人可以在国家法定授权的范围内合理使用，且不得损害公共利益。约定数据用益权的产生来自个人、组织的授权和数据处理的事实行为。[1]

（一）数据用益权的取得

数据用益权初次取得的事由包括数据采集、加工等行为。其中，采集主要是通过手机、电脑、摄像机、穿戴设备等设备或者其他传感器对个人、企业、社会和大自然等广泛的物理社会进行数据的采集。于此情形，数据采集是计算机与外部世界联系的桥梁，[2]为物联网时代数据来源的首要方式。加工包括对原始采集所获得的数据进行计算机处理，也包括通过用网络爬虫等方式进行网络数据收集，此类数据处理行为往往需要满足一系列合法性要件才可以成为取得数据用益权的基础。此外，数据用益权也可以通过共享、交易等方式取得，这是数据要素市场繁荣发展的重要基础。

数据处理者之所以享有数据用益权，源于双重的正当性基础。一方面，根据洛克所倡导的劳动论，付出劳动者应享有劳动产品的财产权，[3]故而处理所取得的数据都应当受到财产法的保护，即赋予数据用益权。同时，在数据的采集和加工过程中，数据处理者需要投入巨大的资金及其他成本，由投资者享有用益权也是鼓励其市场积极性的要求。另一方面，仅仅基于劳动和投资便让数据处理者享有用益权尚不具有充分的正当性，因为用益权毕竟源于（至少逻辑上）在先的所有权，所以作为源权利人的数据所有权人的授权同样必不可少。无论所有权人是自然人、企业还是国家，合法处理原则是需要具备的前提条件，即数据所有权人的知情同意，这便是取得数据用益权的另一个正当性基础。就此而论，数据用益权的初次取得同时具有继受取得和原始取得的双重特征。

一般的财产权都需要通过占有、登记等方式取得公示效力，或者通过在先出现的证据证明权利主体身份，数据用益权亦然。通过可信机制对数据进行确权也是数据用益权成立的外在必要条件。数据用益权的界定是建立数据处理者与数据原发者法律关系的过程：其一，数据必须源于真正的数据

---

〔1〕 这种授权大多采用格式合同形式，对于合同相对人的利益，可以通过《民法典》第496条和第497条关于格式条款订立和效力的规则来确保格式合同的公平、合理。

〔2〕 参见胡晓军：《数据采集与分析技术》，西安电子科技大学出版社2010年版，第2页。

〔3〕 参见［英］洛克：《政府论》（下篇），叶启芳、瞿菊农译，商务印书馆1964年版，第18～33页。

所有权人,包括自然人、各类组织和国家;其二,数据的取得必须获得所有权人的明示许可或者存在法定事由;其三,数据完成采集并形成了具有财产价值的数据集。可追溯性网络日志文件一般可以作为确权的重要证据,因为该网络日志可以反映数据来源和时间。[1]

数据处理者取得数据原发者的授权,可以通过用户服务协议进行确认。授权机制需要区分一般授权和特殊授权两种形式。其中,一般授权是授权数据处理者对数据的有限利用,即以服务数据原发者为限的企业内部资产,不得将可识别到的个人数据用于其他目的,但已经完全匿名化的数据除外;特殊授权是被授权处理者对数据的无限利用,即处理者可以将数据用于其他目的,此时可以将数据共享、转让给他人。无论是一般授权还是特殊授权,数据共享、交易市场缺乏具有公信力的第三方平台是目前数据分析行业普遍的共识,这导致数据的共享和交易各方缺乏足够的互相信任。尽管目前已经有贵阳大数据交易中心等商业中介服务商,但是数据要素市场还需要一个类似于统一不动产登记系统的政府公共平台来提供统一规范的数据管理制度,提高数据质量和规范性,丰富数据产品,并为数据提供相应的确权证明。鉴于数据共享、交易的高度专业性,往往需要依托数据中间商提供经纪服务,《数据安全法(草案)》第30条明确了数据中间商在数据交易中的权利审核和交易记录责任,将为数据共享、交易的公共服务平台和数据权利登记制度发展打下良好的基础。

(二)数据用益权的内容

一般财产的权利内容包括积极权能和消极权能,数据用益权也是如此。财产的积极权利内容是为权利主体创造价值。结合数据的特点,笔者主张,数据用益权的积极权能按照数据资源的功能方式而划分,主要包括数据控制权、数据开发权、数据许可权、数据转让权等。

其中,数据控制权是指对依法所取得的数据进行自主管理的权利,可以在满足法律要求的范围内决定或者变更数据的存储方式,可以通过"Robert协议"等方式约束数据爬虫行为,也可以在不违反法律和用户协议的条件下删除或者公开特定范围的数据;数据控制权是数据用益权中最根本性的权

---

[1] Benoit Van Asbroeck, Julien Debussche & Jasmien César, *Building the European Data Economy: Data Ownership*, Bird & Bird, January 2017 p. 130.

能，这是区分数据许可和数据转让的关键标准。数据开发权是指数据用益权人通过技术处理和应用方法提高数据综合效益的权利，可以用以提高服务质量、增加服务内容、训练新技术模型等；数据开发可以形成地图、研究报告等专门的数据产品，可以直接应用于自动化推荐等服务系统，还可以为人工智能等计算机技术的创新提供测试环境。数据许可权是数据用益权人对外利用数据的主要形式（此时的权利人保留数据控制权），许可方式包括独占许可、排他许可、非独占许可、分许可、交叉许可五种类型。权利人一般通过在互联网生态内部交叉许可的方式共享数据，对于其他主体则根据战略合作需要而采取信任度不同的许可方式，被许可人利用数据的形式主要是API（Application Programming Interface，应用程序编程接口）接口服务。数据转让权是权利人处分用益权的整体，其目的一般是避免数据丢失。在企业权利人面临破产时可以通过约定的方式进行数据用益权的抵押或者转让，从而保护数据安全、提高偿债能力；在企业权利人被收购、合并的情况下，将基于组织主体概括转让规则发生法定转让。此外，数据企业在特定情况下为了提高数据管理水平或者实现更佳经济利益，可以将数据用益权通过信托等形式转让给数据经纪人、数据融合平台或者大型数据企业。

为了保障对数据的积极利用，数据用益权还需具备排除他人侵害的消极权能，主要是免受他人干涉、窃取和破坏的安全权利，当数据控制权遭受不当侵害或对外授权没有实现相应目标时可以寻求停止侵害、排除妨害、恢复原状等救济。[1] 数据用益权的消极权能，可以参照标准必要专利使用制度，慎重使用禁令，同时将寻求救济的权利限制在公平、合理、非歧视原则之内。网络运营者不得利用技术措施、使用规则等方式，对网络公开数据的收集、访问主体实行差别对待，应当保障网络公开数据公平、自由获取，从而避免互联网的碎片化和数据孤岛。有学者进而主张，数据财产权的消极预防权能仅限于防止商业侵权，而不能防止非商业性的数据爬取利用行为。[2] 并且在预防数据壁垒的同时也需要避免不合理的“搭便车”行为，否则将损

---

〔1〕 2020年7月广东省深圳市司法局发布的《深圳经济特区数据条例（征求意见稿）》第4条规定：数据权是权利人依法对特定数据的自主决定、控制、处理、收益、利益损害受偿的权利。其中，利益损害受偿的权能就是保障各项积极权能得以实现的基础。

〔2〕 Herbert Zech, *Data as a Tradeable Commodity*, in De A. Franceschi., ed., European Contract Law and the Digital Single Market: The Implications of the Digital Revolution, Cambridge: Intersentia/Cambridge University Press, 2016, p. 51 – 79.

害数据要素市场的积极性。对于数据消极权能的限制,不能通过商业利益和非商业利益进行简单的区分,而应当通过网络公开数据合理使用制度来实现。

四、结语

在经济学家看来,任何资产交易的基础都是明确产权,所以隐私权保护和数据资产交易的前提也是确权。[1] 但是,只有在法律上对数据财产权进行精准地界定才会产生积极的价值,而平衡数据主体、处理者和社会公共利益在数据财产权体系构建中至关重要。数据财产权益的分配不应当是零和博弈,而应当是共赢机制,实现对数据形成利用激励和安全保护激励的双重目标。数据可复制、可共享等非排他性特征是数字经济发展的独特优势,独占性的数据财产权会减损数据的价值。[2] 数据用益权与数据所有权二分的原理是权利分割思想,在确保数据原发者初始权利的前提下,满足了数据处理者利用数据并受保护的需求,同时也为数据共享、交易确立了正当的权利基础。

数据用益权属于一项新兴财产权,根据物权法定原则必须由法律予以明定。而《民法典》的起草者认为,如何规定数据的权利属性和权利内容应当由专门法律另行规定,故而在第127条只是简单强调了数据受法律保护,但并未界定具体的保护方式。[3] 因此,笔者建议充分利用好当下《数据安全法》的起草机遇,系统规定自然人作为原发者享有的数据所有权和平台企业作为数据处理者享有的数据用益权。尽管2020年7月公布的《数据安全法(草案)》确立了数据安全与发展并重的原则,但是综观其内容,有重安全轻发展之嫌。如能借此确立数据所有权和数据用益权的二元权利结构,并在此基础上设置数据财产流转制度,将有助于促进数据的利用,真正实现数据的安全与发展并重的原则。当然,未来最为理想的方式是在修订《民法典》时,在《民法典》物权编中分别规定数据所有权和数据用益权,明确自然人、法人、非法人组织和国家取得数据所有权和数据用益权的条件,并建立以数据用益权登记为核心的配套制度,形成完整的数据权利体系。

---

〔1〕 参见王汉生:《数据资产论》,中国人民大学出版社2019年版,第153页。

〔2〕 参见顾伟、刘明:《数据产权:构建激励相容的权益分配新机制》,载中国信息化百人会编:《数据生产力崛起:新动能、新治理》,电子工业出版社2020年版,第147页。

〔3〕 参见黄薇主编:《中华人民共和国民法典释义·总则编》,法律出版社2020年版,第334页。

迈向数字诉讼法：一种新趋势？*

左卫民

摘　要：数字社会是用数字技术来表达、交流、储存、分析使用信息，进而展开一系列活动的社会。在这一新兴社会形态中，诉讼法虽未面临颠覆性、根本性的挑战，但也必然会发生重要变革，一种不同于传统诉讼法的数字诉讼法正应运而生。互联网法院（法庭）、在线诉讼、区块链证据等带有数字因素的新型诉讼制度与诉讼机制便是数字诉讼法的典型标识。在数字技术发展与诉讼数据“喂养”之下，数字诉讼法有着广阔的生长空间，但同时也受到了传统诉讼法一般原则与机理的约束，且面临数字技术水平、社会接受度等制约。继续探索在原则、机理等重要方面不同于传统诉讼法的数字诉讼法，正视数字技术在诉讼法变革中的有限性，合理研发数字诉讼的技术产品并通过试点验证，将有助于推动数字诉讼法的良善发展。

关键词：数字社会　数字诉讼法　数字技术　在线诉讼　互联网法院

一、引言：正在到来的数字社会

近几年，“数字社会”一词频频出现在公众视野，有关数字社会的报道层出不穷，[1]2021年3月发布的《中华人民共和国国民经济和社会发展第十四个五年规划和2035年远景目标纲要》（以下简称《“十四五”规划》）更是

---

* 原文发表于《法律科学》2022年第3期，收入本书时略有修改。

[1] 参见傅鹏、余嘉敏：《广州市人大代表涂子沛：进入数字社会是个不断学习的过程》，载《南方日报》2020年6月7日，第A02版；包蕾萍：《数字社会建设：挑战，机遇与理论创新》，载光明网，https://theory.gmw.cn/2021-12/27/content_35408976.htm；龚维斌：《加快数字社会建设步伐》，载《人民日报》2021年10月22日，第9版。与此同时，国家信息中心网站设置了“数字社会应用”专栏来展示数字技术的社会化应用状况。

将“加快数字社会建设步伐”作为国家发展的重要内容,最近召开的党的二十大亦高度重视相关发展。毋庸置疑,数字技术是推动数字社会前进的关键动力,其表现形式多样,是硬件、软件、传输网络、协议、语言、超大规模集成电路、算法以及与这些要素相关的组件与实践的集合。[1] 从法律层面来看,以数字技术为核心的数字社会正在为法律发展与改革注入新鲜活力。我国在智慧法院、智慧检务、智慧警务与智慧行政等方面取得显著进步,通过运用数字技术促成了所谓的智慧法治样态。[2] 然而,关于数字技术对诉讼法的整体影响尚未得到充分研究,数字社会中的诉讼法是否会发生结构性的变化、已经发生了何种变化、面临何种挑战以及未来如何应对相关挑战等问题,均未得到充分回应。鉴于此,笔者拟阐析上述问题,以助益相关研究。

何为数字社会？理论界与实务界并未形成完全一致的看法。观察《“十四五”规划》等官方表述,数字社会指的是数字技术全面融入社会交往与日常生活的社会。而从社会学理论来看,有学者认为数字社会是一种总体性的社会走向,强调数字技术在社会中广为普及、渗透,具有在场空间脱域化、关系形态散众化、规则技术异步化等特征。[3] 有学者认为,数字社会是在数字技术的社会化应用下形成的与工业社会具有实质区别的社会。[4] 另有学者指出,数字技术与数据是社会文化之产物,其在与人类互动过程中表现出独特的社会生命与价值。数字社会则是数字时代的社会样态,呈现了人、技术与数据间的相互作用。[5] 整体而言,上述观点在话语表达与具体关注点上虽存在一定差异,但对数字社会基本样态与趋势的把握大体一致。在笔者看来,从信息化的角度加以理解,数字社会是用数字技术(包括传感器、互联网等电子设备)来表达、交流、储存、分析使用信息,进而展开一系列活动的社会。2021 年,我国数字经济规模高达 45.5 万亿元,占 GDP 比重为

---

〔1〕 参见[美]布莱恩·阿瑟:《技术的本质:技术是什么,它是如何进化的》,曹东溟、王健译,浙江人民出版社 2014 年版,第 86 页。笔者认为数字技术是以互联网、大数据、人工智能等为突出标志的技术。

〔2〕 通俗意义上来讲,智慧法治意即通过大数据、云计算、人工智能等现代科技手段助力形成的法治样态。

〔3〕 参见魏钦恭:《数字时代的社会治理:从多元异质到协同共生》,载《中央民族大学学报(哲学社会科学版)》2022 年第 2 期。

〔4〕 参见邱泽奇:《数字社会与计算社会学的演进》,载《江苏社会科学》2022 年第 1 期。

〔5〕 参见王天夫:《数字时代的社会变迁与社会研究》,载《中国社会科学》2021 年第 12 期。

39.8%,总量稳居世界第二。[1] 可以说,我国便是当今世界上最大规模的数字社会之一,且(笔者认为)还是"应用型+创新型"的数字社会。

毫无疑问,法律需要顺应社会的发展做出适当调整。数字社会中的法律,包括诉讼制度是否会发生根本性的变化以及如何变化,目前学界并未形成一致观点。总体而言,理论界大致形成了两类看法。一类看法认为,包括诉讼法在内的法律具有一定的稳定性和适应性,并未受到数字社会带来的根本性与结构性的挑战。真正受到挑战的是如何将传统内容应用于新场景。[2] 另一类看法认为,法律必然遭受根本性与结构性的挑战,有必要因应数字社会作出改变。[3] 个人相对赞同前一类观点,但也认为后一类观点有可取之处。在数字社会中,诉讼法正面临巨大挑战,这种挑战远非传统挑战所能比拟,但也并非注定是颠覆性、根本性的挑战。正因此,诉讼法必然发生重要变革,其部分内容、理念、原则与技术会不同于甚至超越传统诉讼法。我们可以认为,数字社会正在促使诉讼制度发生改变,数字诉讼法的诞生成为可能。

二、正在形塑中的数字诉讼法

尽管理论界在数字社会是否会给诉讼法带来根本性与结构性的挑战方面并未达成完全一致的认识,但诸多不同于传统诉讼法的现象已然产生,典型表现为在线庭审"1.0 版本"的相关制度举措已初步成熟,这意味着数字诉讼法正在形塑过程当中。需要说明的是,本文提及的诉讼法既指立法文本意义上的诉讼法,也指实践操作层面的诉讼机制。鉴于此,数字诉讼法意指在数字技术滋养下形成的不同于传统诉讼法的诉讼规则与机制。因数字技术几乎渗透到了诉讼法的方方面面,数字诉讼法的表象不一而足。囿于文章篇幅,笔者拟从受数字技术影响较大的审判组织、数字诉讼的程序、证据、司法能力四个方面来分析形塑过程中的数字诉讼法。

(一)互联网法院(法庭)诞生

专门审判互联网案件的法院(法庭)在中国最早出现。2017 年 8 月 18

---

〔1〕 国家互联网信息办公室:《数字中国发展报告(2021 年)》,载中国网信网,https://www.cac.gov.cn/2022-08/02/c_1661066515613920.htm。

〔2〕 刘艳红:《人工智能法学研究的反智化批判》,载《东方法学》2019 年第 5 期。

〔3〕 马长山:《智能互联网时代的法律变革》,载《法学研究》2018 年第 4 期;[英]理查德·萨斯坎德:《线上法院与未来司法》,何广越译,北京大学出版社 2021 年版,第 25、241 页。

日，世界首家互联网法院——杭州互联网法院正式成立。其在推进网络空间治理法治化的同时，率先打破了传统诉讼理念与原则的桎梏，不仅借由互联网诉讼平台实现了诉讼流程的数字化，也通过创新探索异步审理模式与司法区块链平台等打开了数字诉讼的新思路。毫无疑问，杭州互联网法院以数字技术为牵引的“数治化”审判转型为数字诉讼法的诞生提供了丰富的实践样本。在其典型示范下，北京互联网法院与广州互联网法院相继诞生。随后，具有跨行政区属性的互联网法庭也陆续设立。例如，2021 年 4 月 9 日，成都互联网法庭正式挂牌运行，集中管辖成都、德阳、眉山等地原本应由基层法院审理的一审互联网案件。[1] 司法实践中，互联网法院（法庭）的运行取得了明显成效，为数字诉讼法的发展积蓄了充足动力，这既体现在数字技术赋能的司法审判质量提升明显，也体现在智慧司法加持下的审判效率大为提高。以杭州互联网法院为例，截至 2022 年 8 月 18 日，该院共审结案件 6.7 万余件，执结案件 1.4 万余件，其中，1 案入选最高人民法院指导性案例，70 余案入选全国典型案例。[2] 在广州互联网法院，截至 2022 年 11 月 6 日，其智慧审理平台共立案 155,493 件，审结案件 141,418 件，在线立案率达 99.93%，庭审平均时长为 23 分钟，案件平均审理周期为 63 天，电子送达 1,070,997 次，电子送达覆盖率为 99.97%，一审服判息诉率达 98.49%。[3] 在成都互联网法庭，2021 年该庭新收案件 6632 件，结案率达 99.99%，一审服判息诉率为 97.39%。在全流程在线审理的创新模式下，案件平均审理周期仅为 28 天左右。[4]

（二）诉讼程序在线运行

在中国，除上述互联网纠纷的互联网审判外，线下纠纷的大规模在线审

---

〔1〕 参见夏菲妮：《成都互联网法庭交出一周年成绩单，这项工作全省第一！》，载微信公众号“四川法治报”2022 年 4 月 10 日，https://mp.weixin.qq.com/s/9Vtm9fUfi708rnVGqrj_Mg。

〔2〕 杭州互联网法院：《盈车嘉穗，五周年！杭州互联网法院改革创新成果一览》，载微信公众号“杭州中院”2022 年 8 月 17 日，https://mp.weixin.qq.com/s/3n2goLPZuJZjE0drdFn0dw。

〔3〕 相关数据详见广州互联网法院网站“数据公开”专栏，载广州互联网法院官网，https://www.gzinternetcourt.gov.cn/#/judicialBigData? apiType = sfBigDataAnalysis&title Type = judicialBigData。

〔4〕 成铁第一法院：《成都互联网法庭召开挂牌成立一周年“云端”新闻发布会》，载微信公众号“成都铁路运输中级法院”2022 年 4 月 9 日，https://mp.weixin.qq.com/s/KRwb_dP3QXErJ4r2Vl6RPA。

判是近三年的重要法律现象。近三年，受新冠疫情影响，线下纠纷在线化解已较为常见。在线诉讼已然成为一种重要的诉讼方式，其本质是以在线方式处理线上、线下纠纷，颠覆了实体在场、时空同一的传统诉讼模式，取得了一定的实践效果，成为数字诉讼法的典型标识，其在实践中呈现出如下特征：

其一，诉讼程序在线运行逐步实现“全流程”化。“全流程”意指立案、庭审、送达、执行等诉讼环节均可在线完成。[1] 此前，在线诉讼多表现为数字技术在某一诉讼环节尤其是辅助环节的具体应用。[2] 随着数字技术水平的不断提高、司法实践的不断尝试，当下数字技术可实现包括庭审环节在内的诉讼全流程在线运行。不仅3家互联网法院能够全流程在线审结案件，其他非互联网法院（法庭）也大多具备全流程在线诉讼功能。如在成都法院，当事人与律师可借助“蓉易诉”平台开展一站式智能化诉讼活动。[3]

其二，全部或部分诉讼环节在线运行的案件不断增加。例如，2021年全国法院在线立案数高达1143.9万件。截至2021年年底，69.91万件案件通过人民法院网上委托鉴定平台发起鉴定委托，49.01万件案件通过人民法院保全系统发起保全申请，1754万件案件通过全国法院统一电子送达平台实现4147万次电子送达。全国法院借助执行查控系统查控案件10,971.8万件，冻结资金共计18,941.46亿元。[4] 特别是随着民事程序繁简分流改革的落幕，在线诉讼规则日趋健全，在线诉讼实践更为普遍。例如，2022年1~8月，广州法院在线立案43.1万件，在线庭审4.7万次，在线成功送达文书607.1万份。[5]

其三，在线诉讼广泛适用于不同类型的案件与审级。一方面，民事、刑事、行政案件均有案件适用在线诉讼。相关数据表明，民事程序繁简分流改革推进了在线诉讼在民事案件领域的广泛应用。以成都市两级法院2020~

〔1〕 参见最高人民法院：《人民法院智慧法院建设工作成效新闻发布会》，载最高人民法院网站2022年10月13日，https://www.court.gov.cn/zixun/xiangqing/375061.html。

〔2〕 参见侯学宾：《我国电子诉讼的实践发展与立法应对》，载《当代法学》2016年第5期。

〔3〕 参见胡思行、马丽娅、刘冰玉：《成都三部门共建“蓉易诉”在线诉讼平台推进司法辅助事务信息化深度合作》，载《四川法治报》2022年7月15日，第2版。

〔4〕 参见陈国平、田禾主编：《中国法院信息化发展报告 No.6(2022)》，社会科学文献出版社2022年版，第5~7、63页。

〔5〕《这十年，平安广州法治广州建设的“法院足迹”》，载微信公众号“广州市中级人民法院”2022年9月26日。

2021 年审结的民事案件为例，其在线立案率、在线庭审适用率以及电子送达适用率分别达到了 52.86%、7.03% 与 49.90%。[1] 同时，民事在线诉讼涉及的案件类型较为丰富。笔者调研发现，单是成都市 14 个基层法院 2020 年在线庭审的案件便涵盖了合同纠纷、准合同纠纷、劳动争议纠纷、人事争议纠纷以及婚姻家庭纠纷、继承纠纷等多个类型。就刑事案件而言，在线诉讼同样得到普遍应用。如在上海法院，常涉罪名刑事案件的立案、报捕、审判等环节均可在“206”系统在线完成。[2] 截至 2020 年年底，公安机关在这一系统录入的案件数量多达 11 万余件，检察机关批准逮捕 5.19 万余件，法院审结案件 4.69 万余件。[3] 此外，各地法院针对不同类型的行政案件亦采取了在线诉讼方式。例如，北京知产法院 2020 年 2～10 月共在线开庭审理 1643 件专利行政案件；[4] 近期，唐山市中级人民法院在线审理了 73 起牵涉征地补偿的行政案件。[5] 另一方面，在线诉讼不仅适用于一审案件，也扩展到二审案件甚至再审案件。上海二中院、洛阳中院早已在二审案件中尝试在线诉讼方式，[6] 再审案件在线审理也渐入公众视野。[7]

那么，在线诉讼的效果如何呢？一方面，诉讼效率明显提高。时间成本是诉讼效率的主要考量指标。主流观点认为，在线诉讼能够有效提升诉讼效率，[8] 近年来的司法实践恰好能够印证这一观点。据悉，在线诉讼将当

[1] 《成都法院改革这些年|④民事诉讼程序繁简分流改革》，载微信公众号“成都市中级人民法院”2022 年 3 月 24 日。

[2] 参见陈国平、田禾主编：《中国法院信息化发展报告 No.6（2022）》，社会科学文献出版社 2022 年版，第 33 页。

[3] 参见余东明：《人工智能辅助办案有效防范冤假错案——上海研发推广“206”系统走出千年“天路”》，载《法治日报》2021 年 2 月 5 日，第 1 版。

[4] 《北京高院发布第二届司法改革“微创新”案例》，载北京政法网 2021 年 1 月 19 日，https://www.bj148.org/zf1/20210/t20210119_1595697.html。

[5] 《线上审理行政系列案》，载《人民法院报》2022 年 5 月 24 日，第 1 版。

[6] 参见王川、翟君：《上海二中院首次在线审理商事二审案》，载《上海法治报》2020 年 2 月 7 日，第 A02 版；《首次！洛阳中院采用独任制在线审理一起劳动争议纠纷二审案件》，载洛阳市中级人民法院网站 2020 年 2 月 20 日，http://hnlyzy.hncourt.gov.cn/public/detail.php?id=9911。

[7] 《在线诉讼“不打烊”安阳法院再审案件网上第一案开审》，载安阳市中级人民法院网站 2020 年 3 月 10 日，https://ayzy.hncourt.gov.cn/public/detail.php?id=14449；张萍：《省高院线上听证一起再审审查案》，载《甘肃法制报》2022 年 7 月 25 日，第 1 版。

[8] 参见左卫民：《效率 VS 权利？民事程序繁简分流改革争论的实证审视》，载《现代法学》2022 年第 5 期；杨凯：《在线诉讼入法正当性的公共法律服务理论支撑》，载《华东政法大学学报》2022 年第 5 期；段厚省：《远程审判的双重张力》，载《东方法学》2019 年第 4 期。

事人平均往返法院约6次的频率降至1～2次，甚至0次。[1] 在广州互联网法院，案件在线庭审平均时长与平均审理周期分别较传统线下模式节约了3/5和2/3。[2] 又如，山东法院通过全流程在线办案节约了1.4亿余元出行成本，文书制作时长从原先12天的平均值压缩至3天，部分案件文书制作仅需10余分钟。[3] 另一方面，在线诉讼体验逐渐得到升级优化。在线诉讼兴起之初，技术上的不成熟以及公众对在线诉讼了解上的不充分直接影响了在线诉讼的“用户”体验，导致在线方式的诉讼效果难称理想。[4] 目前，民事在线诉讼经过两年试点改革已取得明显进步，刑事、行政诉讼亦然。在线立案、在线庭审、电子送达使用率的逐年增加基本能够反映在线诉讼参与者对在线方式的认可。结合访谈情况来看，绝大多数法官、审判辅助人员、当事人以及律师对在线诉讼较为满意，认为其具有便捷、高效的独特优势。整体而言，在线诉讼有望成为未来主流的程序展开范式。[5]

（三）带有数字因素的证据成为诉讼法的重要内容

证据作为诉讼的实质性内容，其表现形式已随着数字技术在社会活动、商业活动、法律活动中的渗透发生重要变化。包括大数据证据，区块链证据在内的带有数字因素的证据日渐增多，成为我国诉讼法的重要内容。一方面，三大诉讼法已将电子数据纳入法定证据范畴，随着时间的推进，电子数据的内涵越来越丰富。以民事诉讼为例，2015年发布的最高人民法院《关于适用〈中华人民共和国民事诉讼法〉的解释》第116条将电子数据定义为通过电子邮件、电子数据交换、网上聊天记录、博客、微博客、手机短信、电子签名、域名等形成或存储于电子介质中的信息，并列举了8种电子数据类型。随后，2019年发布的最高人民法院《关于民事诉讼证据的若干规定》第14条进一步扩大了电子数据的范畴，将网页、通讯群组、电子交易记录等增设为电子数据的表现形式。同时，兜底条款还明确了“其他以数字化形式存

---

〔1〕《人民法院智慧法院建设工作成效新闻发布会》，载最高人民法院网站2022年10月13日，https://www.court.gov.cn/zixun/xiangqing/375061.html。

〔2〕《广州“24小时不打烊”法院，4年结案184,000多宗》，载微信公众号“广州政法”2022年9月30日，https://mp.weixin.qq.com/s/DOnVLKxsxJsoQLfZKFFw6Q。

〔3〕参见栗建昌、闫祥岭：《什么是全流程网上办案？来看看山东的做法》，载瞭望周刊社网站，http://lw.news.cn/2022-04/06/c_1310544126.htm。

〔4〕参见左卫民：《中国在线诉讼：实证研究与发展展望》，载《比较法研究》2020年第4期。

〔5〕参见左卫民：《后疫情时代的在线诉讼：路向何方》，载《现代法学》2021年第6期。

储、处理、传输的能够证明案件事实的信息”都属于电子数据。刑事诉讼领域也有类似规定。[1] 显而易见,上述规定促成了电子数据类证据在司法实践中的运用,也为大数据证据、区块链证据等新型证据的司法应用提供了法律依据。另一方面,在数字社会的司法实践中,带有数字因素的证据渐渐发挥重要作用,尤其是在网络犯罪侦查与信息技术纠纷的审判过程中,此类证据更是扮演了关键角色。尽管与此类证据相关的实践问题依然存在,如取证行为失范、证据证明作用发挥困难或者作用被神化等,[2] 但不能据此否定带有数字因素的证据的积极作用。为规范此类证据的收集、提取、审查、认定等诉讼行为,相关规则正在不断发展、完善,[3] 配套保障机制也在进一步优化。譬如,2022 年 5 月,最高人民法院《关于加强区块链司法应用的意见》即指出,要建设互联网司法区块链验证平台,支持相关主体核验司法数据的真伪等。可以看出,顶层设计者在竭力推进区块链等数字技术融入诉讼活动。总而言之,对于带数字因素的证据的收集、提取、审查与认定,理应立足于技术,将实践经验转化为操作规范,最后再上升为法律。实际上,一些司法解释正是依此路径诞生,我们有理由期待数字化证据为数字诉讼法的发展注入鲜活动力。

(四)数字化的司法能力发挥明显

数字技术的助力使司法机关的司法能力显著提高,具体表现为数字化的侦查能力、审判能力、公开能力、执行能力等不断增强,包括但不限于以下

---

[1] 详见 2016 年最高人民法院、最高人民检察院、公安部印发的《关于办理刑事案件收集提取和审查判断电子数据若干问题的规定》第 1 条:“电子数据是案件发生过程中形成的,以数字化形式存储、处理、传输的,能够证明案件事实的数据。电子数据包括但不限于下列信息、电子文件:(一)网页、博客、微博客、朋友圈、贴吧、网盘等网络平台发布的信息;(二)手机短信、电子邮件、即时通信、通讯群组等网络应用服务的通信信息;(三)用户注册信息、身份认证信息、电子交易记录、通信记录、登录日志等信息;(四)文档、图片、音视频、数字证书、计算机程序等电子文件。以数字化形式记载的证人证言、被害人陈述以及犯罪嫌疑人、被告人供述和辩解等证据,不属于电子数据。确有必要的,对相关证据的收集、提取、移送、审查,可以参照适用本规定。”

[2] 参见裴炜:《论个人信息的刑事调取——以网络信息业者协助刑事侦查为视角》,载《法律科学(西北政法大学学报)》2021 年第 3 期;程雷:《大数据侦查的法律控制》,载《中国社会科学》2018 年第 11 期;刘品新:《论区块链证据》,载《法学研究》2021 年第 6 期。

[3] 参见《关于办理刑事案件收集提取和审查判断电子数据若干问题的规定》《关于互联网法院审理案件若干问题的规定》《最高人民法院关于民事诉讼证据的若干规定》《人民法院在线诉讼规则》等。

三类例证：

其一，侦查开始朝向数智化转型。一方面，在信息技术的介入下，侦查机关的侦查能力与破案率明显提高。例如，浙江公安通过人像、车辆智能对比，认定、抓获数千名犯罪嫌疑人与数百名已“漂白”身份的在逃人员；[1]福州长乐公安借助“e体+”智能系统，部分案件的破案率同比提升46.8%。[2]另一方面，数字技术助力于构建预测性警务。如公安部将大数据、人工智能、云计算等数字技术织成严密反诈防护网，有效地避免了数千万群众受骗，挽回财产损失近万亿元；[3]通过智慧警务建设，广东省2019年的刑事立案数较2015年下降约36%，严重暴力犯罪案件数较2015年下降56%左右；上海市2000多个智慧安防小区做到了“可防案件零发案”[4]。

其二，部分审判事务交由数字技术处理，审判能力有所增强。智能审判辅助系统、类案检索平台等应用即是典型例证。在美国，超过50%的州法院使用COMPAS等风险评估软件辅助量刑，部分法院凭借这些软件作出保释、假释决定。[5]在我国，广州互联网法院部署的“数字法官助理”能够一键完成跨系统数据自动识别等重复性工作，实现证据自动核验与智能对比，可较人工模式节约15%的审判时间。四川法院大数据智能辅助办案平台有效推进了本省刑事司法机关之间的沟通互联，能够实现刑事案件线上一体化办理，做到数据共享融合、证据在线校验以及卷宗实时流转。[6]

其三，司法公开获得数字技术支撑，成效明显。当下，全流程公开成为司法公开的最新形式与重要标签，主要表现为中国裁判文书网、庭审公开网、审判流程信息公开网等线上公开平台的应用。其中，中国裁判文书网已公布超过1.3亿份裁判文书，庭审公开网已累计直播案件2000余万件。这

---

[1] 参见谢佳：《浙江用大数据人工智能助推公安改革》，载《人民公安报》2018年3月27日，第3版。

[2] 参见梁仁昌、陈宇航、林雯：《福州长乐：智慧赋能　打防有力度》，载《人民公安报》2022年7月7日，第7版。

[3] 参见谢俊思：《公安部刑事侦查局电信网络诈骗犯罪侦查处坚持“四专两合力”守好群众“钱袋子”》，载《人民公安报》2022年8月31日，第8版。

[4] 参见浙江警察学院课题组、黄兴瑞：《构建现代警务模式推进省域治理现代化——基于中外比较的浙江警务改革发展战略研究》，载《公安学刊（浙江警察学院学报）》2020年第6期。

[5] 参见李本：《美国司法实践中的人工智能：问题与挑战》，载《中国法律评论》2018年第2期。

[6] 参见陈甦、田禾主编：《中国法院信息化发展报告－No.5（2021）》，社会科学文献出版社2021年版，第14页。

些司法公开平台打破了传统司法公开受时间、空间等因素的限制,使司法公开能力得到显著提升。

三、数字诉讼法面临诸多挑战

整体而言,一种全方位且在重要方面不同于传统诉讼法的数字诉讼法已经开始出现。但可以预见的是,数字诉讼法的未来不会一帆风顺,而会面临诸多挑战。一方面,传统诉讼法的一般原则与机理某种程度上制约了数字诉讼法的发展。另一方面,数字诉讼法不仅取决于数字技术的发展水平与应用程度,而且也受限于社会对数字诉讼法的接受程度。种种问题,尚需重点关注。

(一)数字诉讼法与传统诉讼法一般原则与机理的可能背离

数字诉讼法与传统诉讼法的运行实践传递出以下信息:数字诉讼法将不同于传统诉讼法,从内容、原则、机理等各方面来看,数字诉讼法与传统诉讼法存在明显差异。例如,在当事人、法官是否三方实体在场,是否必须同步审理方面,数字诉讼法的实践已经有别于传统诉讼法。我们显然难以简单地从传统角度来认知、评判数字诉讼法,尤其不能要求数字诉讼法完全遵循传统诉讼法的一般原则。然而,数字诉讼法的一些实践举措的确与诉讼法的原则与机理有所背离,从而招致了反对甚至阻碍技术适用的声音或行为。例如,依据警务预测所获有罪证据的司法运用可能有违无罪推定等基本原则;〔1〕又如,从诉讼各方同时、实体在场的诉讼理念出发来负面评判在线庭审的正当性。囿于对技术缺乏系统把握,对技术背后的深层理念缺乏深入认知,部分研究者、实践者对诉讼法顺应技术进行变化存在抵触。但从现实和发展角度考量,结合技术发展思考诉讼法如何适应技术进而变革诉讼法本身并无大碍。此时,我们需要回答:数字诉讼法和传统诉讼法能否共享部分重要原则与机理?是否可以有某些不同的诉讼理念、适用原则和机理?例如,就司法公正性而言,数字诉讼法能否通过自身独有的技术方式来构建、确保诉讼结果公正与程序公正?能否适当改变传统的司法公正的实现方式?等等。

这些都是未来数字诉讼法在进一步发展时需要回应和解决的前置

---

〔1〕　参见裴炜:《个人信息大数据与刑事正当程序的冲突及其调和》,载《法学研究》2018年第2期。

问题。

(二)数字诉讼法的实现受制于有限的数字技术水平

种种迹象表明,当前技术水平不足以充分推动数字诉讼法走向成熟。过去20年间,大多数国家在电子办案与法院管理上获得的技术进步乏善可陈。[1] 尽管诉讼领域数字技术应用的发展势头强劲,但其仍然较大程度地依赖人工投入及干预。没有人工的投入及干预,难以实现真正的"智慧"或曰"智能"。多数情况下人们指称的人工智能实际上仅能称之为"弱人工智能",[2]相关产品为人们带来的最突出的成就可能在于应用"弱人工智能"来提升工作效率,目前尚缺乏"强人工智能"来对复杂事项进行处理。纵观全球,诉讼领域内具有革命性的成功应用少之又少。就数字诉讼的典型标识——在线诉讼而言,其进一步发展受到了现有"硬"技术水平的掣肘。例如,信号卡顿影响在线的同步性,在线审查证据、确认当事人身份的行为质效远不及线下,甚至面临诸多风险;又如,司法过程记录与存证的全面性、清晰性尚受限于目前存储技术与硬件规格的发展水平。而带有一定人工智能色彩的数字技术应用更是如此。即便是意义重大、各地积极推进的类案类判系统,囿于技术水平不足,笔者此前通过实证考察发现的问题现今仍然存在,系统检索逻辑与检测精准度同法官需求依旧差距明显。[3] 同样,即便域外许多国家投入使用并满怀期待的警务预测系统,当前也无法达到较好的犯罪预测效果,在被预估将要实施暴力犯罪的人群中,准确预测率仅为20%。就算将犯罪范围扩大,准确率仍不高。[4] 特别是所谓的"强人工智能"类的数字技术应用,如将机器学习用于审前程序的风险评估并未得到学界一致认可。非营利性新闻调查组织ProPublica的一份研究报告指出,COMPAS系统存在种族偏见,错误认为非裔美国人的逃跑、犯罪等风险是白

---

〔1〕 参见[英]理查德·萨斯坎德:《法律人的明天会怎样?——法律职业的未来》,何广越译,北京大学出版社2019年版,第121页。

〔2〕 哲学家将人工智能划分为两种形态:"弱人工智能"与"强人工智能"。前者是指机器能够智能地行动,其行动看起来如同它们是智能的;后者是指能够如此行事的机器的确在思考,而非仅在模拟思考。[美]罗素、[美]诺维格:《人工智能:一种现代的方法》(第3版),殷建平等译,清华大学出版社2013年版,第851页。

〔3〕 如检索推送案例不精确、推送范围过窄、来源不明、层级不清等。左卫民:《如何通过人工智能实现类案类判》,载《中国法律评论》2018年第2期;陈甦、田禾主编:《中国法院信息化发展报告-N0.5(2021)》,社会科学文献出版社2021年版,第23页。

〔4〕 参见李本:《美国司法实践中的人工智能:问题与挑战》,载《中国法律评论》2018年第2期。

人的2倍。[1]

从理论层面来看,不乏技术支配司法的重重风险。研究显示,人工智能系统在2075年达到人类整体能力水平的概率为90%。[2] 有人可能认为,技术凭借其在法律领域的种种优势,会在不久的将来完全支配人类。尽管部分专家基于诸多证据肯定了这一可能性,但在接下来的数十年,更多的数据以及更好的技术性应用很可能仍然仅是人类判断的补充,而非替代。[3]

所以,就当前的技术发展水平来看,我国数字技术还难以充分支撑AI化的数字诉讼法。一方面,我国技术应用的研发基础尚未打牢,仍依赖于现有数据的“喂养”,且缺乏优质、海量的数据资源以及既懂法律又懂技术的人才,应用知识图谱式的算法效果也同域外相对成熟的机器学习算法效果存在明显差距。另一方面,现有数字技术尚且无法充分模拟法律人的推理与决策过程,更难以替代人类独有的价值判断,人工智能相关技术的发展也具有一定的局限性。[4] 换言之,唯有当技术足够成熟,并且得到充分评估,能够与法律规律相匹配时,AI技术才能从根本上触及法律。在技术尚不成熟、基础条件严重不足的情况下,急不可耐地试图完成“弱人工智能”向“强人工智能”的飞跃,似乎操之过急,目标亦难以实现。就像人工智能取决于人的智能,如若人类无法总结社会本质规律,人工智能便无法取代人类。鉴于多种原因,技术奇点可能永远不会到来。[5]

(三)数字诉讼领域的技术实际应用有限

尽管人脸识别等少数技术手段能够在诉讼实践中得到较好的普遍性应用,但大多数技术产品并非如此。

首先,相关技术应用并未引起法律实践的根本变化。以关注度较高的“206系统”为例,虽然不少学者对其应用持基本肯定的态度,[6] 但其实践效

---

〔1〕 Berman Emily, *A Government of Laws and Not of Machines*, 98 Boston University Law Review 1277(2018).

〔2〕 Vincent C. Muiller & Nick Bostrom, *Future Progress in Artificial Intelligence: A Survey of Expert Opinion*, in Vincent C. Muller, ed. , Fundamental Issues of Artificial Intelligence, Synthese Library, 2016, p. 553 – 571.

〔3〕 Benjamin Alarie, *The Path of the Law: Toward Legal Singularity*, Social Science Research Network (ssm. com) (May. 27, 2016), http://dx. doi. org/10.2139/ssrn. 2767835.

〔4〕 参见左卫民:《中国计算法学的未来:审思与前瞻》,载《清华法学》2022年第3期。

〔5〕 Toby Walsh, *The Singularity May Never Be Near*, 38 AI Magazine 58(2016).

〔6〕 参见熊秋红:《人工智能在刑事证明中的应用》,载《当代法学》2020年第3期。

果并不尽如人意。办案人员普遍认为系统的功用主要局限于司法信息化的促进与诉讼效率的提高，证据校验等智能化的预设功能无法实现，与此同时，系统对于复杂任务的完成也缺乏技术支持。鉴此，部分办案机关将其束之高阁，仍旧延续传统的办案思路与司法机制。〔1〕与之类似，融合了语音识别、电子卷宗等多项技术的智慧审判系统，虽然庭审语音识别一般情况下的正确率可达90%或以上，一定程度上提高了庭审记录速度，但书记员仍需花费一定时间修正、补充与完善庭审笔录。部分办案人员宁肯自行记录，因为整理语音识别系统的文字并不比自行当庭记录轻松。〔2〕同时，电子卷宗的同步生成也未给办案人员带来预期便利。囿于设备不充分、扫描清晰度不足等问题，随案生成的电子卷宗质量堪忧，部分法院仅视电子卷宗随案生成为考核任务，使用积极性阙如。〔3〕这些用户体验欠佳、办案效果较差、本质上并未改变诉讼现状的技术很难得到普遍适用。

其次，由于统筹规划不足，各地数字技术应用“分散建设”“重复建设”与“低水平建设”的现象多见。〔4〕尽管按需分散建设有其合理性，但在统一规制缺位的情况下，“分散建设”的弊端日益凸显，难以促成各项技术应用的融合贯通，且极有可能招致重复建设风险，带来技术资源的浪费，形成所谓的“数据孤岛”困局。就技术使用者而言，针对同一事项可能需要登录不同技术平台，反复输入相同信息，不仅会造成使用者重复劳动，也容易使不同平台间的数据存在偏差，影响数据准确性与可信性。此外，部分地区由于欠缺财物保障，技术应用建设不进反退，甚至出现法院网站关停的现象。〔5〕诸多问题叠加之下，技术应用推广困难，数字技术产品在诉讼中仅能得到有限适用似成定局。

最后，诉讼领域技术产品的研发初衷可能并非全然在于运用。可以说，各地实践部门在智慧法治的建设上基本投入了力所能及的人力、物力与财

〔1〕参见李训虎：《刑事司法人工智能的包容性规制》，载《中国社会科学》2021年第2期。

〔2〕参见冯姣、胡铭：《智慧司法：实现司法公正的新路径及其局限》，载《浙江社会科学》2018年第6期。

〔3〕参见陈甦、田禾主编：《中国法院信息化发展报告－No. 5（2021）》，社会科学文献出版社2021年版，第43～44页。

〔4〕参见黄旻：《湖南“数字法治智慧平台”建设及思考》，载《中国司法》2019年第2期。

〔5〕参见陈甦、田禾主编：《中国法院信息化发展报告－No. 5（2021）》，社会科学文献出版社2021年版，第24页。

力。但部分单位仅视智慧法治建设为工作创新的亮点，诉讼机制并未发生显著改变，一些技术设备形同虚设。[1]

(四)诉讼领域数字技术的受众认可度有限

公众对于数字技术有一定的认同度，但这种认同在诉讼领域并非充分程度的认同。部分当事人、法律人甚至并不认可、不接受当前诉讼领域的数字技术产品。在适用新技术的过程中，我们有时能够看到被萨斯坎德称为“非理性抗拒主义”的现象，即便质疑者尚未亲身感知，也会武断地、本能地拒斥某项技术。[2] 一方面，这种做法可能源于人们对于技术的不信任感。诸如技术侦查等数字诉讼行为已然给个人信息保护、证据应用等带来系列挑战，若干潜在风险无疑劝退了相当多的技术应用受众。数字诉讼的关键在于倚靠现代技术为智慧决策、科学管理、有效服务提供强有力的支撑。但技术并非万能，甚至蕴含诸多风险。人们敏锐地感受到，技术进步的方向很大程度上取决于从社会生活的强制性再生产中诞生的社会利益。[3] 当技术存在价值冲突时，必然面临社会选择，而选择的最终结果往往取决于社会中的强势集团。[4] 基于此，极有可能形成掌握垄断性话语权且与法律专业权力相冲突的技术权力。[5] 具体到法律实践中，这种技术权力不仅会挑战法律权威，折损司法的“亲源性”与“亲历性”特征，[6] 而且会削弱法官自由裁量权，影响法官独立审判；亦可威胁个体知情权，侵犯个人隐私与自由，侵蚀平等保护价值。另一方面，当前技术系统的开发者与支持者似乎仍未直面使用者对于技术产品的现实需求与接受度。实际上使用人员可能更为关注如何解决现实问题，包括正确替代人工操作机制，但法律类技术产品往往不能满足这一根本性的现实需求。这一状况也时常导致使用人员对于技术

---

[1] 参见庞良文、宋洁：《网络空间法治化治理的检察实践——大数据时代构建“智慧公诉”的具体路径》，载《上海法学研究》2020年第20卷，第96~104页。

[2] 参见[英]理查德·萨斯坎德：《线上法院与未来司法》，何广越译，北京大学出版社2021年版，第4页。

[3] 参见[德]尤尔根·哈贝马斯：《作为“意识形态”的技术与科学》，李黎、郭官义译，学林出版社1999年版，第94页。

[4] 参见肖峰：《论技术的社会形成》，载《中国社会科学》2002年第6期。

[5] 参见王禄生：《大数据与人工智能司法应用的话语冲突及其理论解读》，载《法学论坛》2018年第5期。

[6] 参见张玉洁：《智能量刑算法的司法适用：逻辑、难题与程序法回应》，载《东方法学》2021年第3期。

产品的拒斥态度。所以，过于强调数据化、信息化的操作可能会掩盖问题的本质。例如，类案类判若非建立在充分意义上的法律案例大数据库上，且同时辅以先进的技术与健全的制度，便难以实现预防裁判偏离、管控办案质效等预期目标。除非技术学会理解人类在做什么、需要什么，否则帮助人类进行司法裁判的尝试不可能成功。[1]

四、数字诉讼法的发展之道

(一)深入探索在原则、机理等方面不同于传统诉讼法的数字诉讼法

数字诉讼法具有的非实体在场性、非同时性(异步性)、非口头性(书面化)、AI化等特征，意味着数字诉讼法在未来能够并且必然打破某些传统诉讼法的重要原则甚至是基本规则。鉴于此，数字诉讼法应当自主化发展，而非完全被动地受制于传统诉讼原则与机理。我们应认识到，当以数字技术为基本手段的信息革命促使社会关系发生根本变化时，内嵌于社会关系的法律也必然会发生变化。数字化诉讼的非实体在场性、异步性等特征昭示着数字诉讼法有其独特性。只不过人们尚不完全清楚数字诉讼法应当如何变化，以及应以何种系统化的视角来自主性地认知与规范相关领域的发展。试点改革也许能帮助立法者厘清思路。对于可能助益数字诉讼法发展的技术、原则与机理等内容，可将其试点应用，不断试错。经逐步完善、确认其符合诉讼规律后，再将其做进一步推广。如此既可降低试错成本，防止数字诉讼法落入过度回应技术发展的窠臼，也能在一定程度上应对传统诉讼法一般原则与机理的挑战。最终，我们可能逐渐打造出一种在原则、机理、方式等方面明显不同于传统诉讼法的数字诉讼法。至于其远景模式会否根本区别于传统诉讼法，则更多地依赖于司法领域可应用的数字技术特别是“强人工智能”产品的成熟度。例如，未来会否出现AI法官，取决于司法数据与相关算法的充足性、科学性等，而这只能让遥远的未来揭晓答案了。尽管当下法律系统有积极地响应技术以及技术带来的变化，效果却难称显著，这并不意味着我们应当停下探索的脚步。从宏观角度来看，数字技术无非是人类历史上出现的技术之一。诉讼法无须随时做系统性的调整以适应技术的变化，其必须思考既有的概念、原则、机理等能否适应并保障技术的进步，若

[1] Philip Leith, *The Judge and the Computer: How Best "Decision Support"?*, 6 Artificial Intelligence and Law 289(1998).

能,则无须作出较大改变。基于此,在技术促变法律的时代,“以当变应万变”不失为一剂良方,我们不能拖延创新、改革。

（二）正视数字技术在诉讼法变革中的功能有限性

技术为人们带来了许多便利,同时也营造了一种错觉,即技术似乎能为一切问题提供解决方案。如前所述,数字技术的变化不会引起整个法律结构的根本变化。法律领域的问题纷繁复杂、形形色色,诸多涉及制度改革等内容的陈疾旧疴绝非单纯的技术引入及其更新换代能解决。其一,法律自身的构造需与人类社会的根本结构及人性基础相适应。在人类社会的根本结构及人性基础尚未发生实质性变化时,法律不会突破自身的桎梏,进而产生颠覆性变化。人类文明是连续的,且围绕人类需求展开。国家观念、集体观念传承至今,法律观念及其结构亦具有延续性。纵使社会形态日新月异,人们依旧企盼通过法律过程获取秩序、公正与人权价值。〔1〕 技术无论发展到何种程度,终究是人类法治的辅助工具,和则用之,不和则弃之,国家权威、法律权威并未因技术被削减或被否定。〔2〕 同时,历史见证了人类卓越的道德选择能力,在技术进步过程中,人类道德能力与法律能力理应得到提高,亦能得到提高。〔3〕 可以说,人类社会的根本结构与人性基础是较难发生实质性改变的。其二,从目前来看,数字技术尚未产生颠覆人类社会组织结构与基本体制的效果。技术给法律领域带来的影响有限,至多改进法律运作方式,减少运作成本,弥补不足,无法全然替代法律。〔4〕 实际上,法律某些方面所产生的变化并非技术本身所导致,而是技术促变社会后,社会变化在法律层面的映射,从而使法律看上去带有了“技术性”。显而易见,不少司法领域的技术性应用并非发端于司法活动的需要,而是其他领域的通用

---

〔1〕 参见程竹汝、卫绒娥:《价值·制度·角色——系统论视野中的现代司法结构形态》,载《学习与探索》2002 年第 2 期。

〔2〕 参见李飞:《人工智能与司法的裁判及解释》,载《法律科学(西北政法大学学报)》2018 年第5 期。

〔3〕 参见齐延平:《论人工智能时代法律场景的变迁》,载《法律科学(西北政法大学学报)》2018 年第 4 期。

〔4〕 管理学理论通常区分延续性技术与颠覆性技术。广义上来讲,延续性技术是支持与改进现有企业、市场运行方式的技术;颠覆性技术则是从根本上挑战、改变企业或行业运作模式的技术。萨斯坎德认为法律领域的颠覆性法律技术至少包含 13 种形式,具体囊括文档自动化、在线纠纷解决、机器预测等。显而易见的是,当前我国诉讼领域的数字技术仅能称之为“延续性技术”,离“颠覆性”技术尚有一定距离。[英]理查德·萨斯坎德:《法律人的明天会怎样?——法律职业的未来》,何广越译,北京大学出版社 2019 年版,第 55 ~ 69 页。

性技术成果在司法领域的改良，其技术逻辑并未产生本质变化。可以说，法律是回应性的，其必须面对技术带来的社会变化，进而产生自身的变化。

（三）合理研发数字诉讼的技术产品

其一，适当应用具有较为普遍效果的成功技术，特别是人工智能因素较多的技术。历次革命浪潮中，最初受益的均是发展技术、使用技术的人，而拒斥技术、远离技术的人，将在长时间内陷入迷茫、困惑甚至被社会淘汰的境地。[1] 任何国家都不应排斥或者都需要通过技术进步来推动国家治理能力的提高。尽管数字诉讼法尚未发展成熟，但未来的某一天，更多的数据配套成熟的机器学习将会为法律体系的发展完善提供强有力的支撑。最终，这些发展将引领"法律奇点"到来，进而形成一个积极、规范且稳定的法律体系，实现其隐含的社会目标。[2] 因此，有必要积极看待技术的走向，适当使用如人脸识别等具有普遍效力、人工智能因素较多的数字技术来服务诉讼体系。

其二，奠定数据基础，促进实证研究范式转型。笔者曾将我国法律人工智能的应用总结为"上热下冷"与"内热外冷"，[3] 就技术在诉讼领域的运用而言，可以称为"过虚"。当前诉讼领域缺乏真正能够得到普遍适用的数字技术产品，故而"虚"。"过热 + 过虚"是诉讼领域技术产品应用的问题之一。究其根本，我国诉讼领域的技术应用建设大有过度焦虑下的弯道超车之嫌。单就人工智能应用的基础一定量的实证研究来说，美国较其他国家均要领先，我国在统计学以及机器学习的方法应用上目前均逊色于美国。若无实证研究与统计学方法的支撑，便不可能产出真正好的人工智能应用产品。过度焦虑下我们未待基础条件完备便急于拥抱太烫的数字技术，甚至在不知技术为何物的情况下即探讨怎样将其应用于诉讼法，很容易产生"心急吃不了热豆腐"的窘态。事实上，当前没有必要花费过多资源研发数字技术应用，而是应当率先解决基础数据问题，促进实证研究范式的转型，强化统计学方法、机器学习方法的运用，而非过度依赖现有的知识图谱式的算法与研究方法。此外，数字技术应用的建设需要同时兼顾制度、思想、教

---

〔1〕 参见吴军：《智能时代：5G、IoT 构建超级智能新机遇》，中信出版社 2020 年版，第 482 页。

〔2〕 Benjamin Alarie, *The Path of the Law: Toward Legal Singularity*, Social Science Research Network (ssm. com) (May. 27, 2016), http://dx. doi. org/10. 2139/ssrn. 2767835.

〔3〕 参见左卫民：《热与冷：中国法律人工智能的再思考》，载《环球法律评论》2019 年第 2 期。

育等方面的重要变革，在司法资源有限的情况下，不可耗费过多成本去发展数字技术，特别是“强人工智能”的司法技术。

四、简短的结语

数字社会的到来影响着人们生活的方方面面，诸如大数据、人工智能、区块链等数字技术带给诉讼法的影响不容小觑。从发展趋势而言，数字技术或数字社会尚未产生颠覆人类社会组织结构、基本体制与人性本身的效果，也未使得法律体系产生根本性的变化。因此，面对数字技术对诉讼法带来的冲击，有必要保持积极心态，适当变化，而非过度焦虑以至过度回应技术或数字社会的变化。诉讼法作为数字技术发展与应用的重要“潜力股”，既存在技术发展与应用的广阔空间，也面临诸多风险。技术有其重要性，但绝非万能。我们在惊叹和享用数字技术带来的红利时，也应警惕技术的局限性及其暗含的风险。数字诉讼法的未来离不开技术的深度参与，但并不意味着技术能够作为解决法律问题的主要方式或根本手段。数字诉讼法发展进程中，有必要始终坚持人类的主体性地位，至于数字诉讼法的未来形态究竟如何，时间将会作答。

数据财产的权利架构与规则展开*

沈建州

摘　要：与数据赋权密切相关的利益冲突凝聚在数据企业、用户、数据企业的同业竞争者三方之间。在不同场景下，三方主体可能形成多元化的利益冲突形态，这正是数据赋权问题复杂性的根源所在。影响数据利益冲突形态的因素有二：一是数据是否承载个人信息；二是数据是否公开。数据可据此分为不承载个人信息的非公开数据、承载个人信息的非公开数据、不承载个人信息的公开数据以及承载个人信息的公开数据四类。四类数据对应四种现实的利益冲突形态，需要差异化的规则设计。对此，在权利架构上，以数据企业享有完整的数据财产权为基础，同时确立个人信息权益优先和公开数据合理使用两项限制，以及可以富有弹性地容纳不同数据利益冲突的协调方案，实现"有利益冲突时加以协调，无利益冲突时各行其是"的规范效果。数据财产的权利规则也得以在此基础之上有序展开。

关键词：数据财产　权利架构　权利规则　个人信息　数据合理使用

一、问题与方法

数据本非财产，但当其作为生产要素而为人类贡献特有价值时，便有了财产化的趋势。[1] 将数据纳入财产权范围的理论尝试早在20世纪就已发

---

* 原文发表于《中国法学》2022年第4期，收入本书时略有修改。

〔1〕 对此，中央全面深化改革委员会第二十六次会议于2022年6月22日审议通过了《关于构建数据基础制度更好发挥数据要素作用的意见》，强调"加快构建数据基础制度体系"，明确提出"要建立数据产权制度"。

生，[1]但时至今日，关于数据财产的初始权利归属和权利架构形式等一系列的基础性问题，依然存在重大理论分歧。例如，关于数据权利的初始归属，现有研究存在用户所有说[2]、平台所有说[3]、国家所有说[4]和公共所有说[5]四种不同立场。与此相应，我国《民法典》第127条明确将数据确认为民法上的财产性权益，彰显了人类对数据具有财产属性的基本共识；但对于数据财产的权利内涵和具体规则，《民法典》则保留了对新兴事物的理性谦抑。随着数字经济日益发展，架构数据财产的权利体系，并在此基础上明确其权利规则，已然成为时代赋予民法学研究的历史性任务。[6]

在功能主义的视角下，“权利”的作用在于协调权利人与其他人之间的利益冲突关系——如果没有主体间的利益冲突，便无须“权利”的概念存在。[7] 而对于权利人与其他人之间利益冲突的协调方案，便是“权利”的内容。因此，在民法理论构建的逻辑上，先有事实判断层面民事主体间的利益冲突，再有价值判断层面对利益冲突的协调方案，最终才有系统呈现价值判断结论的民法理论构建。[8] 而对数据财产权利的讨论，也应始于数据之上所承载的利益冲突。

诚然，与数据有关的利益冲突纷繁复杂，但并非所有利益冲突都属于财产权制度的调整范畴。正如同有体物的生产可能源自矿藏开采、农业种养捕捞，后续还涉及加工、运输、销售等诸多环节，其间各类利益冲突可能涉及

---

〔1〕 See Alan F. Westin, *Privacy and Freedom*, Atheneum Press, 1967, p. 324 – 325.

〔2〕 参见申卫星：《论数据用益权》，载《中国社会科学》2020年第11期。

〔3〕 参见程啸：《论大数据时代的个人数据权利》，载《中国社会科学》2018年第3期。

〔4〕 参见张玉洁：《国家所有：数据资源权属的中国方案与制度展开》，载《政治与法律》2020年第8期。

〔5〕 参见梅夏英：《在分享和控制之间数据保护的私法局限和公共秩序构建》，载《中外法学》2019年第4期。公共所有说认为数据应当作为公共品由公众共享，即否认作为私权的数据财产权。

〔6〕 需要说明的是，财产权属于私权，财产法是民法的组成部分，所调整的是平等主体间的法律关系，对应的权利规则也就适用于平等主体之间。行政部门基于公共利益对政务数据的收集与利用问题，不属于平等主体间的法律关系，应由公法调整，无须通过财产权制度解决。因此，本文所讨论的对象不包括政务数据，而仅限于商业领域的数据。

〔7〕 See Harold Demsetz, *Toward a Theory of Property Rights*, 57 The American Economic Review 347 (1967).

〔8〕 参见王轶：《对中国民法学学术路向的初步思考——过分侧重制度性研究的缺陷及其克服》，载《法制与社会发展》2006年第1期。

公私法领域多个法律部门的适用，而物权法律制度仅解决其中部分问题。[1] 从数据的全生命周期来看，数据可能经历收集、处理、流通和利用变现等诸多环节，不同环节的利益冲突可能涉及不同的部门法：数据的收集、处理涉及用户个人信息的，须符合《个人信息保护法》的相关规定；数据的处理和流通涉及数据安全时，须受《数据安全法》的约束；数据的交易流通还可能涉及民事主体间的合同争议，须适用《民法典》合同编的相关规定解决；等等。而在此过程中，真正需要由财产权制度解决的，是数据在私权领域的归属和利用问题。因此，此处所言之利益冲突，是指与数据在私权领域的归属和利用密切相关的民事主体间之利益冲突。

从现有的讨论来看，在数据赋权的现实需求之下，确立数据财产权之所以仍饱受争议，是源于两方面的理论难题：一方面，数据之上可能涉及用户个人信息的在先权益，这使其初始权利的归属存在巨大争议；[2] 另一方面，数据可无损耗、低成本无限复制，具有“非排他性”，[3] 这使其权利的性质和边界难以厘定。[4] 如果对这两个数据赋权理论难题背后的利益冲突关系加以分析，可以发现除数据企业自身之外，还涉及两方利益主体：与数据之上个人信息在先权益密切相关的，是作为个人信息权益人的自然人用户；与数据权利边界密切相关的，是可直接得益于数据分享流通的数据企业之同业竞争者。[5] 因此，与数据赋权直接相关的根本性利益冲突，凝聚在数据

〔1〕《民法典》物权编之下的首条（第 205 条）开宗明义：“本编调整因物的归属和利用产生的民事关系。”

〔2〕参见丁晓东：《数据到底属于谁？——从网络爬虫看平台数据权属与数据保护》，载《华东政法大学学报》2019 年第 5 期。

〔3〕也有讨论者将数据的这一自然属性表述为“非竞争性”“非对立性”等。参见纪海龙：《数据的私法定位与保护》，载《法学研究》2018 年第 6 期；戴昕：《数据界权的关系进路》，载《中外法学》2021 年第 6 期。

〔4〕参见高富平：《数据流通理论——数据资源权利配置的基础》，载《中外法学》2019 年第 6 期。

〔5〕从司法实践来看，围绕数据权利边界所产生的现实争议，均发生在数据企业与其同业竞争者之间。参见上海知识产权法院（2016）沪 73 民终 242 号民事判决书；北京知识产权法院（2016）京 73 民终 588 号民事判决书；北京市海淀区人民法院（2017）京 0108 民初 24530 号民事判决书；天津市滨海新区人民法院（2019）津 0116 民初 2091 号民事裁定书；北京知识产权法院（2019）京 73 民终 2799 号民事判决书；北京市第一中级人民法院（2013）一中民初 2668 号民事判决书。

企业、用户、数据企业的同业竞争者三方之间。[1]

三方主体对数据的利益期待可能在不同场景下存在不同的组合形式，从而造成数据之上利益冲突的多元形态。据此，可根据不同的利益冲突形态对数据进行类型化。数据的类型对应利益冲突形态的类型，进而对应不同的利益冲突协调方案。如此，在多元利益冲突视角之下对数据财产权进行架构，其实也就是对不同利益冲突协调方案的安置过程。[2] 就此而言，越能有效容纳各类数据利益冲突的协调方案，越能与现有法律体系之下的财产权制度逻辑相契合的数据财产权架构形式，则越富解释力，因而更为可取。[3] 在数据财产权的架构基础之上，各类数据利益冲突的协调方案便得以体系性地转化为数据财产权的取得、行使、变动、消灭以及受到侵害时的救济等一系列具体规则。[4]

遵循这一思路，本文将从以下三个环节渐次展开：(1)全面梳理与数据的归属和利用密切相关的数据利益冲突，依据利益冲突形态构建数据类型体系；(2)在民法既有的财产权理论下，构建足以容纳数据之上多元利益冲突的数据财产权理论框架，为不同利益冲突协调方案的规则设计提供逻辑基础；(3)根据所承载利益冲突的特性，为不同类型的数据配置具体的权利规则，完成数据财产权利体系的构建。

二、基于利益冲突形态的数据类型体系

(一)数据的类型化依据：利益冲突形态

数据财产权利体系的构建，离不开数据的类型化。[5] 然而，类型化的

---

[1] 实践中还可能存在多个数据主体以交互共享等方式共同生产数据的情形，但这与多方共同生产有体物、多方共同创作艺术作品并无本质区别。从既有的价值共识来看，其彼此间的利益冲突可依共有规则解决，而财产权架构本身的底层逻辑并不会受这类利益冲突的影响。参见戴永盛：《共有释论》，载《法学》2013 年第 12 期；陈之荣、王智源、王辉：《知识产权共有问题研究》，载《知识产权》2013 年第 12 期。

[2] 参见龙卫球：《再论企业数据保护的财产权化路径》，载《东方法学》2018 年第 3 期。

[3] 参见沈健州：《民法解释选择问题的分析框架——以或有期间概念为分析范例》，载《中外法学》2019 年第 4 期。

[4] 有学者提出略过数据权利的归属与架构逻辑问题，直面具体的权能和规则。参见姚佳：《企业数据的利用准则》，载《清华法学》2019 年第 3 期。但事实上，享有权能的潜在逻辑便是享有权利；财产权可以理解为“一束权能的组合”。参见张永健：《物权法之经济分析：所有权》，北京大学出版社 2019 年版，第 92～94 页。

[5] 类型化和体系化的研究方法相伴而生，如一个硬币之两面。参见王轶：《民法典编纂争议问题的类型区分》，载《清华法学》2020 年第 3 期。

具体方式并非先验的，而是抱有特定目的的人为之举，具有强烈的功能主义色彩。在既有的研究中，几乎所有涉及数据类型化的讨论，都不约而同地以权利主体作为分类标准，将数据区分为个人数据、企业数据和政务数据。〔1〕这样的分类方式确实具有一定合理性，但其在功能方面的局限也甚为明显：一方面，以权利主体作为分类标准，只能对在权利归属上存在高度共识的数据进行有效分类，而无法适用于对权利归属本身就存在争议的数据。〔2〕例如，个人数据与企业数据之间就可能出现交集，甚至以存在交集为常态。对于这类“骑墙者”，其权利规则自然无法依照“个人数据归个人、企业数据归企业”的简单逻辑加以梳理。另一方面，同在企业数据这一类型之下的诸多数据之间依然存在较大的规则适用差异，仍有必要进一步分类讨论，但上述分类逻辑并不足以反映其规则差异的影响因素。权利规则的作用在于为具体的利益冲突提供价值判断层面的协调方案，而权利架构则是一系列利益冲突协调方案的体系化呈现。笔者认为，在服务于数据权利架构的最终目标之下，数据类型化的直接目的在于梳理不同类型数据的权利规则；而作为利益冲突协调方案的数据权利规则，又受制于数据之上的利益冲突形态。要在这样的语境下讨论数据类型化，则“须从根本求生死”，以数据之上的利益冲突形态为出发点。

利益冲突的不同形态，取决于各方利益主体之间不同的利益期待组合方式。然而在涉及数据利益冲突的三方主体之间，除数据企业对数据要素化利用有普遍期待之外，未必所有作为生产要素的数据都涉及另外两方利益主体：在商业实践中，数据可能涉及用户个人信息，也可能不涉及，而不涉及个人信息的数据便不承载用户的利益期待；数据可能作为公开信息自由流通，也可能被加密而不为外人所知，而非公开数据显然难以为数据企业的同业竞争者企及。在此情况下，数据企业、用户、数据企业的同业竞争者三方之间不同的利益期待组合方式，便形成了与数据财产权架构密切相关的若干种数据利益冲突形态。一方面，如果不能对诸多形态的数据利益冲突

---

〔1〕参见程啸：《论大数据时代的个人数据权利》，载《中国社会科学》2018 年第 3 期；赵磊：《数据产权类型化的法律意义》，载《中国政法大学学报》2021 年第 3 期；冯晓青：《数据财产化及其法律规制的理论阐释与构建》，载《政法论丛》2021 年第 4 期。

〔2〕参见包晓丽、熊丙万：《通讯录数据中的社会关系资本——数据要素产权配置的研究范式》，载《中国法律评论》2020 年第 2 期。

进行通盘考量，势必难以完成数据财产权的全局性理论构建，甚至可能引发不同局部性方案之间“各圆其说”的尴尬局面。[1] 另一方面，虽然不同的利益期待组合方式所形成的利益冲突形态可在逻辑上穷尽，但是否每一种组合方式都存在于现实之中，仍须验证；不同类型的利益冲突形态是否可以并行不悖地独立存在，也将对后续权利架构和规则设计产生影响。因此，有必要对商业实践中的数据利益冲突形态进行考察。

（二）数据商业实践中的利益冲突形态

数据的全生命周期，也就是数据从产生到最终实现价值而功成身退的全过程。在这一过程中，数据的收集方式不胜枚举，不过并非所有的数据都必然发生流通，但无论何种数据，只要其有资格跻身为生产要素并因此有财产化的趋势，就必然存在利用变现的环节。[2] 并且，在利益驱动之下，数据的收集、处理和流通等潜在环节，都是有意识地为最终数据变现而服务的。[3] 可以说，对于作为生产要素进而具有财产化趋势的数据而言，自被收集之日起就进入了数据变现的“命运”之中，因其最终的归宿就在于利用变现。由于利用变现是数据存在的“终极意义”，也是相关利益主体最为关心的核心环节，各方主体间的利益冲突便在作为变现手段的数据商业模式中有着最为系统和全面的体现。因此，对数据企业、用户、数据企业的同业竞争者三方之间可能现实存在的利益冲突形态，可从作为数据利用变现环节的数据商业实践这一“剖面”加以观察和验证。

---

〔1〕 在关于数据财产权的讨论中，申卫星教授的《论数据用益权》一文主张应当承认数据财产权，并在将数据所有权赋予用户的基础上，为数据企业设立数据用益权；而梅夏英教授的《在分享和控制之间数据保护的私法局限和公共秩序构建》一文则认为数据作为公共品，应当服从互惠分享的价值理念，以此反对设立数据财产权。申文提出的理论构想，所预设的核心场景是用户与数据企业之间的利益冲突，其利益协调方案亦着眼于此；而梅文提出的理论构想，所预设的核心场景是数据企业与其同业竞争者之间的利益冲突，从而主张数据应当在不同数据企业之间互惠分享。正是因为所预设的场景和所关注的利益冲突不同，两篇观点相左的同主题力作并无过多交集。参见申卫星：《论数据用益权》，载《中国社会科学》2020 年第 11 期；梅夏英：《企业数据权益原论：从财产到控制》，载《中外法学》2021 年第 5 期。

〔2〕 参见［英］伯纳德·马尔：《数据战略：如何从大数据、数据分析和万物互联中获利》，鲍栋译，机械工业出版社 2019 年版，第 98 页。

〔3〕 参见［美］安德鲁·罗曼·韦尔斯、［美］凯西·威廉斯·江：《数据变现：构建用数据驱动增长的策略和解决方案》，高敬文译，机械工业出版社 2020 年版，第 2～9 页。

1. 以数据帮助宏观商业决策

尽管商人的经验与直觉在商业决策中发挥了不可或缺的作用，但对诸多经营性问题，数据往往可以给出更为直观和可靠的回答。[1] 以数据帮助商业决策的方式不一而足，例如，自营性网购平台可根据商品在不同地区的交易数据，决定不同地区的人力资源及存货配置；音乐平台可根据不同风格音乐的购买和收听数据，决定音乐人培养和作品创作的风格方向；等等。毫无疑问，用数据帮助发掘商机并有效提升经营中的决策质量，是数据变现的首要方式。在这一商业模式下，用于获取洞见并帮助决策的数据多经统计而来。统计越是全面，数据就越具有参考价值，也就越可能带来决策效益。

统计数据最初来源于大量用户的具体行为，可能涉及个人信息。但从既有的价值共识来看，用户并不期待着像股东或合伙人那样直接分配这类数据的变现利益——在事实层面的因果关系上，数据不过是经营者用以决策的素材，至于如何在数据中获得洞见并发掘商机，更多的是经营者洞察力和商业头脑的体现。对于相同的数据，不同经营者可能见仁见智，最终的决策结果也一概由经营者自负盈亏；而用户则往往难以预想自己购买商品、收听音乐等行为记录会给经营者带来额外收益，更不会有“分一杯羹”的利益期待。[2] 可见，在这一商业模式下，用户围绕数据所可能存在的利益期待在于个人信息的保护。但在经营决策的视角下，数据企业在意的只是宏观层面的货物销售量、音乐收听率等抽象数据，无须关注具体的张三或李四是否购买、收听。因此，这类数据完全可以在不承载用户个人信息的情况下实现数据变现，而数据企业为避免变现行为与个人信息的保护产生冲突，也有足够的动力对数据进行匿名化处理。此外，由于运用数据的目的在于率先作出有利决策以抢占商机或取得经营优势，[3] 数据企业非但不会主动公开

---

〔1〕 See Ellen Hughes - Cromwick & Julia Coronado, *The Value of US Government Data to US Business Decisions*, 33 The Journal of Economic Perspectives 137 (2019).

〔2〕 较之于直接瓜分经营者的决策效益，现实中用户的期待显得更为务实，即商品或服务的改进以及价格的优惠。在经营者通过数据获得决策效益之后，其客观上确实可能对商品或服务进行改进，从而在一定程度上满足用户期待。然而，这类针对交易本身的利益期待，终究属于市场机制解决的范畴，而不在数据财产权利架构的考量范围之内。

〔3〕 See Juliane Begenau, Maryam Farboodi & Laura Veldkamp, *Big Data in Finance and the Growth of Large Firms*, 97 Journal of Monetary Economics 83 (2018).

这类数据,反而可能将其作为商业秘密以寻求法律保护。[1] 数据企业的同业竞争者由于难以知晓这类数据的存在,自然也就无从企及。因此可以认为,实践中存在既不涉及用户利益期待,也不涉及数据企业同业竞争者利益期待的数据。

2. 以数据辅助具体商业营销

精明的经营者往往会先找到潜在的买家,再根据潜在买家的需求营销产品或服务。精准营销便是这一思路的体现。精准营销的前提是准确识别并了解具体用户,而这正是数据的用武之地。经营者可通过特定算法,对用户的一系列个人信息加以整合、分析,以生成用户画像。[2] 具体而言,经营者可根据性别、年龄、职业、收入水平、消费习惯、日常活动区域等一系列个人信息,归纳出不同用户的兴趣、需求及个性化偏好,[3] 依此将用户详细分类,并根据用户类型采用不同的营销方案,实现精准营销,而这正是数据价值的体现。例如,银行可根据客户的资产状况、交易流水、贷款记录等一系列个人信息,决定其可获得的贷款额度,从而增加放贷收益并减少坏账产生。

就用户而言,一方面,这类商业模式所运用的数据,以用户的个人信息为核心内容。数据包含的个人信息越是细致和全面,用户画像就越准确,也就越能有助于提升营销的精准程度。[4] 在这一商业模式下,数据企业非但不可能将数据匿名化处理,相反,还会尽量让数据包含更多个人信息。因此,这类商业模式中的数据必然承载用户对个人信息保护的利益期待。另一方面,用于精准营销的数据只有在用户最终为所营销的商品或服务买单之后才能达成数据变现,此时数据为企业带来的利益完全包含在用户支付的对价之中。由于"羊毛出在羊身上",用户并不期待直接分享这类数据变

---

〔1〕 在"中锐公司诉零点公司不正当竞争纠纷案"中,原告中锐公司对其通过市场调查所获得的数据属于商业秘密的主张,最终得到了法院支持。参见"北京中锐文化传播有限责任公司诉北京零点市场调查与分析公司不正当竞争纠纷案",载《最高人民法院公报》1999 年第 3 期。

〔2〕 参见丁晓东:《用户画像、个性化推荐与个人信息保护》,载《环球法律评论》2019 年第 5 期。

〔3〕 See Rebecca M. Quintana et al., *The Persona Party: Using Personas to Design for Learning at Scale*, in Proceedings of the 2017 CHI Conference Extended Abstracts on Human Factors in Computing Systems, 2017, p. 937 – 940.

〔4〕 See Ignacio N. Cofone, *The Dynamic Effect of Information Privacy Law*, 18 Minnesota Journal of Law, Science Technology 536(2017).

现的收益。[1] 当然,从长远来看,如果精准营销成功,作为经营者的数据企业获得更多利润,为了扩大竞争优势,其有足够的动力和能力"让利"于用户。在既有的商业实践中,对于那些为精准营销作出更多"贡献"的用户,经营者往往会通过设置VIP会员、星级客户等方式,有针对性地为其提供更加周到的服务或更为优惠的价格。[2] 这无形中也就实现了"精准回馈"或"精准让利"。但这属于市场机制的作用范畴,无须由财产权制度介入。在数据企业与其同业竞争者所涉数据方面,由于这类数据承载着客户资源,而客户资源正是企业取得经营优势的核心竞争力之一,因此数据企业通常将这类数据作为商业秘密,不予公开。同业竞争者难以知晓这类数据的存在,也就无从产生利益期待。可见,实践中存在不涉及数据企业的同业竞争者的利益期待,但涉及用户利益期待的数据。

3. 以数据引导流量变现

流量的核心在于用户的注意力,贩卖或转化用户注意力以实现商业价值,便是流量变现的本质。[3] 根据梅特卡夫定律(Metcalfe's Law),网络平台的价值与该平台用户数量的平方成正比。[4] 换言之,用户数量越多、流量越大,网络平台就越具盈利能力。时至今日,"用户=流量=金钱"的公式早已成为互联网行业的通识。[5] 在这一商业模式下,平台通过数据吸引用户,获得流量,从而实现盈利目的。而平台之上的数据有两个来源:其一,来源于用户,如在微信、微博、抖音等社交平台,用户被平台之上其他用户发布的文字、图片、视频等数据内容吸引;其二,来源于平台及其商业合作伙伴,

---

〔1〕 若用户对营销利润有分享期待,则意味着其认为交易价格高于产品或服务的实际价值,而这会在事前阻碍交易的达成。

〔2〕 例如,中国国际航空公司的用户在购买该公司的机票并实际飞行了不同里程之后,分别可以成为银卡、金卡、白金卡等不同级别的会员,会员级别越高,就可以享受越多的服务或越优惠的价格折扣。参见《凤凰知音贵宾会员手册》,载凤凰知音网,https://ffp.airchina.com.cn/phxplan.html?phxplan=journal?categoryId=332。

〔3〕 参见程明、周亚齐:《从流量变现到关系变现:社群经济及其商业模式研究》,载《当代传播》2018年第2期。

〔4〕 See Carl Shapiro & Hal R. Varian, *Information Rules: A Strategic Guide to the Network Economy*, Harvard Business School Press, 1999, p. 173.

〔5〕 参见张诗婷:《对技术驱动下网络互动内涵建设的反思》,载《当代传播》2014年第5期。

如在气象软件、地图信息网站、聚合型交易平台[1]中，用户被平台之上的气象数据、地图信息或交易信息等吸引。无论被何种数据吸引，只要用户活跃于平台之上，平台就能获得流量，并最终通过广告植入等方式将流量变现。

在此商业模式下，数据企业的核心利益期待是数据引导的流量最终变现所得的收益。但数据的来源不同，数据之上的利益冲突构成也有所区别：在数据来源于用户的场合，如微信、微博、抖音等社交平台，由于社交互动需要识别和了解社交对象，这类数据将不可避免地涉及用户个人信息（常见的如个人照片、音视频可能涉及面部识别信息或声纹信息，随图片、文字等一并发布的实时定位涉及行踪信息等），因而必然承载用户对个人信息保护的利益期待；而在数据来源于平台自身或其商业合作伙伴的场合（如在气象软件、地图信息网站或聚合型交易平台中），用户被平台提供的数据吸引而产生流量。在此过程中，用户无须被识别，用户之间也无须交流。当然，在通过聚合型交易平台预订机票或酒店时，用户可能需要提供个人信息，但这仅服务于公法对搭乘飞机、入住酒店等行为的实名制要求，而并非平台获取流量的必要条件——事实上，早在用户被平台中的交易信息所吸引时，平台就已获得流量。可见，这类数据的变现不以包含个人信息为条件。

但无论数据来源为何，只要平台需要以数据引导流量，就必然要求数据处于公开状态。如果数据秘而不宣，则无从吸引用户，自然也无所谓流量。而一旦数据处于公开状态，就不得不面对互联网领域信息流动的客观需要。此时，包括数据企业的同业竞争者在内的其他主体，可能产生对这类数据加以利用的合理期待。从既有司法实践中凝聚的共识来看，这类未经许可的利用虽然很可能构成权利侵害，[2]但也不乏例外。[3] 而正是这些例外情形，共同描绘了数据权利的边界。可见，处于公开状态的数据，无论是否承载个人信息，均可能因公开而涉及同业竞争者的利益期待。

综上，通过考察既有三种数据变现模式可知，在数据企业、用户、数据企

---

[1] 聚合型交易平台是指通过技术手段，在无须跳转至被链接网站的前提下，实现对被链接网站相关内容的抓取、分析、整合，并进行“一站式”展示的网络服务平台。参见黄汇、刘家会：《网络聚合平台深层链接著作权侵权责任的合理配置》，载《当代法学》2019年第4期。

[2] 参见上海知识产权法院（2016）沪73民终242号民事判决书；北京市海淀区人民法院（2017）京0108民初24530号民事判决书；北京知识产权法院（2019）京73民终2799号民事判决书；等等。

[3] 参见北京市第一中级人民法院（2013）一中民初2668号民事判决书。

业的同业竞争者三方之间,除数据企业自身对数据要素化利用的期待之外,用户和数据企业同业竞争者两方的利益期待可能因商业模式的不同而有四种组合形式:(1)两者同时存在;(2)两者同时不存在;(3)有用户期待而无同业竞争者期待;(4)有同业竞争者期待而无用户期待。可见,在数据企业的利益期待确定存在的情况下,数据企业、用户、数据企业的同业竞争者三方之间的利益期待在逻辑上可能存在的不同组合方式均在数据商业实践中客观存在,且四种组合方式可各自存在于不同的数据商业模式之中,彼此并行不悖,互不隶属。

值得说明的是,数据可能存在多重利用的情形。例如,社交平台在取得用户授权的情况下,将用户上传的文图、视频等内容进行加工,分析出不同用户的行为习惯与消费偏好之间的潜在关联,从而得到不同于原数据的新数据。[1] 这一新数据产生价值的方式可能是帮助商业决策,或是用于用户画像和精准营销,但不再是引导流量变现。在此情况下,新数据与原数据已是不同的两个客体,其存在形式也不再相同。社交平台用于引导流量变现的数据必然是公开的,但要通过分析加工所得的新数据为自身积累商业优势,或将新数据作为商品出售,社交平台势必不会将新数据公开,相反还可能采取一定保密措施。因此新数据便因商业模式的需要成为非公开数据,而原数据仍为公开数据。可见,在多重商业化利用的情况下,数据因商业模式的需要而以不同形式存在,进而分化为不同的客体,但其各自的利益冲突形态仍与所采用的商业模式相对应。至于数据同时被行政机关作为政务数据使用的情形,可能存在数据复制与开放 API 共享两种形式:于前者,可将所复制的数据理解为不同于原数据的新客体;于后者,可理解为数据的"兼容性征用"。但无论何种形式,行政机关将数据用于公共事务时,其权利义务关系均属于公法的调整范畴,原数据所承载民事主体之间的利益冲突并不因此受影响。

(三)二阶四层的数据类型体系构建

如上文所述,在数据企业对数据要素化利用的普遍期待之外,用户和数据企业同业竞争者对于数据的利益期待之有无,取决于商业模式中所利用

---

〔1〕 这类数据常被研究者称为"衍生数据"或"增值数据"。参见杨立新、陈小江:《衍生数据是数据专有权的客体》,载《中国社会科学报》2016 年 7 月 13 日,第 5 版;丁道勤:《基础数据与增值数据的二元划分》,载《财经法学》2017 年第 2 期。

的数据是否承载个人信息以及是否处于公开状态。换言之,这两个影响因素导致了数据利益冲突的不同形态。因此,基于利益冲突形态的数据类型化,就应当以这两个影响因素作为分类标准而展开。依此可将数据初步区分为承载个人信息的数据、不承载个人信息的数据,以及公开数据、非公开数据。由于两种分类的逻辑标准不同,不论数据是否承载个人信息,其均有公开与否的区分,反之亦然。为防止子项相容,须对初步类型进一步排列组合,将数据区分为四种最终类型:承载个人信息的公开数据、不承载个人信息的公开数据、承载个人信息的非公开数据、不承载个人信息的非公开数据。

对于数据公开与非公开状态的判断,取决于不特定主体可否自由访问数据并获知其内容。对于非公开数据,在无其他限制因素的情况下,数据企业可以根据自身需求选择将其公开,公开之后,原本的非公开数据即转变为公开数据。对于已经公开的数据,数据企业亦可通过技术手段将其改为非公开状态。公开数据改为非公开状态后,不特定主体不可再自由访问,但此前已完成的数据访问并不因此遭受不利影响。

对于数据是否承载个人信息的区分则略为复杂。由于去标识化的个人信息在"与其他信息结合"之后,依然可以识别特定自然人,因而仍属于个人信息范畴。因此,经去标识化处理的数据,仍属于承载个人信息的数据。而个人信息的匿名化处理则有所不同。我国《个人信息保护法》第 73 条第 4 项对"匿名化"的定义是"个人信息经过处理无法识别特定自然人且不能复原的过程"[1]。如此,个人信息一经匿名化处理,便因无法识别特定自然人

---

〔1〕 毫无疑问,任何"匿名化"都只是相对的,计算机科学家早已证明这一点。See Paul Ohm, *Broken Promises of Privacy: Responding to the Surprising Failure of Anonymization*, 57 UCLA Law Review 1701(2010). 然而,法律无法预设数据企业不计时间和成本,如同私家侦探那样从数据之中挖掘足以识别具体个人的蛛丝马迹。See Vladislav Arkhipov & Victor Naumov, *The Legal Definition of Personal Data in the Regulatory Environment of the Russian Federation: Between Formal Certainty and Technological Development*, 32 Computer Law Security Review 868(2016).

而被排除在了《民法典》第1034条对个人信息的定义范围之外。[1] 这意味着，若承载个人信息的数据经匿名化处理，则转变为不承载个人信息的数据；而由于匿名化的过程难以复原，不承载个人信息的数据无法回复为承载个人信息的数据。

这样的数据类型化区分建立在排中律之上，在逻辑上可以囊括作为生产要素的所有数据。而更为重要的是，四种数据类型与既有数据商业模式相对应，可将现实中的利益冲突形态准确划分并具体呈现：(1)承载个人信息的公开数据，存在于网络社交平台等场合，涉及用户、数据企业以及数据企业的同业竞争者三方的利益期待，其利益冲突最为繁复；(2)不承载个人信息的公开数据，存在于天气、地图等查询类服务平台以及聚合型交易平台等场合，其不涉及用户围绕个人信息所产生的利益期待，但涉及数据企业与其同业竞争者之间的利益冲突；(3)承载个人信息的非公开数据，常见于用户画像和精准营销的商业场景，其涉及用户和数据企业之间的利益冲突，但通常不涉及数据企业的同业竞争者；(4)不承载个人信息的非公开数据，例如企业内部的生产、销售等数据，其与用户、同业竞争者均无涉，利益冲突最为简单。可见，在基于利益冲突形态构建的数据类型体系中，数据的类型与利益冲突的不同形态逐一对应，这为后续的数据权利架构和具体规则的类型化讨论奠定了逻辑基础。

三、多元利益冲突下的数据财产权架构

要最终完成数据权利规则的体系化配置，尚需构建一个对各类数据利益冲突及其可能的协调方案均富有足够解释力的数据财产权理论框架。既有的财产权理论以物权为典型，但数据可能因承载个人信息而涉及用户在先权益，同时可能因公开而面临自由流通的客观需要，因此存在有别于有体物场景的多元化特殊利益冲突，难以简单套用物权的理论框架。

对此，既有研究中主要存在两种不同的权利架构方案：其一，肯定“数据财产权”概念，仍以物权为逻辑模板对数据进行系统性赋权，同时向各方利

---

[1] 将重标识风险降低至何种程度方可称为“匿名化”，属于信息安全技术层面的问题。对此，全国信息安全标准化技术委员会已公布《信息安全技术个人信息去标识化效果分级评估规范(征求意见稿)》，其中对于标识度分级与重标识风险阈值的计算进行了详细说明。参见全国信息安全标准化技术委员会网站，https：www. tc260. org. cn/front/bzzqyjDetail. html？ id = 20210412183118392628&norm - id = 20201104200026&recode_id “ = ”41659，2021年11月11日访问。

益主体分配不同的数据财产权，使其在不同程度上成为数据财产权人。在这一进路中，数据财产权的归属与具体权能均在一套体系化的权利架构方案中得到系统预设。例如，为解决数据之上个人信息的在先权益，将个人信息权益人作为数据原发者，赋予其数据所有权；同时基于数据企业为数据所付出的成本，赋予其数据用益权。[1] 其二，否定“数据财产权”概念，通过开放式的界权方案对诸多数据利益冲突进行一事一议。采纳这一进路的研究认为，数据之上的利益冲突过于复杂，难以通过一套体系化的权利架构方案将其妥善容纳，因此放弃对权利归属和具体权能的系统化预设，而改采用开放的权利束结构[2]甚或平铺直叙的关系进路[3]，从而实现对各方主体利益关系的灵活调整。在这一进路中，数据的财产性利益仰赖于数据企业的“自我防护”，或仅被当作一种抽象法益而置于侵权法、反不正当竞争法等其他法律部门中进行有限保护。[4]

尽管上述逻辑进路对于“数据财产权”的态度大相径庭，但其思维却有共通之处，即试图将数据之上各方主体的利益期待均置于“数据财产权”概念内部加以考量，判断其能否妥善容纳于“数据财产权”之中：若能，则承认体系化的“数据财产权”，并使各方主体在不同程度上均享有权利，如数据有权与数据用益权的划分；若不能，则否认“数据财产权”概念，改采用开放式界权进路。

然而，在数据利益冲突形态多元的情况下，遵循这一思维方式的理论建构始终难免具有解释力的软肋。在权利分割式的系统性赋权进路中，数据所有权与数据用益权的划分虽然可以协调用户与数据企业之间的利益冲突，对承载个人信息的数据具有解释力，但对于源自企业内部的生产数据、销售数据等不承载个人信息的数据，则无用武之地。公开数据的自由流通问题亦难被纳入该权利构造的解释范围。而就开放式界权而言，实践中存在的不承载个人信息的非公开数据既无个人信息在先权益，也不存在公开流通的问题，其所承载的利益冲突形态与有体物颇为类似，此时遵循物权逻

〔1〕 参见申卫星：《论数据用益权》，载《中国社会科学》2020 年第 11 期。

〔2〕 参见包晓丽、熊丙万：《通讯录数据中的社会关系资本——数据要素产权配置的研究范式》，载《中国法律评论》2020 年第 2 期。

〔3〕 参见戴昕：《数据界权的关系进路》，载《中外法学》2021 年第 6 期。

〔4〕 参见梅夏英：《企业数据权益原论：从财产到控制》，载《中外法学》2021 年第 5 期。

辑的系统性赋权方案恰如其分,而开放式界权进路则显得化简为繁、舍近求远。更为重要的是,开放式的界权进路本质上属于系统性赋权的初级阶段,[1]在开放式界权凝聚一定价值共识和一般性规则后,体系化的理论构建便成为待议之题,而这样的理论体系又必然是以"权利"为核心的。[2] 诚然,单一、缺乏弹性的系统性赋权方案难以灵活应对数据之上的多元利益冲突,但若为追求对利益冲突的灵活调整而全盘舍弃系统性的权利架构,则又与我国高度体系化的民法理论相违。无论是开放的权利束还是平铺直叙的关系进路,即便其对数据利益冲突之协调展现出相当解释力,至多也只能独善其身,难与我国既有的财产法律制度相融贯。尽管其在自圆其说时看似巧妙地回避了权利体系构建的曲折,但在制度实现时,仍须解决与既有财产法制度逻辑相衔接的理论难题,而这将更为棘手。

理想的方案是富有弹性、不失灵活地系统性赋权,这并非不可能。事实上,数据之上的各方利益期待未必非要全然纳入"数据财产权"概念内部进行考量,从而使各方主体均享有"数据财产权",抑或均不享有"数据财产权"。完全可以将独立、完整的"数据财产权"赋予其中一方主体,并在此基础上为权利人与其他相关主体之间的利益冲突配置特别规则。于此情形,若存在特殊的利益冲突,则有特殊规则之适用;若不存在特殊的利益冲突,则数据财产权人可自由行使权利,与其他利益主体相安无事。如此,便实现了在系统性赋权的前提下,富有弹性、不失灵活地为数据之上特殊的利益冲突供给规则。

在这一理论框架中,将完整的数据财产权赋予单方主体看似给了权利人更多优待,其实未必:遵循既有财产法理论中的权利限制逻辑,通过限缩数据财产权的边界,以及在发生权利冲突时将数据财产权的顺位劣后,数据财产权人在与其他相关主体的利益冲突中很可能"屡战屡败"。只不过,在不与其他相关主体发生利益冲突的情况下,数据财产权人可以享有一系列

---

〔1〕 在开放式界权与系统性赋权之间,还存在"模块化"的界权方案。相较于开放式界权而言,这一理论构造将利益冲突关系分门别类地"模块化",但又尚未系统性地建立以"权利"为核心的体系化理论。如果认为这是在开放式界权方案基础上的某种进步,便印证了开放式的界权进路会自发地向系统化赋权迈进。参见许可:《数据权利:范式统合与规范分殊》,载《政法论坛》2021 年第 4 期。

〔2〕 以权利为核心,是《民法典》与既有民法理论体系所遵循的基本逻辑。参见王利明:《关于制定民法总则的几点思考》,载《法学家》2016 年第 5 期。

完整的财产权能，并可以之对抗不特定第三人。这一权利架构方式具体展开如下。

（一）底层逻辑：赋予数据企业完整的数据财产权

面对数据企业、用户、数据企业的同业竞争者三方主体对数据的利益期待，无论将数据财产权赋予何方，都将基于对其他两方正当利益期待的考量而对数据财产权进行限制。从前文对数据利益冲突的考察来看，数据企业的利益期待常态化地遍布于各种类型数据之中，且期待内容也最为丰富，于数据全生命周期中的诸多环节均有所体现。在发生逻辑上，也正是数据企业对数据的一系列利用，才使数据得以跻身为生产要素，最终催生数字经济。[1] 相较之下，用户和数据企业同业竞争者的利益期待只存在于部分场合，其利益期待的内容也相对简单。因此，从简化逻辑构造的角度考虑，可将数据财产权赋予数据企业，并以此作为底层逻辑。

于此逻辑之上，数据财产权属于绝对权，数据企业可据此对数据全面支配和利用。由于不承载个人信息的非公开数据不涉及用户与同业竞争者，数据企业对这类数据的财产权最为饱满，并无额外限制。而当数据承载个人信息或处于公开状态时，则可能存在用户或数据企业同业竞争者的合理利益期待，数据财产权将因此受限。尽管财产权属于绝对权，但时至今日，古典自由主义中财产权绝对、财产权神圣的观念早已随着所有权的社会化趋势而发生了极大缓和，[2]即便是效力强大的土地所有权，也早已无法“上达天宇，下及地心”，相反，却可能基于公共利益、相邻关系等原因而以受限为常态。[3] 在这样的背景下，完全无须顾虑权利人对数据的“全面支配”会阻碍其他主体的利益实现。相应地，基于其他主体的合理利益期待，对数据财产权进行限制也并无逻辑障碍。

值得说明的是，有学者担心在数据之上设立绝对权会因绝对权的排他效力而阻碍他人平行开发，[4]甚至引发效率上的“反公地悲剧”。[5] 但事

[1] 参见李海舰、赵丽：《数据成为生产要素：特征、机制与价值形态演进》，载《上海经济研究》2021 年第 8 期。

[2] 参见王利明：《民法的人文关怀》，载《中国社会科学》2011 年第 4 期。

[3] 参见[德]鲍尔、[德]施蒂尔纳：《德国物权法》（上册），张双根译，法律出版社 2004 年版，第 4～5 页。

[4] 参见纪海龙：《数据的私法定位与保护》，载《法学研究》2018 年第 6 期。

[5] 参见唐要家：《数据产权的经济分析》，载《社会科学辑刊》2021 年第 1 期。

实上，绝对权的排他效力虽可排除他人对权利客体的干涉，却无法排除他人通过合理方式对同类客体取得权利。例如，甲上山伐木，以木材制作一把椅子。此时，椅子所有权的排他效力可排除他人对该椅子的干涉，但并不能禁止他人也上山伐木，以同样方法制作另一把椅子。与此相似，在既有财产法体系中，知识产权的专有性[1]通常也无法排斥他人的平行开发。对于著作权、专利权的侵害，其侵权构成要件之一是“接触+实质性相似”，即除要求被控侵权作品或技术与在先作品或技术有实质相似性之外，还要求侵权行为人接触了享有知识产权的在先作品或技术。[2] 换言之，无接触的平行开发并不构成侵权，亦非专有性的效力之所及。同理，即便在数据之上设立绝对权，他人的平行开发也并不会因绝对权的排他效力而受阻；相反，当行为人以平行开发作为数据侵权的抗辩事由时，数据之上绝对权的排他效力还可为“接触+实质性相似”标准的适用提供逻辑基础。

对此，潜在的质疑可能是，基于网络效应的影响，对于某一类网络服务需求，用户可能只使用某个特定数据企业提供的网络服务；其他同类数据企业如果无法获得足够的用户数量，客观上也就难以完成数据的平行开发，无形中造成“数据垄断”。笔者以为不然。首先，应当注意到，并非所有的数据均来源于用户，如气象、道路交通等数据；在这类数据之上确立数据财产权并无上述顾虑。其次，对于来源于用户的数据，即便存在上述“数据垄断”的趋势，也是市场固有的经济规律使然，实难归咎于数据财产权制度。就现实世界的有体物而言，如果缺乏明晰的产权制度，垄断即难以发生；[3]但垄断终究属于市场失灵的范畴，无法由包括物权法在内的财产权制度一力解决，这也向来无可非议。在经济治理中，人类并未基于对垄断的顾虑而因噎废食地放弃财产权制度，而是借助经济法等法律部门来解决包括垄断在内的市场失灵问题。同理，数据治理也不能由财产权制度包打天下，而需要由多个法律部门共同协作，但不能就此否认数据财产权本身的制度价值。

---

[1] “专有性”与“排他性”虽然措辞不同，但两者内涵无异，都是指同一财产客体上不得存在两个内容互斥的权利。参见杨涛：《知识产权专有性特质的理论阐释》，载《法制与社会发展》2020年第3期。

[2] 参见吴汉东：《试论“实质性相似+接触”的侵权认定规则》，载《法学》2015年第8期。

[3] 垄断通常是市场发展到一定阶段才产生的，而清晰的产权界定是市场交易的基本前提。See R. H Coase, *The Federal Communications Commission*, 2 The Journal of Law and Economics 1(1959).

(二)数据财产权的外在限制:个人信息权益优先

1. 数据财产权外在限制的理论基础

在数据承载个人信息的情况下,用户的个人信息权益可能与企业的数据财产权发生冲突。毫无疑问,个人信息保护是数字经济发展过程中必须坚守的底线,用户的人格权益应当优先于数据的财产利益而实现。[1] 此时,个人信息权益便构成了对数据财产权的合理限制。由于数据财产权所面临的这一限制并非源于其本质性规定,而是来源于数据财产权概念之外的个人信息权益,因此属于数据财产权的外在限制。

这样的权利限制逻辑早有先例,典型的如著作权对作品载体所有权的限制,以及肖像权对人像照片所有权的限制。就前者而言,书籍所有权属绝对权无疑,权利人可全面支配其书籍,但对书籍以展览、出租等形式的利用,却受限于其所承载作品的著作权;[2] 就后者而言,照片所有权人对照片的使用和处分,也受限于照片所承载肖像的肖像权。[3] 此时,即便受限于著作权或肖像权,物之所有权的完整状态和绝对权性质也并未发生改变,仍由所有权人独享。同理,对于承载个人信息的数据,即便其数据财产权受限于个人信息权益,也并不影响数据财产权的绝对性和完整状态。

值得说明的是,个人信息权益得以对数据财产权形成外在限制,乃是基于《民法典》和《个人信息保护法》对个人信息权益人的保护,以及在此基础之上对个人信息处理者的法定限制;而这一法定限制的例外情形亦须法定,这体现在个人信息的合理使用制度上。[4] 换言之,只要数据之上承载个人信息,用户的个人信息权益便是数据财产权的法定外在限制;只有在数据财产权人对数据的利用构成个人信息合理使用的情况下,方可例外地不受此限。当然,若数据财产权人对数据进行匿名化处理,数据不再承载个人信息,自然不存在这一限制。

2. 个人信息权益优先的实现路径

要优先实现个人信息的防御性保护,只需明确数据财产权人在收集、处

---

〔1〕 参见张新宝:《论个人信息权益的构造》,载《中外法学》2021 年第 5 期。

〔2〕 参见杨述兴:《论作品与载体的关系》,载《知识产权》2012 年第 6 期。

〔3〕 对此,《民法典》第 1019 条第 1 款后段规定:“未经肖像权人同意,不得制作、使用、公开肖像权人的肖像,但是法律另有规定的除外。”这无形中便对照片所有权的相关权能进行了限制。

〔4〕 参见程啸:《论我国民法典中的个人信息合理使用制度》,载《中外法学》2020 年第 4 期。

理、流通或利用数据时,受限于个人信息保护的相关规则即可。这与著作权对作品载体所有权的限制别无二致。

但除个人信息的防御性保护之外,用户还可能存在对个人信息积极利用的期待。例如,用户在“新浪微博”发布了承载其个人信息的数据(文字、图片、视频等),并希望将该数据运用于“今日头条”APP,但遭到“新浪微博”运营者的反对。[1] 此时,对于这类数据的积极利用,用户与数据企业之间会发生利益冲突。而关于“数据属于用户还是属于平台”的讨论,更多的也是在这样的语境下展开的。[2] 在既有研究的逻辑中,若数据归属于用户,用户对数据享有财产权,便可积极利用数据;反之,若数据归属于数据企业,用户不享有财产权,则无权利用数据。由于在价值判断上,用户的这一利益期待应予满足,既有研究便因此致力于将数据财产权向用户分配。

但事实上,即便不赋予用户数据财产权,也依然可以实现用户的这类利益期待。用户要积极利用承载其个人信息的数据,不外乎三种方式:其一,要求数据企业提供额外的数据服务,配合用户对数据的利用;其二,不要求数据企业提供额外数据服务,用户获取数据并自行利用;其三,不要求数据企业提供额外数据服务,但用户无力自行利用数据,还需接受第三方协助,因而要求数据企业将数据向第三方转移。其中,用户的第一种数据利用需求实际上为数据企业增加了额外负担,其满足与否应取决于用户与数据企业之间的服务协议。对于用户的第二种数据利用需求,可通过《个人信息保护法》第45条第1款、第2款所规定的个人信息复制权实现。至于用户的第三种数据利用需求,则可通过《个人信息保护法》第45条第3款所规定的个人信息可携带权解决。对于用户的第三种数据利用方式,无论在价值判断上支持与否,均可通过对个人信息可携带权范围的解释加以实现。[3] 至此,用户对承载其个人信息数据的不同利用方式均已通过排中律囊括,即便不享有数据财产权,其对数据的积极利用需求也完全可以容纳在个人信息权益之中。

---

〔1〕 参见北京市海淀区人民法院民事判决书,(2017)京0108民初24530号。

〔2〕 参见包晓丽、熊丙万:《通讯录数据中的社会关系资本——数据要素产权配置的研究范式》,载《中国法律评论》2020年第2期。

〔3〕 参见汪庆华:《数据可携带权的权利结构、法律效果与中国化》,载《中国法律评论》2021年第3期。

此外,一如前文所述,在既有的数据商业实践中,用户并不期待如同股东或合伙人那样直接参与数据企业将数据变现所得利益的分配;相应地,学界也普遍不认为个人信息权益中包含直接参与利益分配的财产性权能。[1]

(三)数据财产权的边界限缩:公开数据合理使用

毫无疑问,数据信息具有天然的流通需求。[2] 虽然在数据之上设立绝对权的理论构造无碍于他人对数据的平行开发,但确实可能在逻辑上对他人访问和获取数据带来限制。当然,这还需要结合数据的存在状态分别讨论。

就非公开数据而言,对其未经授权的访问和获取无法通过公开渠道达成,而必须侵入数据企业的计算机或网络系统,这无疑构成对数据企业的权利侵害;若情节严重,还可能构成《刑法》第285条规定的非法获取计算机信息系统数据罪。此时,允许数据企业依数据财产权排除他人对数据的访问、获取和利用,属理之当然。

公开数据则有所不同。公开数据本就意在供人访问,就如同欣赏他人公开发表的作品不构成对著作权的侵害一样,他人对公开数据的正常访问并不构成侵权。然而,由于数据可低成本无限复制,只要能访问数据,他人在客观上便可轻易复制数据并加以利用。但在价值判断上,是否允许他人随意复制和利用公开数据是另一个问题。这涉及数据财产权的边界。在既有财产权体系中,作为知识产权客体的知识产品或智力成果,也同样可低成本、无损耗复制,并无天然的稀缺性,但这并不意味着他人可以任意复制和使用。法律完全可以基于价值判断,人为地拟制稀缺性,从而达到保护权利人的效果。[3] 因此,不能仅仅因为数据可低成本、无损耗复制的自然属性,就认为他人对公开数据的复制和利用一定是正当的。

从行业领域的价值共识上来看,互联网领域确实存在促进信息自由流动的客观需要。依中国互联网协会发布的《互联网搜索引擎服务自律公约》第8条,互联网站所有者设置机器人协议应遵循公平、开放和促进信息自由

[1] 参见张新宝:《论个人信息权益的构造》,载《中外法学》2021年第5期;王锡锌:《个人信息权益的三层构造及保护机制》,载《现代法学》2021年第5期。

[2] 参见高富平:《数据流通理论——数据资源权利配置的基础》,载《中外法学》2019年第6期。

[3] 参见粟源:《论知识产权的财产性和稀缺性》,载《知识产权》2005年第5期。

流动的原则,限制搜索引擎抓取应有行业公认合理的正当理由。在此逻辑中,数据一经公开,便进入信息自由流动领域,数据企业只有在具备合理的正当理由时,方可依数据财产权排除他人对公开数据的获取和利用。〔1〕事实上,这样的权利限缩在既有财产法中早有先例。我国《著作权法》第24条全面规定了著作权的合理使用制度,其目的在于平衡著作权保护与知识传播共享这一公共利益。〔2〕类似地,数据的自由流动可以提升信息获取的便利,这将有助于信息社会进步和社会福利提升,〔3〕从而在一定程度上体现了公共利益。因此,可以比照著作权合理使用的逻辑,基于数据信息自由流动的公共利益需要,对数据财产权的边界进行限缩,并建立公开数据的合理使用制度。这也完全符合基于公共利益限缩私权边界的法理逻辑。

至于数据企业可以何种理由为"公认合理的正当理由"阻止他人获取和利用公开数据,则需要进一步在司法实践中凝聚共识。但无论何种价值立场,均可以通过对公开数据的合理使用范围进行解释而得到妥善容纳。如此,便在维持数据财产权作为绝对权的逻辑基础之上,为数据流通和共享的客观需要提供了法律路径。

四、不同类型数据的权利规则

在将数据财产权赋予数据企业的逻辑基础上,辅之以个人信息权益优先的外在限制,并以公开数据的合理使用制度对数据财产权的边界加以限缩,可以富有弹性地应对数据之上的多元利益冲突,实现"有利益冲突时加以协调,无利益冲突时各行其是"的规范效果。在这样的规则配置逻辑下,利益冲突之所在即是协调规则之所在,且协调规则随着利益冲突的逐渐复杂而"层层加码"。

根据前文对各类数据之上利益冲突的梳理,不承载个人信息的非公开数据既无个人信息权益优先的限制,也不存在公开数据合理使用的问题,利益冲突最为简单,其权利规则可作为数据财产权的基础性规则。相较之下,承载个人信息的非公开数据涉及个人信息权益优先的限制,不承载个人信

---

〔1〕在无正当理由的情况下,数据企业以技术手段阻碍他人获取其公开数据的,还可能构成不正当竞争。参见北京市高级人民法院民事判决书,(2017)京民终487号。

〔2〕参见杨利华:《公共领域视野下著作权法价值构造研究》,载《法学评论》2021年第4期。

〔3〕参见向运华、王晓慧:《大数据在社会保障领域的应用:一个研究综述》,载《社会保障研究》2019年第4期。

息的公开数据涉及他人合理使用的问题，两者在基础性规则之上，分别优先适用基于特有利益冲突的特别规则；而在特有利益冲突之外的场合，仍适用基础性规则。承载个人信息的公开数据同时涉及个人信息权益优先和他人合理使用两方面的利益冲突，这两方面利益冲突还会进一步相互作用，因此这类数据的规则适用问题最为复杂。以下对四类数据的财产权利规则逐一展开讨论。

（一）不承载个人信息的非公开数据

1. 数据财产权的取得、行使和消灭

不承载个人信息的非公开数据来源于数据企业的生产加工等事实行为，数据企业于事实行为完成时取得数据财产权。[1] 在权利行使上，由于并不涉及在先权利，数据企业对这类数据自行利用或再加工，均无不可。若数据企业主动抛弃数据财产权，或数据因故灭失，则数据财产权消灭。在这些方面，这类数据的财产权规则与物权规则如出一辙。

2. 数据财产权的变动

由于数据无形无体，可无损耗复制，其权利变动规则与有体物有所区别。现有商业实践中的数据流通有两种基本方式：其一，数据企业将数据打包，一次性转让给受让人，之后钱货两清，交易完成；其二，数据企业建立数据库，以开放 API 等方式提供访问接口，使交易相对人得以在规定的时间和范围内访问、获取数据。尽管数据可以低成本、无损耗复制，但在技术层面，两种交易模式均可实现数据的排他性转让效果：于前者，交易双方可约定数据转让之后，原数据财产权人须不可逆地删除原数据储存；于后者，双方可约定原数据财产权人不得再向其他主体提供访问接口，并且其也不再自行利用数据，而只对数据库进行必要的技术维护。因此，交易的最终效果将取决于当事人之间的约定，技术不过是为履行合同而服务的手段。并且，只要这类排他性效果可通过一定方式公示于外，便可对抗不特定第三人，而不仅限于债法效力。

可见，就权利变动而言，尽管数据无形无体，但仍可通过技术手段控制达到类似于有体物占有的现实管领效果，进而将数据财产权彰示于外，故逻

---

〔1〕 See Vera Bergelson, *It's Personal but Is It Mine? Toward Property Rights in Personal Information*, 37 U. C. Davis Law Review 379(2003).

辑上存在采用形式主义之可能。考虑到我国的物权变动模式以形式主义为基础，且较之于意思主义，形式主义在交易安全的保护上有显著的制度优势，[1]故应优先考虑形式主义的权利变动模式。至于数据权利的具体公示方法，若将来数据交易制度日趋完备、电子化登记成本降低，则数据权利大可以登记作为公示方法和权利变动的生效要件；而在此之前，从交易实践的角度来看，可将以技术手段达成对数据的现实管领作为数据权利的公示方法和变动要件。

在转让不受限的情况下，数据之上还可能设定担保权或用益权。于设定担保权的场合，如以数据担保融资，在满足担保权实现条件的情况下，担保权人可将数据以拍卖、变卖等方式折现并优先受偿。于设定用益权的场合，如数据企业为他人设定数据用益权，允许用益权人通过开放 API 等方式随时访问并获取数据，则一旦该用益权完成公示，便可取得对抗第三人的效果。非但如此，传统的用益质权制度同样存在为将来数据交易提供潜在规则供给的可能。质权人不得擅自使用质物的规则自罗马法时期便已存在，[2]现亦为我国《民法典》第 431 条所确认；用益权人虽享有使用权能，却无法获得担保。而用益质权则可将两者权能兼而有之，使担保权人同时享有用益权能。[3] 在数据领域的适用场景，如数据企业欲以数据担保融资，可同时以开放 API 等方式向担保权人有偿共享部分数据，并约定以担保权人应付的数据使用费抵充担保的主债权及利息。

数据权利还可能因添附发生变动。添附规则本适用于有体物，其意在解决不同所有人之物经加工、附合或混合之后，在回复原状不具有现实可能性或经济合理性时，所形成新物的所有权归属问题。[4] 尽管数据与有体物

[1] 若权利变动采取意思主义，不以公示的完成为生效要件，则无法适用形式主义逻辑下的善意取得，交易安全难以维护。即便以公示作为对抗要件，受让人经合意取得权利，未经公示却可对抗不特定的债权性第三人，也存在破坏交易信赖和正常交易预期的系统性弊端，终非上策。参见王利明：《担保物权制度的现代化与我国〈民法典〉的亮点》，载《上海政法学院学报（法治论丛）》2021 年第 1 期；高圣平：《民法典动产担保权登记对抗规则的解释论》，载《中外法学》2020 年第 4 期。

[2] 参见［意］彼德罗·彭梵得：《罗马法教科书》，黄风译，中国政法大学出版社 2018 年版，第 285 页。

[3] 参见隋彭生：《动产用益质权法律关系分析》，载《北京大学学报（哲学社会科学版）》2010 年第 5 期。

[4] 参见王利明：《物权法研究》，中国人民大学出版社 2016 年版，第 468～469 页。

的物理属性不同,但数据同样可能在加工、附合之后,因技术所限,使得回复原状不具有现实可能性或经济合理性,因此同样存在适用添附规则的现实需求。可能发生数据添附的场景是,数据企业将代他人储存保管的数据加工成新数据,或在将购买所得数据与自己原有数据进行重新整合后,购买数据所订立的合同被撤销或归于无效等。《民法典》第 322 条规定了有体物的添附规则,并明确了判断添附物归属的考量因素。在价值判断的实体性论证上,如无充分的正当理由,数据的添附应当参照适用有体物的添附规则。[1]

3. 数据财产权受到侵害时的救济

由于这类数据处于非公开状态,网络爬虫程序的网页抓取、屏幕抓取等数据获取技术难以奏效,[2]对数据的侵权行为通常需要以侵入计算机网络系统的方式完成。由于数据财产权属于绝对权,除在实际损失发生后请求侵权人进行损害赔偿之外,在数据面临侵害之虞时,权利人无须待至损害实际发生,即可行使排除妨碍、消除危险等绝对权请求权。

当然,由于数据财产权的排他效力无法限制他人的平行开发,因此他人基于独立生产加工而获得的数据,即便内容与在先数据相近或相同,也并不构成权利侵害。对于这类数据侵权的判断,可类推适用知识产权侵权中"接触+实质性相似"的判断标准,即除实质性相似之外,数据财产权人尚须证明行为人接触了在先数据,或存在可推定接触的事实情形,[3]方可证明行为人侵害了数据财产权。

(二)承载个人信息的非公开数据

相较于不承载个人信息的数据,承载个人信息的非公开数据财产权须受个人信息权益优先的外部限制,这在权利的取得、行使、变动、消灭和受到侵害时的救济等方面均有体现。

对于承载个人信息的数据,其数据财产权的取得以用户对个人信息处理的同意为前提。在用户未同意之前,数据企业即便收集了用户个人信息并加工为数据,亦不能取得数据财产权,相反还可能构成对用户个人信息的

---

〔1〕 民法价值判断问题的实体性论证规则之一是,在没有足够充分且正当理由的情况下,应当坚持强式意义上的平等对待。参见王轶:《民法价值判断问题的实体性论证规则——以中国民法学的学术实践为背景》,载《中国社会科学》2004 年第 6 期。

〔2〕 See Frank Jennings & John Yates, *Scrapping Over Data: Are the Data Scrapers' Days Numbered?*, 4 Journal of Intellectual Property Law Practice 120(2009).

〔3〕 参见吴汉东:《试论"实质性相似+接触"的侵权认定规则》,载《法学》2015 年第 8 期。

侵害。同时,数据企业对数据的利用仅限于用户的同意范围,若数据用途的改变可能影响个人信息的处理目的和方式,则须依《个人信息保护法》第 14 条第 2 款重新取得用户同意。

在数据权利的变动规则上,虽然流通的场景与前类数据大致相同,但由于这类数据承载用户个人信息,其流通也就意味着个人信息的流通,[1]因此还须受制于《个人信息保护法》第 23 条。依该条规定,个人信息处理者在向其他处理者提供个人信息时,须将个人信息受让人的基本情况等内容告知用户,并取得用户单独同意。在此情况下,用户对其个人信息转让的单独同意与否,将直接影响承载个人信息的数据权利变动能否发生效力。当然,考虑到数据受让人基于合同的期待利益保护问题,此处可借鉴有体物的无权处分规则,让用户的同意仅影响数据财产权的变动,而不影响数据转让合同的效力。[2]

在数据无权加工等场合下,承载个人信息的数据也存在添附规则的适用。然而,行为人要基于添附规则取得数据财产权,依然以获得个人信息权益人的同意为前提。若个人信息权益人拒绝同意,则行为人须将所得数据删除或进行匿名化处理。

个人信息权益对这类数据财产权的消灭也存在特殊影响。依《个人信息保护法》第 47 条,若用户撤回对数据企业处理其个人信息的同意,数据企业须主动删除用户的个人信息。[3] 此时,数据企业有两种选择:其一,以删除数据的方式删除用户个人信息,此时数据财产权因数据不复存在而消灭;其二,将数据进行匿名化处理,使数据不再承载个人信息,此时原数据被不可逆地加工为不承载个人信息的新数据,原数据财产权因原数据不复存在而消灭。因此,用户撤回同意将构成这类数据财产权的消灭事由。

在侵权救济规则上,这类数据同属非公开状态,不存在他人合理使用的问题,规则与不承载个人信息的非公开数据的规则相同。在个人信息权益优先的情况下,用户依《个人信息保护法》行使个人信息相关权利的行为自然不构成对数据财产权的侵害。

---

[1] 参见王利明:《数据共享与个人信息保护》,载《现代法学》2019 年第 1 期。

[2] 参见翟云岭:《再论无权处分合同的效力——为〈买卖合同司法解释〉第 3 条辩护》,载《法商研究》2015 年第 6 期。

[3] 参见万方:《个人信息处理中的"同意"与"同意撤回"》,载《中国法学》2021 年第 1 期。

(三)不承载个人信息的公开数据

由于不涉及个人信息,此类数据在取得、行使和消灭上并无基于个人信息保护规则的相关限制,这与不承载个人信息的非公开数据无异。

这类数据的特殊之处在于其涉及公开数据合理使用,以及与此相关的侵权救济问题。公开数据本就意在供人访问,因此一般的访问操作通常不会引发争议。但若通过网络爬虫程序大规模自动访问和获取数据,则有所不同。爬虫程序常被用于网络搜索引擎,如百度搜索、谷歌搜索等,其作用在于提高信息检索效率。[1] 当然,考虑到爬虫程序的副作用,并非所有网站都愿意其数据信息被爬虫程序爬取。[2] 为此,互联网行业自发达成了一项关于爬虫程序的"君子协议":网站权利人事先在网站根目录放置一个名为"robots. txt"的文本文档,在其中以代码的形式指明网站中允许和禁止爬取的数据内容;"善意的"爬虫程序会先访问该文档,并按照其中指引的范围进行数据爬取。虽然这一"君子协议"并非法律规范或官方行业标准,但其因被长期、广泛地遵循,已然具有成为互联网领域商业道德和行业习惯的趋势。[3] 若不顾爬虫协议所指明的范围爬取数据,则可能构成侵权。[4]

诚然,爬虫协议彰示着权利人的授权意志,但基于互联网领域信息自由流动的客观需要,权利人对于公开数据的授权意志亦受到限制。根据《互联网搜索引擎服务自律公约》第 8 条,权利人只能基于行业公认合理的正当理由限制他人的数据爬取。从数据企业的角度来看,将数据公开的目的在于引导流量,而引导流量的能力也正是公开数据的价值之所在。[5] 换言之,

---

〔1〕 早在 20 世纪末,一个名为"Google"的网络爬虫便已被应用于搜索技术。搜索效率的提升无疑能使用户更为便利地获取网络信息,因此爬虫程序对互联网的发展可谓功不可没。See Sergey Brin & Lawrence Page, *The Anatomy of a Large-scale Hypertextual Web Search Engine*, 30 Computer Networks and ISDN Systems 107(1998).

〔2〕 参见苏青:《网络爬虫的演变及其合法性限定》,载《比较法研究》2021 年第 3 期。

〔3〕 参见杨华权、曲三强:《论爬虫协议的法律性质》,载《法律适用》2013 年第 4 期。更进一步,由于互联网领域对于网络代码的普遍遵循,代码无形中便规制了互联网的基本秩序,以至于有学者略为激进地提出"代码就是法律"。参见[美]劳伦斯·莱斯格:《代码 2.0:网络空间中的法律》(修订版),李旭、沈伟伟译,清华大学出版社 2018 年版,第 6 页。

〔4〕 参见北京市第一中级人民法院民事判决书,(2013)一中民初 2668 号。

〔5〕 在"微博诉今日头条案"中,法院认定,对通过不正当竞争手段获取数据导致流量被"分流"的行为,所造成的经济损失可以通过流量、广告加载率、广告费率的乘积准确计算。这在正面肯定流量具有价值的同时,也无形中为用于引导流量的数据提供了价值评估的具体方式。参见北京市海淀区人民法院民事判决书,(2017)京 0108 民初 24530 号。

数据企业的“醉翁之意”不在于数据本身,而在于数据所带来的流量:若数据爬取造成流量分流,则数据企业因此受损;若数据爬取未造成流量分流,则对数据企业的核心利益期待并无影响。据此,可通过是否造成数据企业的流量分流,来对数据爬取行为进行判断。若造成流量分流(典型的场景如数据企业的同业竞争者爬取数据用于同类经营,并构成实质性替代),则同业竞争者的行为“损人利己”,不构成对数据的合理使用;此时,数据企业为防止其利益受损而限制数据爬取具有正当性。[1] 若数据爬取不会造成流量分流,则数据企业对爬取行为的限制除阻碍信息自由流动之外,并不能为数据企业带来利益或减少损失,属“损人不利己”,难谓正当。于此场合,若数据爬取行为未造成其他损害,则属于对公开数据的合理使用;相应地,数据财产权人也不享有如排除妨碍、消除危险等请求权。当然,对这类数据权利边界的确定,难以一蹴而就并一劳永逸,这有赖于在司法实践中凝聚更多与时代相符的价值共识。[2]

(四)承载个人信息的公开数据

一方面,在数据财产的基础性权利规则之上,由于此类公开数据承载个人信息,所以财产权须受个人信息权益优先的外部限制,这与承载个人信息的非公开数据无异;另一方面,尽管这类数据处于公开状态,同样存在他人合理使用的问题,但因承载个人信息,其合理使用规则又与不承载个人信息的公开数据有所不同。在承载个人信息的情况下,他人对这类数据的爬取同时也是对个人信息的收集。然信息自由流动的客观需要虽可限制数据财产权的边界,却终究无法作为限制个人信息权益的正当理由。此时,即便爬取行为未造成数据企业的流量分流,但数据企业基于《个人信息保护法》第51条而负有防止他人未经授权访问个人信息的义务,因此仍可通过技术手段禁止他人对数据的爬取,当然,数据爬取人取得用户同意或构成个人信息合理使用的情形除外。

值得讨论的是,数据爬取行为因可能造成数据企业的流量分流而无法

---

〔1〕 参见许可:《数据爬取的正当性及其边界》,载《中国法学》2021年第2期。

〔2〕 See J. H. Reichman & Pamela Samuelson, *Intellectual Property Rights in Data*?, 50 Vanderbilt Law Review 49(1997).

落入公开数据合理使用的范畴的同时,却取得了用户同意的情形。[1] 在商业实践中,这类数据爬取的行为人多为数据企业的同业竞争者。为防止流量分流而遭受损失,数据企业通常会本能地反对这一行为。诚然,违反数据企业所设定的爬虫协议可能意味着违反商业道德,但其是否构成侵权,尚需考察数据企业的实际损失,而这又与用户对数据企业所享有的权利密切相关。《个人信息保护法》第45条第3款规定了个人信息可携带权,若承载用户个人信息的数据落入了可携带权的范围,用户可请求数据企业将该数据向其同业竞争者转移。于此情形,同业竞争者通过技术手段主动爬取该数据,反倒节省了数据企业主动转移该数据的成本,若爬取行为未造成其他损害,则数据企业难谓损失。

当然,若过分扩张个人信息可携带权的适用范围,使用户对其个人信息任何形式的积极利用均可纳入可携带权,则可能过分增加数据企业预料之外的运营成本。这一问题涉及实质的价值判断,须就用户和数据企业对数据产生的贡献度、数据之上所承载个人信息对于用户的不可替代程度,[2] 以及可能的定价补偿机制进行综合权衡。若经实质价值判断后认为用户对该数据享有可携带权,则同业竞争者的数据爬取行为不构成对数据财产权的侵害;反之,若认为该数据不属于用户个人信息可携带权的适用范围,或用户须在付出一定对价的前提下方可行使可携带权,则爬取行为将构成对数据企业的侵权。

五、结论与展望

数据赋权问题的复杂性根源于数据之上多元化的利益冲突形态,而架构数据财产权利体系最为核心的问题在于如何全面、妥善地容纳各类协调数据之上多元利益冲突的可能方案。根据数据之上不同的利益冲突形态,数据可划分为四种类型:不承载个人信息的非公开数据、承载个人信息的非公开数据、不承载个人信息的公开数据、承载个人信息的公开数据。对此,基于既有的价值共识,将完整的数据财产权赋予数据企业,辅之以个人信息

---

[1] 在“微博诉今日头条案”中,今日头条即以其数据获取行为已取得用户同意作为抗辩事由。遗憾的是,今日头条未能对此进行有效举证,因此法官也未在判决书中对这一问题表明立场。参见北京市海淀区人民法院民事判决书,(2017)京0108民初24530号。

[2] 例如用户评价,这是数字经济时代声誉机制的核心。参见汪庆华:《数据可携带权的权利结构、法律效果与中国化》,载《中国法律评论》2021年第3期。

权益优先和公开数据合理使用两项限制，可以在既有财产法理论背景下妥适地实现对数据之上多元利益冲突的有序协调。(1)就不承载个人信息的非公开数据而言，其利益冲突构成最为简单，可比照适用物之所有权规则，并以此作为数据财产权的基础性规则，其余三类数据在此基础之上优先适用各自的特别规则。(2)就承载个人信息的非公开数据而言，其在数据财产权的基础性规则之上，还负担个人信息权益优先的外部限制：数据财产权人仅能在个人信息主体同意的范围内利用数据，数据转让或共享须经个人信息主体单独同意。若数据发生添附，添附人取得数据财产权仍以个人信息主体授权同意为前提。数据财产权因个人信息主体撤回对处理其个人信息的同意而消灭。(3)就不承载个人信息的公开数据而言，其在数据财产权的基础性规则之上，还存在公开数据合理使用的特别规则。若他人对数据的使用未造成数据所引导的流量分流或其他市场替代效应，则可落入公开数据合理使用的范围，此时数据财产权人须予以容忍。(4)承载个人信息的公开数据一方面受限于个人信息权益，适用承载个人信息的非公开数据之规则；另一方面由于涉及个人信息，其合理使用规则又与不承载个人信息的公开数据有所不同，除满足公开数据合理使用的一般条件之外，其合理使用尚需取得个人信息主体的同意或同时构成个人信息的合理使用。对于不构成合理使用的数据爬取行为，在行为人获得用户同意但未获得数据财产权人同意时，其爬取行为是否构成对数据财产权的侵害，取决于用户同意其使用的数据内容能否落入个人信息可携带权的范围。

在数据商业实践不断发展变化的现实背景下，数据之上的利益冲突形态以及具体场景将来都可能超出规则的预设。此时，数据财产权的理论体系也可能需要随之修正，甚至重构。但无论如何，以数据之上的多元利益冲突为逻辑起点，通过类型化和体系化的思维方式构建数据财产权理论框架的研究进路，都有着不可或缺的方法论意义。从利益冲突的多元形态出发，可确保理论构建的实践面相与问题意识，同时也有助于对事实前提观察得更全面和精细；充分运用类型化和体系化的思维方式，则可将所凝聚的价值共识妥善容纳并系统呈现，最终为制度性规则的确立奠定理论基础。唯有如此，民法学研究对新兴权利探索中的现实问题之解决，方能贡献行之有效的思想资源和分析框架，最终更富灼见地回应数字经济发展所提出的时代之问。

正当利益条款的中国法构造

——基于《民法典》第998条*

杨　旭

摘　要：正当利益条款为纷繁复杂的价值及利益冲突留下必要的缓和空间，这对数字经济的发展尤为重要。通过构建"抖音案"的请求权规范链条可以发现，《民法典》及《个人信息保护法》关于个人信息处理行为的合法性基础的直接规定难以容纳个体性商业利益，因此有必要确立正当利益条款。作为对侵害非物质性人格权责任认定的一般规定，《民法典》第998条与正当利益条款在功能上具有一致性，而且在内容上互为补充，由此即可形成我国的正当利益条款。落实到个案裁判，应区分价值及利益冲突与具体考量因素两个层次，并注重二者之间的密切联系，通过权衡方法达致更为合乎理性的结论。借此，不仅能重构和修正"抖音案"的裁判理由，而且能完整呈现正当利益条款的中国法构造。

关键词：正当利益条款　《民法典》第998条　动态体系　权衡方法

除了征得信息主体的同意外，个人信息也可基于其他合法性基础来被合法处理。其中，对于数字经济的有序发展而言，正当利益（berechtigte Interesse/legitimate interest）条款尤为重要。其最典型的表述为在2016年颁布并于2018年生效的《欧盟通用数据保护条例》（DS－GVO/GDPR，以下简称《欧盟条例》）第6条第1款第1段（f）项，即"处理是为控制者或者第三人追求的正当利益之目的所必需，除非此种利益被要求保护个人数

---

* 原文发表于《法制与社会发展（双月刊）》2022年第1期，收入本书时略有修改。

据之利益或者基本权利与自由压倒,特别在数据主体为儿童的情形”。借此权衡(Abwägung)条款,处理个人信息的合法性基础结构呈现出趋于开放的态势,为数字经济中纷繁复杂的价值及利益冲突留下了必要的缓和空间。

受此影响,不少学者建议我国的个人信息保护立法应作类似规定,[1]但在2020年5月颁布的《民法典》第1035条第1款与第1036条关于个人信息处理的合法性基础及免责事由的规定中,并无正当利益条款的踪迹。虽然2020年10月公布的《个人信息保护法(草案一次审议稿)》(以下简称《个保法草案一审稿》)第13条对个人信息处理的合法性基础作了整合与补充,却依然不采用正当利益条款。2021年4月公布的《个人信息保护法(草案二次审议稿)》(以下简称《个保法草案二审稿》)第13条第1款虽在内容上有所增补,但对正当利益条款延续完全相同的立场。2021年8月正式通过的《个人信息保护法》第13条第1款也是如此。那么有必要追问的是,这种始终如一的立法安排是否妥当?

本文认为,我国亟须确立正当利益条款,而备受关注的“凌某某诉北京微播视界科技有限公司隐私权、个人信息权益网络侵权责任纠纷案”[2](因该案被告为抖音APP的运营者,以下简称抖音案)即为例证。其典型意义在于,案涉姓名、手机号码、社交关系等信息具有双重归属的特性,[3]只有借助正当利益条款,才能调和冲突的价值及利益。但要实现此目标,并非只有在《个人信息保护法》中设立正当利益条款这一种途径。其实,将目光转向《民法典》人格权编“一般规定”部分,作为合理使用个人信息的重要依据,[4]第998条关于侵害非物质性人格权责任认定之规定已能实现相同的功能,属于《个人信息保护法》第13条第1款第7项“法律、行政法规规定的

[1] 参见江波、张亚男:《大数据语境下的个人信息合理使用原则》,载《交大法学》2018年第3期;谢琳:《大数据时代个人信息使用的合法利益豁免》,载《政法论坛》2019年第1期;许可:《数据爬取的正当性及其边界》,载《中国法学》2021年第2期。

[2] 参见北京互联网法院(2019)京0491民初6694号民事判决书。以下关于“抖音案”的引文均出自该案判决书,为行文简洁,不再重复引注。

[3] 正如该案判决所言“手机通讯录是记录联系人姓名和手机号码等联系方式的信息集合,整体能够在一定程度上反映该手机用户的社交关系,属于个人信息”,而“手机通讯录中包含的每条联系人信息又属于该联系人的个人信息”,所以“处理手机通讯录中联系人姓名和手机号码时,既是对手机用户个人信息的处理,又是对通讯录中联系人个人信息的处理”。

[4] 参见程啸:《论我国民法典中的个人信息合理使用制度》,载《中外法学》2020年第4期。

其他情形”。因此,我国的个人信息保护立法完全不必专门规定正当利益条款。

《欧盟条例》中的正当利益条款与我国《民法典》第998条均呈现评价开放性特征,前者以价值及利益的权衡为基础,后者则采取动态体系的构造,由此给司法实践带来巨大挑战。在“抖音案”中,法院的判决结论并无不妥,但在规范依据选择与裁判说理上存在不少瑕疵。有学者为解决“抖音案”及个人信息合理使用的问题,提出所谓“双清单模型”并展开细致的分析。[1]但颇为遗憾的是,这并未揭示“抖音案”的关键问题所在,而且在方法上也不无完善空间。如前所述“抖音案”的规范依据只能是正当利益条款,即我国《民法典》第998条,而这恰恰为权衡与动态体系的方法论整合提供了绝佳的契机。

鉴于此,本文以“抖音案”为例,先聚焦于《民法典》与《个人信息保护法》关于个人信息处理的合法性基础的直接规定,指明我国确立正当利益条款的必要性;而后,本文分析《民法典》第998条与正当利益条款在功能上的一致性并对其予以内容整合,为构造中国法上的正当利益条款奠定基础;最后,不容忽视的是,以《民法典》第998条作为正当利益条款可能危及法的安定性,因此有必要通过权衡方法填补动态体系所敞开的评价空间,从而作出更为合乎理性的个案裁判。另需指出,本文的核心方法论主张在于,动态体系主要是一种规范结构理论,其个案适用有赖于权衡。

一、我国确立正当利益条款的必要性

如前所述,“抖音案”清楚地表明了我国确立正当利益条款的必要性。但要对该案予以妥当分析,必须先准确构建完整的请求权规范链条。沿此脉络不难发现,我国《民法典》与《个人信息保护法》对合法性基础的直接规定趋于封闭,难以容纳旨在保护个体性商业利益的情形,而这恰恰是正当利益条款所独有的内容。不仅如此,请求权规范链条也揭示了正当利益条款在裁判说理中的确切位置。

(一)“抖音案”的请求权规范链条

请求权规范链条由两部分组成:一是请求权规范(Anspruchsnormen),

---

〔1〕 参见卢震豪:《我国〈民法典〉个人信息合理使用的情形清单与评估清单——以“抖音案”为例》,载《政治与法律》2020年第11期。

或被称为请求权(规范)基础;二是辅助规范(Hilfsnormen)。[1] 以下仅关注"抖音案"中与个人信息保护有关的部分。尽管该案发生在《民法典》生效前,但为凸显问题所在,有必要依《民法典》[2]及《个人信息保护法》的相关规定对其加以分析。

1. 请求权规范

请求权规范是指"可供一方当事人得向他方当事人有所主张的法律规范"。[3] 更确切地说,其规定了"原告主张的请求权在法律上受认可所需存在之前提"。[4] 据此,只有以请求权为法效果的规定,才是请求权规范。那么,认为"抖音案"中"原告的请求权基础,在于我国《民法总则》第111条明确法律对个人信息的保护"[5]的观点便属误解,因为该条仅确立"个人信息受法律保护"的地位,属于辅助规范。

原告主要提出三类诉讼请求:[6]一是"立即停止侵犯……个人信息的行为",此类请求涉及多种处理行为与个人信息类别,尤其包括作为该案核心的原告姓名、手机号码与社交关系等信息。《民法典》人格权编个人信息保护部分未规定停止侵害,应先考虑处于人格权编"一般规定"中的第995条第1句。但该句属于引致性条款,[7]需由此转向侵权责任编第1167条,以审查请求权成立与否。二是"立即删除未经原告明确授权而收集、存储的原告上述个人信息"。对于信息主体的删除权《民法典》第1037条第2款及《个人信息保护法》第47条第1款均有规定,符合其构成要件即可成立。三是"在今日头条官网首页显著位置……及抖音APP首页显著位置公开赔礼道歉30日",并赔偿原告经济损失、精神损害抚慰金及合理维权费用。尽管要求赔礼道歉与要求金钱赔偿为不同的请求权,但二者均属广义的损害赔

[1] Vgl. Jan Schapp, Methodenlehre des Zivilrechts, 1998, S. 41 ff.

[2] 其实,该案判决已参考《民法典》第1032条、第1034条第3款等规定。

[3] 王泽鉴:《民法思维:请求权基础理论体系》,北京大学出版社2009年版,第40页。

[4] Vgl. Jan Schapp, Methodenlehre des Zivilrechts, 1998, S. 41.

[5] 卢震豪:《我国〈民法典〉个人信息合理使用的情形清单与评估清单——以"抖音案"为例》,载《政治与法律》2020年第11期。

[6] 除正文引述的三类诉讼请求外,原告还主张"判令被告向原告书面告知抖音APP获取其'可能认识的人'的具体方式和向其推荐'可能认识的人'的详细算法"。鉴于该诉讼请求与本文关注的正当利益条款并无直接联系,于此省略。

[7] 参见王利明、程啸:《中国民法典释评·人格权编》,中国人民大学出版社2020年版,第77~78页。

偿请求权，且与停止侵害请求权类似《民法典》个人信息保护部分与人格权编的“一般规定”均未规定独立请求权规范，应根据侵权责任编第 1165 条第 1 款对其加以审查。

这三类请求权的规范依据不完全相同，而且在构成要件上也存在差异。依据《民法典》第 1167 条，要成立停止侵害，首先需该行为“危及他人人身、财产安全”，“抖音案”被告的信息处理行为即属于此。但仅有事实上的“危及”尚不充分，还要求处理行为具有违法性，即规范意义上的“危及”。删除权与此类似，除被告实施的处理行为外，《民法典》第 1037 条第 2 款及《个人信息保护法》第 47 条第 1 款第 4 项也要求行为违法，即“违反法律、行政法规”。但与此不同，依《民法典》第 1165 条第 1 款，要成立金钱赔偿与赔礼道歉请求权，不仅要求“侵害他人民事权益”，即存在个人信息处理行为且该行为违法，[1] 还要求行为人具有“过错”且该行为“造成损害”。就此而论，该案判决将争议焦点概括为“被告的行为是否构成对原告个人信息……的侵害”与“被告应如何承担侵权责任”两部分，明显忽略了不同请求权在构成要件上的差异，未能充分体现损害与过错的独立性，似有不妥。

尽管如此，该案的核心在于三类请求权的共通要件，即原告的个人信息权益是否受到侵害，以及被告处理原告个人信息的行为是否违法。这已超出请求权规范的范围，需转向与此紧密联系的辅助规范。

2. 辅助规范

辅助规范的功能为“具体化请求权规范的构成要件特征，但也针对请求权规范法效果一端之特征”。[2] 而“抖音案”的问题主要集中在构成要件一端。只要原告的姓名、手机号码与社交关系等属于其个人信息，那么，依《民法典》总则编第 111 条第 1 句、人格权编第 1034 条第 1 款及《个人信息保护法》第 2 条，原告即对此享有个人信息权益，被告的处理行为便构成权益侵

---

〔1〕 尽管《民法典》第 1165 条第 1 款并未明文要求违法性，但本文认为“侵害他人民事权益”已内含违法性要求，即区分事实上的“侵害”与规范意义上的“侵害”，如此才能清楚界分所涉行为有无侵害权益及行为本身是否违法。以个人信息侵权为例，倘若因个人或者家庭事务处理个人信息，那么根据《个人信息保护法》第 72 条第 1 款的规定，所涉个人信息权益便不属于该法的保护范围，即便存在处理行为也不侵害信息主体权益。与此不同，假如处理行为采取自动化方式，无疑已从事实上侵害个人信息权益，但在经信息主体同意或者存在其他合法性基础的情形，则可以排除处理行为本身的违法性。如此区分的意义不仅在于分析思路上的清晰性，而且对双方当事人之论证、评价与证明负担的分配具有重要意义。

〔2〕 Vgl. Jan Schapp, Methodenlehre des Zivilrechts, 1998, S. 41.

害。其实,前述信息属于个人信息并无疑问,该案的特殊意义在于,这些个人信息部分出自第三人即先于原告注册抖音 APP 的其他用户之手机通讯录,具有双重归属的特性。若要判定原告的三类请求权是否成立,关键在于被告的处理行为有无合法性基础。

(二)合法性基础与个体性商业利益

“抖音案”中被告的处理行为分三个阶段:一是在原告注册抖音 APP 前,被告通过向其他手机用户申请授权,收集并存储了其他手机用户的手机通讯录信息,其中包含了原告的姓名和手机号码及社交关系信息;二是“原告使用手机号码注册抖音 APP 时,被告收集并存储了原告注册时提供的手机号码”;三是“被告使用原告第二阶段注册使用的手机号码与第一阶段从其他手机用户手机通讯录中收集、存储的手机号码(及社交关系信息)进行匹配,并向原告推荐可能认识的人”。就其合法性基础而言,首先应考虑有无信息主体的同意。对此《民法典》第 1035 条第 1 款第 1 项、第 1036 条第 1 项与《个人信息保护法》第 13 条第 1 款第 1 项均有所规定。但除第二阶段直接从原告处收集信息外,被告的其余处理行为均未取得原告同意。

如前所述,原告的姓名、手机号码与社交关系等信息具有双重归属的特性,所以被告在收集其他用户手机通讯录信息并作后续处理时,原则上必须取得用户与其手机联系人的双重同意。但该案判决认为,“如果要求在任何使用场景下都必须严格征得双重同意,有可能会导致具体场景下的利益失衡”,所以“需要在具体应用场景中考虑是否存在构成个人信息合理使用的情形”。紧接着,判决便从信息的特点与属性、信息使用的方式与目的、对各方利益可能产生的影响三方面,依据合法、正当、必要三原则展开对是否构成合理使用的裁判说理。但有必要追问,其判定被告处理行为是否构成合理使用的规范依据究竟何在?[1]

1. 合法、正当、必要三原则的功能

对于合法、正当、必要三原则,此前的立法已反复提及,[2]《民法典》第 1035 条第 1 款前段在此基础上增加“不得过度处理”,而《个人信息保护法》

---

〔1〕 已有学者指出“抖音案”判决的这一瑕疵,参见卢震豪:《我国〈民法典〉个人信息合理使用的情形清单与评估清单——以“抖音案”为例》,载《政治与法律》2020 年第 11 期。

〔2〕 参见全国人民代表大会常务委员会《关于加强网络信息保护的决定》第 2 条第 1 款、《消费者权益保护法》第 29 条第 1 款、《网络安全法》第 41 条第 1 款等。

第5条和第6条又作出了进一步细化。尽管如此,此三原则并不构成独立的合法性基础,[1]而只能在适用关于合法性基础的具体规定时发挥辅助功能。

合法性原则的最核心含义即处理行为应具备合法性基础。至于合法与否,则必须落实到具体规定。《民法典》第1035条第1款在列举"合法、正当、必要"三原则后规定"并符合下列条件",而"条件"即合法性基础。《个人信息保护法》第5条前段在确立"处理个人信息应当遵循合法……原则"后,又在第13条第1款强调了合法性基础的重要性,即"符合下列情形之一的,个人信息处理者方可处理个人信息"。其中的"方可"更清楚地表明,只要不具备该条列举的具体合法性基础,处理行为即违法。就此而论,合法性原则不具有独立的功能内涵,只是呼吁性地强化法律保留的意义。[2]

与此不同,正当性原则具有更为实质的含义。对于《民法典》第1035条第1款中"正当"的确切含义,学说上的理解不完全一致。有观点认为,正当是指"处理个人信息的行为必须是符合正当的目的";[3]也有观点认为,正当是指"个人信息处理的目的和手段必须正当",且要求处理者"履行充分告知的义务,保证自然人的知情权"。[4] 在《民法典》第1035条第1款仅规定"合法、正当、必要"三原则的背景下,以上解读均无不可。但《个人信息保护法》在第5条确立正当性原则的基础上,又在第6条第1款前段规定"处理个人信息应当具有明确、合理的目的",在第7条规定"处理个人信息应当遵循公开、透明原则"。假如还将正当性锁定在目的及手段是否正当以及是否满足透明度原则的范围内,将使其丧失独立意义。因此,应在更广的意义上理解正当性原则,即实现各种彼此冲突的价值及利益之平衡,由此才能吸收《个人信息保护法》及其他法律蕴含的价值标准与具体价值判断,[5]对适用

---

[1] 对于"抖音案"及类似案件的裁判说理过分依赖合法、正当、必要三原则的批评,参见李汶龙:《不要再"合理、正当、必要"了,知情同意是个单维是非问题》,载微信公众号"科技利维坦"2021年2月4日。

[2] Vgl. Philipp Hacker, Datenprivatrecht. Neue Technologien im Spannungsfeld von Datenschutzrecht und BGB, 2020, S. 150.

[3] 王利明、程啸:《中国民法典释评 · 人格权编》,中国人民大学出版社2020年版,第449页。

[4] 陈甦、谢鸿飞主编:《民法典评注 · 人格权编》,中国法制出版社2020年版,第376页。

[5] 如此理解,正当性原则便具有个人信息保护法内部与外部的双重维度,Vgl. Philipp Hacker, Datenprivatrecht. Neue Technologien im Spannungsfeld von Datenschutzrecht und BGB, 2020, S. 154.

有关合法性基础的具体规定发挥指引功能。

必要性原则是对广义正当性原则的具体化。有观点认为,《民法典》第1035条第1款中的“必要”及“不得过度处理”是指应以满足处理目的之必要为限,在尽可能小的范围内处理个人信息。[1] 然而,这种将处理行为必要与否限于其与处理目的关系的做法并无文义支持,反而导致必要性原则适用范围的缩小。考虑到《个人信息保护法》第6条规定的“应当与处理目的直接相关”“限于实现处理目的的最小范围”“采取对个人权益影响最小的方式”等已将必要性限于处理目的,那么更妥当的做法是,将《民法典》第1035条第1款与《个人信息保护法》第5条中的必要性原则作广义理解,以应对其他更为复杂的情形。但无论如何,与正当性原则类似,必要性原则也仅具有辅助功能。

2. 为个体性商业利益处理个人信息如何合法?

若要排除“抖音案”中被告第一阶段和第三阶段的处理行为之违法性,就应分别考察除同意外,处理行为是否符合其他关于合法性基础的具体规定。除《个人信息保护法》第13条第1款第3项中的“为履行法定职责……所必需”属公法规范外,综合该款其他规定与《民法典》第1036条等,大致可以将可能的合法性基础分为两类。

第一类是合同必需规则,即《个人信息保护法》第13条第1款第2项前段之规定。对于其是否构成独立的合法性基础,在立法期间就存在争论。有的观点认为,包括合同必需在内的“例外事由基本归纳为可不经个人信息主体同意的合理使用”,立法对此应予以确立。[2] 反对观点认为,这种情形“也是在取得自然人同意的基础上处理个人信息”,无须专门规定。[3] 但其实,合同必需规则既有别于法定合理使用,又不同于信息主体同意。原因在于:

一方面,合同必需规则之所以赋予处理行为以合法性,并非直接依据法律的规定,毋宁源于合同及相关事实,信息主体的意愿已包含在内,因此不

---

〔1〕 参见王利明、程啸:《中国民法典释评·人格权编》,中国人民大学出版社2020年版,第449~450页;陈甦、谢鸿飞主编:《民法典评注·人格权编》,中国法制出版社2020年版,第377页。

〔2〕 参见江波、张亚男:《大数据语境下的个人信息合理使用原则》,载《交大法学》2018年第3期。

〔3〕 参见程啸:《论我国民法典中的个人信息合理使用制度》,载《中外法学》2020年第4期。

属于合理使用；另一方面，合同及相关事实中的信息主体意愿也不构成信息主体同意，进而不适用同意能力、任意撤回、禁止捆绑等专门针对同意问题的规定。尽管《个人信息保护法》第 13 条第 1 款第 2 项前段之规定因过于笼统而留下不少有待解决的问题，但于此不难确定，因双方在第一阶段不存在缔约接触或者磋商，而第三阶段的处理行为也不属于被告履行合同所必需，所以合同必需规则难以提供合法性基础。

第二类即合理使用，主要分为四种情形：一是为履行法定义务所必需；二是处理已公开信息，包括信息主体自行公开或者其他合法公开的信息，但也存在例外；三是为维护信息主体或者其他自然人合法权益所必需，在紧急情况下为保护自然人的生命健康和财产安全即属于此；四是维护公共利益所必需，例如，为公共利益而合理实施新闻报道、舆论监督等行为，或者为应对突发公共卫生事件在合理范围内对个人信息作出处理。对"抖音案"而言，前两种情形并无用武之地，关键在于后两种情形。该案判决指出，双重同意"可能导致个人信息处理和数据利用的成本过高，甚至阻碍信息产业的健康发展"。有学者由此认为，该案应适用《民法典》第 1036 条第 3 项，因为过高的成本将"在另案事后"有损信息主体合法权益，而信息产业的健康发展即使在"私主体运营之商事活动"的情形下也可能蕴含公共利益。[1] 但此推论并不妥当。因为其所称"信息主体"已非该案原告，即《民法典》第 1036 条第 3 项中的"该自然人"，而是普遍意义上的潜在信息主体。再者，信息产业或者互联网行业的发展利益仅限于此特定行业，并不能完全被等同于涉及"国家利益和不特定多数人利益"[2] 的公共利益。

其实，被告作为商业平台运营者属于典型的营利法人，其处理原告个人信息的目的主要出于自身商业利益。该案判决认为，被告之目的在于"满足或促进用户在抖音 APP 中建立社交关系"，同时"还具有一定的商业目的"。如此便在概念上混淆了目的与利益。前者仅限于处理个人信息的特定原因，也就是处理行为的目标或意图；而后者意指更广泛的利害关系，即处理

---

〔1〕 参见卢震豪：《我国〈民法典〉个人信息合理使用的情形清单与评估清单——以"抖音案"为例》，载《政治与法律》2020 年第 11 期。

〔2〕 黄薇：《中华人民共和国民法典人格权编解读》，中国法制出版社 2020 年版，第 221 页。

者或者社会可能从处理行为中获得的好处。[1] 确切地说，所谓“商业目的”，已非目的，而是处于利益的层次。这种“还具有一定的商业目的”之表述意味着，被告的商业利益不具有主导性，而只是“满足或促进用户在抖音APP中建立社交关系”的副产品。然而，以抖音为代表的短视频社交类应用程序的商业逻辑在于，以其提供的优质短视频服务为基础，吸引大量用户并在用户之间建立好友关系，再通过(个性化)广告营销、电商导流、内容收费等途径将由此聚集的商业价值变现。[2] 在用户之间“建立社交关系”是此类应用程序实现营利的关键环节，直接服务于被告自身的商业利益。尽管该案判决认为“个人信息的合理使用并不必然排除出于商业目的的使用”，但为个体性商业利益处理个人信息却是前述各种合法性基础所不能容纳的情形。

总而言之，《民法典》第1036条与《个人信息保护法》第13条第1款等关于合法性基础的直接规定趋于封闭，并未给处理者的个体性商业利益留下必要空间。反观《欧盟条例》第6条第1款第1段中的“控制者或者第三人追求的正当利益”，恰恰能够兼顾处理者的利益与第三人利益，这清楚地表明了我国确立正当利益条款的必要性。

二、《民法典》第998条作为正当利益条款的证成

但如前所述，我国完全不必专门在立法上规定正当利益条款。作为关于侵害非物质性人格权责任认定的一般规定，《民法典》第998条也适用于个人信息处理。仔细分析该条规定并对比《欧盟条例》中的正当利益条款便不难发现，二者不仅在功能上具有高度一致性，而且在内容上相互补充。基于此，便能确立我国的正当利益条款。

(一)《民法典》第998条作为个人信息处理的合法性基础

就体系脉络而言，《民法典》第998条位于人格权编“一般规定”部分，系关于各种具体人格权益的共通性规则。而且，该条已明文规定其适用于“除

[1] 例如，某公司可能对确保在其核电站工作的员工之健康与安全具有利益，相应于此，该公司为确保员工的健康与安全，可能以实施特定的门禁控制程序为目的，从而正当化某些特定的个人数据处理行为。See Article 29 Data Protection Working Party, Opinion 06/2014 on the notion of legitimate interests of the data controller under Article 7 of Directive95/46/EC, 9.4.2014, p.24.

[2] 参见周洁如、宋晓洁：《抖音的商业模式创新及其路径研究》，载《上海管理科学》2019年第6期。

生命权、身体权和健康权外"的人格权益,个人信息权益也包含在内。[1] 毫无疑问,第 998 条应适用于处理个人信息的行为。[2] 不过,要让该条成为个人信息处理的合法性基础,继而由此构造我国的正当利益条款,必须先严格区分其规范内容,再完成规范视角的转换。

在规范内容上,《民法典》第 998 条混合了过错与违法性两个要件,故有必要对二者予以严格区分。该条列举的考量因素包括"行为人和受害人"即主体及其所实施的"行为"两大方面,而主体因素中含有"过错程度",包括(但不限于)行为人一方的过错。但如前所述,停止侵害请求权与删除权并不以过错为要件。因此,该条虽然规定"认定行为人承担侵害……人格权的民事责任",但其原型主要是以过错为要件的损害赔偿责任,为第 1165 条第 1 款关于过错责任之一般规定在人格权领域的辅助规范。[3] 然而,第 998 条的意义绝不限于此。除去"过错程度"外,其他各种考量因素均主要指向行为的违法性,[4] 而违法性则是停止侵害、删除与损害赔偿等请求权的共通要件。因此,该条所称"民事责任"作为请求权的对立面并不限于损害赔偿,还包括停止侵害、删除等,只是为此需排除过错因素。更重要的是,由于采取动态体系的构造,基于第 998 条所认定的违法性并非纯粹形式意义上的违法性,而是结合各种考量因素综合判断的实质违法性。

在规范视角上,《民法典》第 998 条为个人信息处理行为是否违法提供了判断标准,进而影响民事责任的成立与承担。尽管该条只是从消极意义上排除处理行为的违法性,但其实,违法与合法在概念上相互排斥,具有择一关系:违法即不合法,合法即不违法,差别仅在于观察视角的选取。尽管第 1035 条第 1 款仅以"自然人或者其监护人同意"作为处理个人信息的"条件",而第 1036 条只是关于"行为人不承担民事责任"的规定,但这并不妨碍将后者第 2 项和第 3 项归为第 1035 条第 1 款第 1 项中"法律、行政法规另有

---

[1] 也正因此最高人民法院《关于审理使用人脸识别技术处理个人信息相关民事案件适用法律若干问题的规定》(以下简称《人脸识别规定》)第 3 条明确规定"人民法院认定信息处理者承担侵害自然人人格权益的民事责任,应当适用民法典第九百九十八条的规定"。

[2] 因此《民法典》第 998 条也属于个人信息合理使用制度的重要组成部分,参见程啸:《论我国民法典中的个人信息合理使用制度》,载《中外法学》2020 年第 4 期。

[3] 参见朱晓峰:《人格权侵害民事责任认定条款适用论》,载《中国法学》2021 年第 4 期。

[4] 应予说明的是,尽管《民法典》第 998 条中的"行为人和受害人的职业、影响范围"等因素直接指向主体,但与"行为的目的、方式、后果"等因素一样,其功能也在于判断行为是否违法。

规定"的情形，从而被理解为个人信息的合理使用也就是合法性基础的规范依据。此外《个人信息保护法》第 13 条第 1 款第 5 项之所以能够将《民法典》第 999 条规定的情形（"为公共利益实施新闻报道、舆论监督等行为"而合理使用非物质性人格权）与第 1036 条第 3 项规定的第一种情形（"为维护公共利益"合理使用个人信息）合二为一，也是基于相同的道理。

综上所述，《民法典》第 998 条能够为个人信息处理提供合法性基础，完全可以将据此不具有违法性的处理行为归为《个人信息保护法》第 13 条第 1 款第 7 项规定的"法律、行政法规规定的其他情形"。《民法典》第 998 条要求基于各种考量因素对个人信息处理行为是否违法进行判断，因此，其将合法性与正当性融为一体，与《个人信息保护法》第 13 条第 1 款中规定的除同意以外的其他合法性基础所要求的"为……所必需""在合理范围内"具有高度一致性。

（二）《民法典》第 998 条与正当利益条款

《民法典》第 998 条作为个人信息处理的合法性基础，实为关于《个人信息保护法》第 13 条第 1 款〔1〕与《民法典》第 1036 条（除关于同意、合同必需的规定外）的一般规定，后两者作为特别法应优先适用。由于既有规定不包含正当利益条款，所以《民法典》第 998 条的意义尤其在于弥补此一缺失。〔2〕但至少从形式上看，《民法典》第 998 条与《欧盟条例》中的正当利益条款存在较大区别，有必要对此作进一步分析。

1. 欧盟数据保护立法中的正当利益条款

《欧盟条例》第 6 条第 1 款第 1 段（f）项的前身为 1995 年颁布的《欧盟数据保护指令》（以下简称《欧盟指令》）第 7 条（f）项。〔3〕从内容上看，二者均主要包含四部分内容。通过前后对比（详见表 1）更能凸显正当利益条款的基本结构。

〔1〕如前所述《个人信息保护法》第 13 条第 1 款第 3 项中的"为履行法定职责……所必需"属于公法规范，于此不在考虑之列。

〔2〕务必注意，既有规定不包含正当利益条款并不构成法律漏洞，因为《民法典》第 998 条作为一般规定已足以实现类似的规范功能，于此并不存在（违反计划的）不完整性，vgl. Claus – Wilhelm Canaris, Die Feststellung von Lücken im Gesetz, 2. Aufl. 1983, S. 19ff.

〔3〕该项规定"处理是为控制者或者向其公开数据之第三人追求的正当利益之目的所必需，但这种利益被数据主体的利益或者第 1 条第 1 款要求保护之基本权利与自由压倒的情形除外"。

表1　欧盟数据保护立法中的正当利益条款对比

正当利益条款	控制者及第三人利益	必要性	数据主体利益	权衡
《欧盟指令》第7条(f)项	控制者或者向其公开数据之第三人追求的正当利益	处理是为……之目的所必需	数据主体的利益或者(for)第1条第1款要求保护之基本权利与自由	但这种利益被……压倒的情形除外
《欧盟条例》第6条第1款第1段(f)项	控制者或者第三人追求的正当利益	处理是为……之目的所必需	要求保护个人数据之利益或者(or)基本权利与自由	除非这种利益被……压倒，特别在数据主体为儿童的情形

结合表1对正当利益条款的具体内容分析如下。

其一，存在正当利益。《欧盟指令》与《欧盟条例》的规定均同时包含控制者与第三人的正当利益，区别在于第三人的范围。前者对第三人正当利益的考虑仅限于控制者“向其公开数据”，而后者则包含各种为第三人正当利益的情形。所谓“利益”必须是现实和当下的利益，而不只具有推测或者投机的性质。而且，这种利益可能呈现为多种样态。有些利益造福全社会，因此极其强势；有些利益未必有利于整个社会，因具有混合性而充满争议。[1] 不仅如此，所涉利益必须“正当”，但其范围极其宽泛，[2]既包括控制者或者第三人的基本权利与自由，又包括其他利益，无论微不足道还是极其强势，直截了当还是充满争议，只要能够以符合数据保护立法及其他法律的方式追求之，均属于此。或者说，所涉利益务必为法秩序所接受。[3]

其二，符合必要性要求。《欧盟指令》与《欧盟条例》关于必要性的规定是完全一致的，其表达了正当利益与处理行为之间的“目的—手段”关系(Zweck - Mittel - Relation)。[4] 若要符合必要性要求，处理行为首先应适

〔1〕 See Article 29 Data Protection Working Party, Opinion 06/2014 on the notion of legitimate interests of the data controller under Article 7 of Directive 95/46/EC, 9. 4. 2014, p. 24.

〔2〕 对于“正当利益”的界定，有严格解释与宽泛解释之分，后者为妥。参见谢琳：《大数据时代个人信息使用的合法利益豁免》，载《政法论坛》2019年第1期。

〔3〕 See Article 29 Data Protection Working Party, Opinion 06/2014 on the notion of legitimate interests of the data controller under Article 7 of Directive 95/46/EC, 9. 4. 2014, p. 24 - 25.

〔4〕 Vgl. Constantin Herfurth, Interessenabwägung nach Art. 6 Abs. I lit. f DS - GVO. Nachvollziehbare Ergebnisse anhandvon 15 Kriterien mit dem sog, 3x5 - Modell, ZD 2018, S. 515.

合服务于正当利益,那些无助于实现正当利益的处理行为并非必要,应被排除。更重要的是,必要性审查在根本上属于数据最小化审查,即个人信息处理行为具有必要性意味着通过较轻微的处理行为不能以相同程度实现正当利益。[1] 因此,必要性要求实则对应广义比例原则中的适切性与必要性两个子原则。但如前所述,处理行为追求的利益有别于处理行为之目的,所以尤其应注意,此处"目的—手段"关系中的"目的"并非处理目的,而是处理者或者第三人的正当利益。

其三,存在信息主体利益。《欧盟指令》英文文本以"为了"(for)连接"利益"与"基本权利与自由",但"为了"实为"或者"(or)之拼写错误。因为一方面,即便其含义恰当,语法正确的表达方式也并非"为了基本权利与自由的利益",而应为"基本权利与自由中的利益"(interests in),但"基本权利与自由"即已足够,加上"中的利益"反而显得多余。另一方面,英文文本以外的其他官方语言文本,如德语、法语、意大利语文本,均采取"数据主体的利益或者基本权利与自由"的表述,[2]而且与《欧盟指令》同时期颁布的其他官方文件中也表述为"或者"而非"为了"。[3] 基于此,《欧盟指令》明确将"利益"与"基本权利与自由"之间的"为了"改为"或者"。这意味着与正当利益的界定类似,信息主体利益也极其宽泛,除了《欧盟指令》第 1 条第 2 款规定的"个人数据受保护权"等基本权利与自由外,还包括其他不构成基本权利的利益。

其四,正当利益胜出。假如处理行为符合必要性要求,便需在控制者或者第三人的正当利益与信息主体利益之间作出权衡,只有前者胜出,即不"被……压倒",才能让处理行为合法化。对此,《欧盟指令》与《欧盟条例》的表述稍有不同,前者规定"但……除外",后者规定"除非……",但并无实质区别。从表面上看,这种原则与例外相结合的句式结构是将权衡负担完

[1] Vgl. Rasmus Robrahn/Benjamin Bremert, Interessenkonflikte im Datenschutzrecht. Rechtfertigung der Verarbeitung personenbezogener Daten über eine Abwägung nach Art. 6 Abs. I lit. f DS-GVO, ZD 2018, S. 292.

[2] 例如,《欧盟指令》德文本第 7 条(f)项对应部分为"das Interesse oder die Grundrechte und Grundfreiheitender betroffenen Person"。

[3] See Article 29 Data Protection Working Party, Opinion 06/2014 on the notion of legitimate interests of the data controller under Article 7 of Directive 95/46/EC, 9.4.2014, p. 29 and footnote 63.

全分配给数据主体,但实则因《欧盟条例》第 21 条第 1 款规定的数据主体反对权而被相对化。[1] 据此,倘若数据主体在特定情形下对处理行为提出反对,控制者便可能有义务论证其正当利益压倒数据主体利益。此外,相较于《欧盟指令》而言,《欧盟条例》还专门强调对儿童利益的保护,即"特别在数据主体为儿童的情形",在此情形下,控制者或者第三人的正当利益很可能被压倒。

总之,正当利益条款旨在调和控制者或者第三人与数据主体之间纷繁复杂的利益冲突,双方的基本权利与自由及其他价值及利益均可被纳入其中。更重要的是,其通过确立必要性要求和最终的权衡,为妥当解决价值及利益的冲突指明了大致方向。

2. 基于方法论的比较分析

与欧盟数据保护立法中的正当利益条款类似,我国《民法典》第 998 条之所以采取动态体系的构造,也源于解决纷繁复杂的价值与利益冲突的需要。[2] 尽管"保护人格权是宪法尊重和保护人格尊严的要求",但"人格权保护的价值并非在所有情形中,总是一般性地、抽象地高于其他价值,而必须在个案和具体情形中对这些价值进行综合权衡"。[3] 需指明的是,"价值""利益"和"基本权利与自由",主要是在观察视角和用语上具有形式差别,其方法论性质并无实质不同。因为利益本身和作为单纯事实的利益状态并非法秩序的组成部分,具有决定性的只能是对利益的法律保护以及对利益状态的评价。[4] 而利益受法律保护并非利益本身,而是已跃升至价值的层次。再者,基本权利与自由具有主观权利和客观价值的双重面向,[5] 既然能彼此冲突并加以权衡,便已超越防御权意义上的基本权利与自由而进入客观价值的行列。因此从功能上看,第 998 条与正当利益条款的意义均在于,为处理个人信息所涉的各种价值及利益冲突留下必要的缓和空间。

更重要的是,价值、利益与基本权利及自由均属于"最佳化命令",即"要

---

〔1〕 Vgl. Albers/Veit in: BeckOK DatenschutzR/Wolf/Brink DS – GVO Art. 6 Rn. 52.

〔2〕 参见王利明:《民法典人格权编中动态系统论的采纳与运用》,载《法学家》2020 年第 4 期。

〔3〕 黄薇:《中华人民共和国民法典人格权编解读》,中国法制出版社 2020 年版,第 45 ~ 46 页。

〔4〕 Vgl. Claus – Wilhelm Canaris, Die Feststellung von Lücken im Gesetz, 2. Aufl. 1983, S. 124, Fn. 226.

〔5〕 参见张翔:《基本权利的双重性质》,载《法学研究》2005 年第 3 期;赵宏:《作为客观价值的基本权利及其问题》,载《政法论坛》2011 年第 2 期。

求某事在事实上和法律上可能的范围内尽最大可能被实现”,并且“能以不同的程度被实现”。[1] 这种最佳化命令恰恰体现了前述广义的正当性原则,而且与广义比例原则在概念上相互蕴含,彼此推导:其“在事实上”尽可能被实现的要求导出了适切性与必要性两个子原则,而“在法律上”尽可能被实现的要求导出狭义比例原则,最终指向权衡。[2] 因此,《欧盟指令》与《欧盟条例》均首先要求处理行为满足必要性要求,且对此作广义理解,该必要性同时包含适切性与狭义必要性。就我国而言,《民法典》第998条虽不直接体现必要性要求,但如前所述,尽管《个人信息保护法》第6条将处理行为与处理目的相绑定,而《民法典》第1035条第1款与《个人信息保护法》第5条中的必要性原则却不限于此。因此,后者不但可以同时容纳适切性与必要性原则,而且能超越处理目的,将处理行为与更为抽象的价值及利益相关联,从而对《民法典》第998条作重要补充。不过,必要性要求只是对处理行为的初步审查,即便符合要求,还必须通过权衡才能得出处理行为合法与否的最终结论。

欧盟数据保护立法中的正当利益条款对权衡负担分配及个别考量因素(如数据主体是否为未成年人)进行了规定,但未确立权衡的基本结构,有必要对其予以具体化。其实,不同价值及利益冲突的实质在于,存在某一个/组价值及利益支持处理行为,趋向于使其合法化,而另一个/组价值及利益反对处理行为,倾向于判定其违法。由于不同价值与利益之间并无绝对位阶,所以解决冲突的关键在于确立“条件式优先关系”,[3] 也就是支持处理行为合法性的价值及利益能够优先于反对价值及利益的特定情形,而后以此为构成要件,形成合法性基础的具体规范。据此不难发现,不同于欧盟法中的正当利益条款聚焦于彼此冲突的价值及利益本身,我国《民法典》第

---

〔1〕［德］罗伯特·阿列克西:《法:作为理性的制度化》,雷磊编译,中国法制出版社2012年版,第132页。应予说明的是,本文所称“价值”即阿列克西意义上的“原则”。关于“价值”与“原则”的实质一致性,vgl. Robert Alexy, Theorie der Grundrechte, 1985, S. 125 – 126, 133.

〔2〕参见［德］罗伯特·阿列克西:《法:作为理性的制度化》,雷磊编译,中国法制出版社2012年版,第136～138页。

〔3〕［德］罗伯特·阿列克西:《法:作为理性的制度化》,雷磊编译,中国法制出版社2012年版,第135页。

998 条列举的各种考量因素均处于具体规范的层次，[1]恰好能够补充前者具体化不足的弊端。反过来，欧盟数据保护立法中的正当利益条款对处理者或者第三人的正当利益与数据主体之利益或者基本权利及自由的关注，又恰好可以填补我国《民法典》第 998 条在价值与利益层次的空缺。

（三）正当利益条款的中国法表达

根据《民法典》第 998 条构造我国法律中的正当利益条款，其主要内容包括两大部分。

第一部分是各方价值及利益的确定及必要性审查。无论是信息处理者或第三人的正当利益，还是信息主体的利益，其范围均极其宽泛：既包括作为客观价值的基本权利，又包括其他为法秩序认可之价值以及受法律保护的利益。至于究竟牵涉几方当事人，分别触及其何种基本权利、价值及利益，则取决于个案的具体情况。在确定各方为法秩序认可的价值及利益后，应考察处理行为是否符合必要性要求。若能作出肯定回答，便需进行最终的权衡。

第二部分为权衡。为此，应分别衡量各方价值及利益之抽象权重与具体权重，再对其总体权重予以评价性比较。对于具体权重乃至抽象权重的衡量而言，处于具体规范层次的《民法典》第 998 条具有重要意义，其动态体系构造实现了“弹性而非固定、开放而非封闭”[2]的结构。根据个人信息处理行为的特殊性并结合个案具体情形，对该条所列举的“行为人和受害人的职业、影响范围”与“行为的目的、方式、后果”等予以整合、细化、变通和补充，即可形成更为贴切的考量因素。例如，增加信息主体的合理预期（vernüftige Erwartungen），以行为人是否为未成年人替代“行为人的职业”，[3]等等。以此为基础，便能进行后续的评价性比较。假如难以确定何者胜出，还需诉诸权衡负担规则。

三、基于正当利益条款的个案裁判方法

这种开放结构虽能避免规范过于空洞和僵化而背离实质正义，却给法

---

[1] 应予强调的是，如前所述，处理行为之目的不同于其所涉利益，所以必须严格区分《民法典》第 998 条中“行为的目的”与信息主体（或者第三人）的正当利益：前者仍然处于具体规范的层次，而必要性要求所指向的“目的—手段”关系之“目的”系就后者而言。

[2] 黄薇：《中华人民共和国民法典人格权编解读》，中国法制出版社 2020 年版，第 46 页。

[3] 作为现行法上的依据《人脸识别规定》第 3 条也明确将“受害人是否为未成年人”作为考量因素。

的安定性带来严重威胁。[1] 尽管通过解释《民法典》第998条已将正当利益条款具体化至规范层次,但要确保其在个案裁判中的合理性,还需对前述两大部分内容进行更细致的阐释。借此,不仅可以修正与重构“抖音案”的裁判理由,还能完整展现价值与规范之间的互动关系。

(一)正当利益条款的个案裁判框架

作为个案裁判的前提,首先必须明确,正当利益条款与同意等其他合法性基础之间并无法定优先关系,而是有其各自独立的适用条件。尽管正当利益条款通常被列为最后一项合法性基础,但这并不必然意味着,其只能作为“最后凭借”(a last resort)而被用来填补稀有且难以预见情形的空缺。[2]《个人信息保护法》第13条第1款中的“符合下列情形之一”已清楚表明,各种合法性基础彼此并列且需被择一适用。如前所述,《个人信息保护法》第13条第1款第6项规定的“法律、行政法规规定的其他情形”已包含并指向《民法典》第998条,那么,据此构造的正当利益条款也应被独立适用,而非只有在个人信息处理行为不符合同意等其他合法性基础的前提下才能发挥补充功能。就此而言,“抖音案”的判决在“对手机联系人的影响”下所作的论证[3]已无必要,[4]因为其所讨论的并非被告的处理行为而是“严格要求……同意”对手机联系人即该案原告的影响,而只有前者才是正当利益条款的重要内容。

同时,正当利益条款虽然呈现评价开放的结构,但其并非总是能够被任

---

[1] 比如,对于欧盟数据保护立法中的正当利益条款,有学者认为“这种内容极其空洞且充满弹性的标准,为规范的解释开启了如此宽泛的变化空间,以至于实际上任何数据处理均可能出于法政策立场而被归为允许或者不允许”。Vgl. Benedikt Buchner, Grundsätze und Rechtmäβigkeit der Datenverarbeitung unter der DS-GVO, DuD 2016, S. 159.

[2] See Article 29 Data Protection Working Party, Opinion 06/2014 on the notion of legitimate interests of the data controller under Article 7 of Directive 95/46/EC, 9.4.2014, p. 9.

[3] 即“用户注册前,被告无法在软件内征得用户同意”,而“诸如短信通知、电话询问等方式”却可能对通讯录联系人“产生打扰”,且“手机通讯录中存储其手机号码的人越多,这种打扰可能越严重”。

[4] 该论证旨在说明“双重同意”过于严苛,应当确立同意以外的其他合法性基础。这在此前的分散立法仅以同意作为合法性基础的背景下确有必要,但基于《民法典》第998条形成正当利益条款后,只需独立讨论该案是否符合正当利益条款的要求即可。

意援引的兜底性规定。[1] 为确保个案裁判的合理性,必须严格区分前述价值及利益和具体规范两个不同层次,并以此为框架展开裁判说理。于此方面,“抖音案”的裁判理由显得较随意。其从信息的特点与属性、信息使用的方式与目的、对各方利益可能产生的影响三方面进行分析,但其实,前两者为具体考量因素,处于具体规范的层次,而“对各方利益可能产生的影响”则大致对应价值及利益冲突层次。这种随意的说理安排导致各项论证只能形成松散的组合,不仅会在价值及利益和具体考量因素的确定上存在偏差和遗漏,而且难以建立彼此支持且趋于融贯的论证脉络。[2] 然而,正当利益条款所具有的评价开放结构却意味着,个案裁判的合理性只能依赖准确、严密且完整的论证说理。[3]

“抖音案”的判决不仅在概念上混淆了利益与目的,而且因此导致必要性审查的错位。判决就被告的存储行为指出,其“并无充分理由说明该行为为实现建立社交功能所必需”,且“超过了处理个人信息的必要性原则”。而且,被告在通过匹配知道原告非其用户后“并未及时删除”,“超出不必要限度,不属于合理使用”。这种越过具体的合法性基础而直接适用必要性原则的做法并不妥当。更重要的是,该裁判理由所作必要性审查系就存储行为与处理目的即“建立社交功能”之间的关系而言,但与此不同,正当利益条款的必要性审查却指向处理行为与处理者或者第三人正当利益之间的“目的—手段”关系。有别于价值及利益,判决所称之“建立社交功能”与“满足或促进用户在抖音 APP 中建立社交关系”作为处理目的属于具体规范层次的考量因素。这种审查错位导致处理行为与价值及利益的脱节,由此可见严格区分具体规范与价值及利益两个不同层次的重要性。

(二)价值及利益的确定与必要性审查

为确保个案裁判的合理性,首先应确定彼此冲突的价值及利益,并准确进行必要性审查。“抖音案”的判决认为,被告“对姓名和手机号码的使用,

---

〔1〕 Vgl. Rasmus Robrahn/Benjamin Bremert, Interessenkonflikte im Datenschutzrecht. Rechtfertigung nach der Verarbeitung personenbezogener Daten über eine Abwägung nach Art. 6 Abs. 1 lit. f DS-GVO, ZD 2018, S. 291.

〔2〕 关于融贯性的概念和标准,参见[德]罗伯特·阿列克西:《法:作为理性的制度化》,中国法制出版社 2012 年版,第 113~126 页。

〔3〕 Vgl. Thomas Riehm, Abwägungsentscheidungen in der praktischen Rechtsanwendung, 2006, S. 97-101.

会涉及手机用户、通讯录联系人以及互联网行业发展的不同利益需求的平衡”。但问题恰恰在于，各方当事人所涉利益究竟为何？其受法律保护的依据何在？被告的处理行为是否符合必要性要求？

1. 价值及利益的确定

“抖音案”所涉价值及利益的冲突首先发生在原告即“通讯录联系人”和作为信息处理者的被告之间。再者，原告的姓名、电话号码及社交关系等信息具有双重归属的特性，又牵涉第三人即“手机用户”的价值及利益。而三方当事人的利益之所以受法律保护，依据主要在于其各自享有的基本权利。

其一，原告的利益受《宪法》关于保护公民的信息自决与通信自由及秘密的规定的保护。毫无疑问，原告的姓名、手机号码与社交关系等信息属于基本权利的保护范围。欧盟数据保护立法中的个人数据受保护权与德国法上作为宪法一般人格权之下位权利的信息自决（informationelle Selbstbestimmung）类似，但后者的含义相对清晰，更为可取。根据德国联邦宪法法院在其著名的“人口普查案”判决中的经典表述，信息自决的核心为“个人原则上有权自己决定其个人数据的公开与利用”。[1] 我国《宪法》第38条第1句中的“人格尊严”即宪法上的一般人格权，[2] 据此便可推出信息自决。[3] 此外，由于姓名、手机号码以及由此形成的社交关系发生在个人通信领域，[4] 所以原告同时应受《宪法》第40条第1句关于保护公民的通信自由与秘密的规定的保护。

其二，被告的利益受营业自由保护。如前所述，被告处理原告个人信息的行为旨在获取个体性商业利益，属于自主开展营业活动的关键内容，所以被告的利益应受营业自由保护。我国《宪法》第16条第1款承认国有企业“有权自主经营”，第17条第1款赋予集体经济组织“独立进行经济活动的自主权”，构成营业自由的规范依据。[5] 尽管“抖音案”的被告为私营企业，

---

〔1〕 Vgl. BVerfGE 65, 1 (33–34) – Volkszählung.

〔2〕 参见王锴：《论宪法上的一般人格权及其对民法的影响》，载《中国法学》2017年第3期；刘召成：《民法一般人格权的创设技术与规范构造》，载《法学》2019年第10期。

〔3〕 参见王锴：《调取查阅通话（讯）记录中的基本权利保护》，载《政治与法律》2020年第8期。

〔4〕 参见张新宝：《个人信息收集：告知同意原则适用的限制》，载《比较法研究》2019年第6期。

〔5〕 参见周雷：《营业自由作为基本权利：规范变迁、宪法依据与保护范围》，载《中国法律评论》2020年第5期。

但由于《宪法》第15条第1款规定“国家实行社会主义市场经济”，第6条第2款又确立“多种所有制经济共同发展的基本经济制度”，且根据第11条第1款，作为非公有制经济的私营经济“是社会主义市场经济的重要组成部分”，所以至少就是否享有营业自由而言，并无理由对私营企业与国有企业、集体经济组织作根本性区别对待。[1] 综合前述条款并结合《宪法》第11条第2款规定的国家保护“非公有制经济的合法的权利和利益”，即可推出被告作为私营企业享有营业自由。

值得注意的是，裁判理由将被告的个体性商业利益提升为“互联网行业发展”的利益，并强调“合理使用个人信息”能促进“数字经济的发展”且“增加整个社会的福祉”。这明显忽略了价值及利益冲突首先发生在个体之间，而被告处理原告个人信息的首要利益在于其自身的商业利益。其实，营业自由本身已包含促进经济发展的考虑，因为如前所述，其规范依据之一即为《宪法》第6条第2款确立的“多种所有制经济共同发展的基本经济制度”。而经济发展自然能增进社会福祉，这也是营业自由的当然之义。因此，在价值及利益确定阶段，应聚焦于被告享有的营业自由，而非“互联网行业发展”。至于营业自由的丰富意涵，则是最终权衡所需考虑的内容。

其三，第三人的利益受《宪法》关于保护公民的信息自决与通信自由及秘密的规定的保护。由于原告的姓名、电话号码与社交关系等信息为第三人手机通讯录的组成部分，而手机通讯录既属于第三人的个人信息，又处于个人通信领域，所以与原告的情形类似，第三人也应受由我国《宪法》第38条第1句推出的信息自决与《宪法》第40条第1句关于保护公民的通信自由与通信秘密的规定的保护。

2. 必要性审查

必要性要求系针对处理行为与处理者及第三人的价值及利益之间的“目的—手段”关系。就“抖音案”而言，被告对原告个人信息的读取、存储、匹配及推荐等处理行为前后相继，环环相扣，旨在“满足或促进用户在抖音APP中建立社交关系”，不仅有利于实现被告的营业自由，而且在事实上是

---

[1] 参见潘昀：《论民营企业经营自主权之宪法属性——围绕“非公经济条款”的规范分析》，载《法治研究》2014年第5期。

无可替代的。[1] 就第三人即“手机用户”而言，其只有允许被告读取其手机通讯录，才能实现在抖音APP上建立社交关系的需求，而后续的存储、匹配及推荐等处理行为也能使其与原告的社交关系转移到抖音APP上。被告的处理行为也是实现第三人的信息自决与通信自由及秘密所必需。因此，被告的处理行为符合必要性要求。

（三）基于正当利益条款的个案权衡

既如此，就必须直面各种价值及利益冲突。“抖音案”所涉价值及利益之一方为原告即“通讯录联系人”的信息自决与通信自由及秘密，另一方是被告的营业自由与第三人的信息自决与通信自由及秘密。于此，只有通过细致权衡才能得出最终结论。

1. 抽象权重

抽象权重是指各种价值及利益“不依赖具体情境而根据其种类”在法秩序中所具有的重要性。[2] 相同种类的基本权利应具有相同重要性，所以原告信息自决与第三人信息自决的抽象权重相同，原告通信自由及秘密与第三人通信自由及秘密之抽象权重也相同。至于不同种类基本权利的抽象权重，如原告信息自决与被告营业自由、原告通信自由及秘密与被告营业自由等，则需对其进行进一步的实质分析。如前所述，信息自决为宪法上一般人格权的下位权利，而后者蕴含人格尊严的价值，在法秩序中居于核心地位。[3] 尽管如此，信息自决并不必然优于营业自由，因为后者作为源于基本经济制度的基本权利，其保护范围已超出纯粹的个体性商业利益，正如“抖音案”的裁判理由所言，其同时涉及“互联网行业发展”的利益，并能促进“数字经济的发展”且“增加整个社会的福祉”。因此，原告信息自决与被告营业自由无高低之分，具有大致相同的抽象权重。此外，原告通信自由及秘密也属于一般人格权的下位权利，与信息自决类似，其抽象权重也与被告

---

〔1〕 应予强调的是，此处是指“处理行为”无可替代，而非处理行为所需之“合法性基础”具有不可替代性。在事实上，即便可以选择正当利益条款以外的合法性基础，比如“同意”，其所涉处理行为并无不同。

〔2〕 Vgl. Thomas Riehm, Abwägungsentscheidungen in der praktischen Rechtsanwendung, 2006, S. 61.

〔3〕 也正因此，有学者称，人格尊严是“民法典人格权编的首要价值”，其不仅“构成整个人格权法的价值基础”，而且在合同编中也有所贯彻。参见王利明：《人格尊严：民法典人格权编的首要价值》，载《当代法学》2021年第1期。

营业自由大致相同。

2. 具体权重

具体权重是指各种价值及利益在具体情形中的满足度,[1] 体现为各种考量因素的强弱程度。结合个人信息处理的特殊性,将《民法典》第 998 条规定的“行为人和受害人的职业、影响范围”与“行为的目的、方式、后果”等予以整合、细化、变通和补充,便可以形成四大类考量因素,结合“抖音案”的裁判理由,具体分析如下。

首先,应考虑作为处理对象的个人信息。对原告而言,姓名、电话号码与社交关系等信息均可被用来较为容易甚至直接识别其个人,具有较强的个人关涉性。被告处理此类信息可能对原告产生较大影响。但如前所述,被告作为商业平台运营者,其商业利益的实现在很大程度上依赖于用户之间的社交关系,所以处理此类信息构成其商业逻辑的关键环节。对第三人即“手机用户”而言,其要在抖音 APP 上建立社交关系,最便捷的方式即直接迁移手机通讯录所承载的现实社交关系。就此而论,原告的姓名、手机号码与社交关系等信息对三方当事人均具有重要意义。

其次,应具体分析信息处理行为本身,尤其是其对各方当事人利益的影响。正如裁判理由所言,被告的处理行为“可以细化为读取、存储、匹配及推荐”四种。不同处理行为的对象不完全相同,其分别旨在实现有别于整体的“建立社交关系”之不同具体目的。而且,允许或者禁止不同处理行为,对各方当事人利益的影响存在显著差异。该案裁判理由将“读取、匹配和推荐”作为整体,仅对“存储”单独处理,这有欠妥当,具体分析也不乏可议之处。为此,有必要重新梳理被告的处理行为并予以考察。

其一,关于读取和初次匹配行为。读取系针对第三人即“手机用户”的通讯录信息,其中包含原告的姓名、手机号码与社交关系等,而初次匹配还需同时处理被告后台已存储的其他用户信息。单纯的读取和初次匹配不会对原告造成太大影响,因为其开始并不是抖音 APP 的用户,该处理行为并不直接触及其私人领域,被告也不能借此为其建立社交关系,以实现商业利益。不同于此,被告只有读取第三人的通讯录信息并予以初次匹配,才能通

[1] Vgl. Thomas Riehm, Abwägungsentscheidungen in der praktischen Rechtsanwendung, 2006, S. 61.

过后续的推荐等处理行为将第三人的社交关系迁移至抖音 APP。因此,禁止读取和匹配将使被告难以实现其商业利益。对于第三人而言,被告读取和存储其通讯录信息为其自主决定的结果,禁止读取和存储无异于从根本上取消其在抖音 APP 上建立社交关系的可能性。因此,读取和匹配的行为对原告的影响很小,但禁止该行为对被告及第三人的影响却很大。

其二,关于推荐及二次匹配行为。推荐是指被告向原告推荐其"可能认识的人",前提在于将原告注册抖音 APP 时提供的手机号码与第三人手机通讯录中的原告姓名、手机号码与社交关系等进行二次匹配。该处理行为对原告存在很大影响,因为推荐及二次匹配已介入其私人领域,而且被告借此为其建立社交关系,在很大程度上直接用于追求商业利益。尽管如此,被告要实现其商业利益,完全能基于其他已同意其匹配和推荐的用户之间的社交关系,缺少原告参与不会产生太大影响。对于第三人而言,其在抖音 APP 上与诸多好友建立社交关系,缺少原告一人也不至于产生实质影响。因此,禁止推荐及二次匹配对被告和第三人的影响很小,但允许该处理行为对原告的影响却很大。

其三,关于存储行为。存储行为分两个阶段:第一阶段的存储介于读取和初次匹配之间,既是读取的延续又是初次匹配的前提;第二阶段的存储发生在初次匹配之后,服务于推荐及二次匹配等行为。因此,两阶段的存储行为均不具有独立意义,分别附属于前两组处理行为,其考察结论应与前两者大致相同。

再次,处理过程的保密与安全性也是重要的考量因素,且与原告的受侵害程度呈负相关关系。正如裁判理由所言,在处理过程中,"原告的姓名和手机号码并未被公开披露,亦没有证明存在直接泄露等风险,对于原告的其他人身和财产利益并没有产生潜在侵害的可能性",对原告的影响较小。但是超过合理期限的存储等行为可能"不合理地扩大了个人信息泄露或者被不当利用的风险"。由于被告的处理行为系按照"读取—存储—初次匹配"与"存储—二次匹配—存储—推荐"的顺序进行,因此,越在时间上靠后的处理行为对原告的影响就越大。

最后,关于信息主体的合理预期。为此,尤其应顾及信息主体与处理者之间的关系,[1]但不宜过于绝对,最终评价应取决于处理行为发生的具体

[1] 参见《欧盟条例》第 47 段立法理由(Erwägungsgrund/Recital)。

场景。处理行为符合合理预期的程度越高,对信息主体的影响就越小,二者之间呈负相关关系。从理性人的视角出发,尽管原告起初并非抖音 APP 的用户,但第三人授权被告处理包含原告手机号码的通讯录信息并非不可预见,因此,被告的读取和初次匹配行为较符合其合理预期。相反,虽然原告随后成为抖音 APP 的用户,但其注册所用的手机并未存储其他联系人信息,那么,被告基于二次匹配向其推荐"可能认识的人"便显得出乎意料,明显超出原告的合理预期。

3. 评价性比较及权衡负担

将以上抽象权重与具体权重汇总,并转化为"高/大""中""低/小"三种基数刻度,便可直观地呈现各方当事人之间的价值及利益冲突的具体样态(详见表2)。鉴于个人信息对各方的重要性大致相同,而且在很大程度上已包含在对处理行为本身的衡量中,因此不必专门考虑。[1] 而处理过程的"安全与保密性"以及信息主体的"合理预期"两个因素均指向具体处理行为,所以将此二者与处理行为本身对各方当事人利益的影响合并在"处理行为"项下处理。另如前述,两个阶段的存储行为仅具有附属性,不必被单独评价。

表 2 "抖音案"中各种考量因素之权重的刻度化展示[2]

所涉主体	原告/信息主体(-)	被告/处理者(+)	第三人(+)
价值及利益	信息自决、通信自由及秘密	营业自由	信息自决、通信自由及秘密
抽象权重(基本权利个数)	2	1	2

〔1〕 参与权衡的不同考量因素之间可能交叉重叠,因此应防止重复评价,vgl. Thomas Riehm, Abwägungsentscheidungen in der praktischen Rechtsanwendung, 2006, S. 75。

〔2〕 表格中使用的符号之含义分别如下:第一"所涉主体"一行中的"-"表示此方综合权重反对处理行为合法,"+"表示此方综合权重支持处理行为合法;第二"安全与保密性"与"合理预期"后的"-"表示其具体权重与"原告/信息主体"一方的综合权重呈负相关关系;第三"安全与保密性"不直接涉及第三人利益,且就具体处理行为而言对"被告/处理者"的影响也极小,因此可忽略不计,记作"/";第四"合理预期"只涉及"原告/信息主体"一方,而不直接涉及另外两方,所以也相应地记为"/"。

续表

<table>
<tr><td rowspan="9">具体权重</td><td colspan="3">个人信息的重要性</td><td>高</td><td>高</td><td>高</td></tr>
<tr><td rowspan="8">处理行为</td><td rowspan="3">读取与初次匹配</td><td>利益影响</td><td>小</td><td>大</td><td>大</td></tr>
<tr><td>安全与保密性(－)</td><td>高</td><td>/</td><td>/</td></tr>
<tr><td>合理预期(－)</td><td>高</td><td>/</td><td>/</td></tr>
<tr><td rowspan="3">推荐及二次匹配</td><td>利益影响</td><td>大</td><td>小</td><td>小</td></tr>
<tr><td>安全与保密性(－)</td><td>高~中</td><td>/</td><td>/</td></tr>
<tr><td>合理预期(－)</td><td>低</td><td>/</td><td>/</td></tr>
<tr><td colspan="2">存储(第一阶段)</td><td colspan="3">同“读取与初次匹配”</td></tr>
<tr><td colspan="2">存储(第二阶段)</td><td colspan="3">同“推荐及二次匹配”</td></tr>
</table>

根据表2不难发现,最终结论已呼之欲出。由于信息自决、通信自由及秘密与营业自由在抽象意义上无高低之分,所以抽象权重的大小便取决于所涉基本权利的个数。原告一方受两种基本权利保护,而被告与第三人作为另一方受三种基本权利保护,所以原告一方处于劣势。再进入具体权重,读取与初次匹配对原告利益影响小,而对被告和第三人利益影响大,再加上高安全与保密性及高合理预期,又进一步降低对原告的影响,所以原告一方也处于劣势。那么就读取与初次匹配而言,原告一方的综合权重明显不能胜出,因此,被告的处理行为是合法的,第一阶段的存储行为也是如此。就推荐与二次匹配而言,其对原告利益影响大,但对被告及第三人影响小,再加上有所降低的安全与保密性以及低合理预期,又进一步增加对原告的影响,所以原告一方处于优势。尽管原告一方在抽象权重上缺少一种基本权利的支持,但就此已不难得出原告一方综合权重胜出的确信。另外,权衡负担规则还能对此予以强化。欧盟正当利益条款的句式结构虽将权衡负担分配给原告一方,但已被数据主体的反对权相对化。就我国而言,考虑到原告为消费者,而被告为大型商业平台运营者,二者之间存在明显的力量悬殊,故应顺应《个人信息保护法》第13条第1款的句式结构,将权衡负担分配给处理者一方。由于被告很难证成己方价值及利益胜出,所以其推荐及二次匹配行为并不合法,第二阶段的存储行为也是如此。

由此前构造的请求权规范链条可知,对原告请求被告停止侵害、删除信息、赔礼道歉并赔偿损失的主张大体应予支持。尽管“抖音案”的判决对判断被告处理行为之合法与否的规范依据的选取和裁判说理存在不少瑕疵，但其对责任承担的具体分析以及最终裁判理由均无不妥。更重要的是，这已清楚表明，如何以权衡方法为核心将《民法典》第 998 条及正当利益条款合乎理性地落实到个案裁判，以充分顾及法的安定性。

四、结语

法律的生命在于其体系性。尽管我国《个人信息保护法》与《民法典》关于个人信息处理的合法性基础的直接规定趋于封闭，但并不排除在现行法上构造正当利益条款的可能性。“抖音案”所涉姓名、电话号码、社交关系等具有双重归属特性的个人信息表明，要为数字经济中纷繁复杂的价值及利益冲突留下必要的缓和空间，便亟须确立正当利益条款。但完全不必经由立法为此专门作出规定，通过《民法典》第 998 条关于侵害非物质性人格权责任认定的一般规则即可实现类似效果，其与《欧盟条例》第 6 条第 1 款第 1 段(f)项在内容上互为补充，足以为我国确立正当利益条款奠定坚实的基础。但《民法典》第 998 条采取动态体系的规范结构，可能因此危及法的安定性。故而，基于正当利益条款的个案裁判应借助权衡方法，在确定所涉价值及利益与进行必要性审查的基础上，对各种考量因素的抽象与具体权重作细致分析，并结合权衡负担分配予以综合考量，从而达致更为合乎理性的结论。